KB178671

국립중앙도서관 출판사 도서목록(CIP)

지중해, 문명의 바다를 가다 / 박상진 엮음.-- 파주 :
한길사, 2005
    P. ;   cm, --

ISBN 89-356-5635-6 03900 : ₩ 22000

988.6-KDC4
911.1638-DDC21   CIP2005002225

지중해, 문명의 바다를 가다

박상진 엮음

한길 | HISTORIA

엮은이 **박상진**은 한국외국어대학교에서 이탈리아 문학을 전공하고
영국 옥스퍼드 대학교에서 문학이론으로 박사학위를 받았다.
현재 부산외국어대학교 이탈리아어과에 재직하며 지중해연구소장으로 활동하고 있다.
『이탈리아 문학사』『이탈리아 리얼리즘 문학비평 연구』『에코 기호학 비판: 열림의 이론을 향하여』
『열림의 이론과 실제: 해석의 윤리와 실천의 지평』『지중해학: 세계화 시대의 지중해 문명』 등의 책을 썼고,
『보이지 않는 도시들』『아방가르드 예술론』『근대성의 종말』『대중문학론』『신곡』 등의 책을 번역했으며,
이탈리아 문학과 예술, 문화연구, 비교문학에 관한 글들을 발표했다.
스스로 구상한 '열림의 이론'을 기반으로 '지중해학'이라는 새로운 담론의 얼개를 짜고
쓰임새를 그리고 있으며, 이탈리아와 한국 및 동아시아의 문학을 비교하면서
그들을 다시 들여다보는 작업을 계획하고 있다.

지중해, 문명의 바다를 가다

엮은이 · 박상진
펴낸이 · 김언호
펴낸곳 · (주)도서출판 한길사

등록 · 1976년 12월 24일 제74호
주소 · 413-832 경기도 파주시 교하읍 문발리 520-11
　　　www.hangilsa.co.kr
　　　E-mail: hangilsa@hangilsa.co.kr
전화 · 031-955-2000~3　　팩스 · 031-955-2005

상무이사 · 박관순 ｜ 영업이사 · 곽명호 ｜ 편집주간 · 강옥순
편집 · 이현화 주상아 ｜ 전산 · 김현정
마케팅 및 제작 · 이경호 ｜ 관리 · 이중환 문주상 장비연 조윤희

출력 · DiCS ｜ 인쇄 · 만리문화사 ｜ 제본 · 경일제책

제1판 제1쇄 2005년 11월 25일

값 22,000원
ISBN 89-356-5635-6　03900

마케도니아의 왕 알렉산드로스. 그리스의 폴리스를 통합하고 동방원정을 감행하여
알렉산드로스 제국과 헬레니즘의 시대를 열었다. 20세에 즉위하여 33세에 갑자기 세상을 떠난
그의 문화사적 업적은 유럽·아시아·아프리카에 걸친 대제국을 건설하여 그리스 문화와
오리엔트 문화를 융합시킨 새로운 헬레니즘 문화를 이룩한 데 있다.

성 소피아 성당. 유스티니아누스 황제에 의하여 재건된 이곳은 그리스도교 건축 예술의
획기적인 성과로 인정받고 있다. 이 성당의 헌당식에 참석한 유스티니아누스 황제가
"오! 솔로몬이여! 나, 그대에게 이겼노라!"고 감탄하였다고 한다. 그리스도교의 대성당으로 지어진
이곳은 이슬람의 모스크가 되었다가 현재는 박물관으로 쓰이고 있다.

유스티니아누스 황제와 황후 테오도라. 유스티니아누스 시대는 비잔티움이 정치,
문화적으로 크게 비상했던 마지막 시대였다. 그는 측근들의 통솔에 뛰어났으며 아내 테오도라의 뛰어난
조언은 황제의 정책에 헤아릴 수 없는 많은 영향을 끼쳤다. 유스티니아누스는 또한 당대의
으뜸가는 건축가를 발탁하여 수도 콘스탄티노플에 성 소피아 성당을 세웠다.

위 | 콘스탄티노플 함락. 1453년 5월 29일 콘스탄티노플은 터키에 의해 함락되었다.
그 이후 콘스탄티노플은 이스탄불로 이름이 바뀌었다. 콘스탄티노플의 함락은 동서를 불문하고 사회적,
군사적으로 대변혁을 강제하는 계기가 된 역사적 사건이었다.

옆 | 콘스탄티노플에 입성하는 메흐메드 2세. 스물한 살의 야심가이자 오스만 제국의 술탄인
메흐메드 2세의 콘스탄티노플 함락으로 지중해는 이제 '이슬람의 바다' 가 되었다.
메흐메드 2세는 뛰어난 군사지도자로서 콘스탄티노플을 함락시켰고 이후 4세기 동안
오스만 제국의 중심지가 된 아나톨리아와 발칸을 정복했다.

레판토 해전. 1571년 투르크 제국과 그리스도교 연합 함대 사이에 벌어진 이 전투는
지중해가 인류 역사의 주무대였던 기나긴 시대에 종지부를 찍는 계기가 되었다.

알타미라 동굴 벽화. 1879년 다섯 살짜리 소녀가 우연히 발견한 이 동굴의 벽화는
인류 최고最古의 경탄할 만한 미술품으로, 대부분 천장에 그려져 있다.
매머드·토나카이·들소·사슴 등이 흑·적·갈색으로 그려져 있는데, 그 생생한 묘사와
아름다운 색채, 입체감은 보는 사람을 압도한다.

미노타우로스를 처치하고 있는 테세우스. 크레타의 왕 미노스가 자신과의 약속을 지키지 않자 바다의 신 포세이돈은 왕비 파시파이에게 황소를 보냈다. 황소를 사랑하게 된 그녀는 반인반우의 괴물 미노타우로스를 낳게 되었고, 미노스 왕은 라비린토스, 즉 미궁을 짓게 한 후, 미노타우로스를 그곳에 가두었다. 해마다 아테네에서 각각 7명의 소년 소녀를 산 제물로 바쳤는데, 세 번째 제물이 바쳐질 때 아테네의 영웅 테세우스의 손에 괴물이 처치되었다.

위 ㅣ 이오를 사랑한 제우스는 아내 헤라의 눈을 피하기 위하여 그녀를 암소로 변신시켰다.
암소가 된 이오는 헤라에게 쫓겨 바다를 건너 이집트까지 가게 되었으며, 그곳에서 훗날
이집트의 왕이 되는 에파포스를 낳았다. 이오는 이집트 최고의 여신 이시스와 동일시되며,
에파포스는 신성한 황소 아피스와 동일시된다.

옆 ㅣ 이시스 여신. 고대 이집트 및 그리스·로마 등지에서 숭배된 최고의 여신이다.
이시스는 애도자로서 죽은 자와 관계된 모든 의식에서 주신主神 역할을 했고, 마법사로서
병자들을 치유하고 죽은 자들을 소생시켰으며, 어머니로서 생명의 원천이었다.
이집트 전역에 이시스를 숭배하는 주요 신전들이 있었으며, 알렉산드리아로부터
그리스와 로마를 포함한 지중해 해안 지대 전체로 퍼져나갔다.

디오니소스 축제에서 춤추는 여인들을 그린 도자기 그림. 디오니소스는 수액·즙·자연 속의 생명수를
상징하는 존재로 간주되었으므로 그를 기려 잔치를 벌이는 의식이 성행했다.
이러한 디오니소스 축제는 여인들을 위한 해방의 축제였고 미케네 문명 이후 여자들 사이에서
성행했으나 남자들은 그에 대해 반감을 보였다.

나는 지중해 해변에 있는 소나무들을 사랑했다.
그 잎사귀 사이로 바다를 바라본다는 것,
흠 하나 없이 완벽해 보이는 그 풍경을 본다는 것은
나에게 진정한 행복이었다.

• 장 그르니에

문명과 역사의 교차점, 우리의 눈으로 바라보다

• 머리말

    지중해는 우리에게 무엇인가? 이 책은 이런 질문에 답하기 위해 나왔다. 지중해의 푸른 바다는 언제부터인가 우리에게 선망의 대상이었고 신비의 상징이었다. 지중해는 고대 페니키아부터 시작하여 이집트와 그리스 · 로마 · 비잔티움 · 오스만 그리고 라틴 아메리카와 아시아에 이르기까지 동서 문명 교류의 현장이었다. 지중해는 또한 인간의 활동을 육지와 바다로 연결하면서 문명을 전파하고 교류하는 공간이었다. 이러한 공간은 시간을 통하여 끊임없이 변화를 거듭했다. 시간과 공간은 지중해를 고이지 않는 물로 만들었다. 거기서 나타나고 사라져간 인류 문명의 온갖 흔적들을 우리의 맥락에서 모아 '우리의 지중해'를 구상하려는 것이 이 책의 목표다.

    지중해의 특성은 문명의 다양성과 통일성이 공존한다는 것이다. 지중해의 문명들은 역사의 흐름에 따라 다양한 모습들로 나타나고 사라져갔지만, 그 과정에서 서로 영향을 주고받으며 어떤 통일된 짜임을 내보였다. 지중해의 문명들은 또한 지역에 따라 서로 뚜렷이 구별되는 정체성을 지니고 있지만, 서로를 이리저리 가로지르고 잇고 누비면서 지중해라는 하나의 이름으로 불릴 만한 어떤 윤곽을 지어냈다. 지중해의 다양성은 세계의 그 어느 지역에서도 유례를 찾기 힘들 정도의 강도를 지니고 있으면서, 또한 그 만큼의 통일성과 정체성을 유지해왔다.

무엇보다 지중해는 인류 문명의 요람으로서의 위치를 차지하고 있지만, 국내외에서 그에 걸맞게 전체적이고 통찰력이 깃든 조망을 한 적은 딱히 없는 것 같다. 브로델F. Braudel의 기념비적인 작업들은 분명 지중해 세계에 대한 전면적인 연구이지만, 지중해를 지리적인 측면에서만 통일체로 다루면서 시대적으로도 16세기에 국한시킨다. 괴타인S. Goitein의 방대한 저술은 경제와 사회, 종교 따위의 여러 방면에서 지중해를 말하고 있지만, 아랍 세계의 유대 공동체에 집중하면서 지중해를 전방위적으로 다루지는 않는 것 같다. 브로델 이후에 지중해에 대한 논의는 지중해를 구성하는 작은 지역들에 대한 접근과 함께 산발적이고 파편화되어 이루어졌다. 이를 지중해라는 큰 단위의 연구로 전환시켜야 할 필요는 최근 들어 호든P. Horden과 퍼셀N. Purcell의 작업으로 강조된 바 있다. 이들의 작업은 고대와 중세의 비교연구와 문학 · 예술 · 고고학 그리고 사회인류학 등의 학제적인 접근을 통하여 지중해에 적절하게 진입하고 있다.

이러한 새로운 시도에 공감하면서, 그와 함께 지중해를 특정한 지리 역사적인 차원에서만이 아니라 하나의 보편적인 이론적 모델 내지 개념으로 보는 가능성도 새로 생각해볼 수 있다. 지중해는 그곳에서 활동했던 자들만의 것이 아니다. 지중해는 이미 인류의 것이며, 인류의 기억으로 남아 있다. 과거의 긴 역사에서는 물론이고 현재 급변하는 국제 질서 속에서 유럽과 아프리카, 아시아의 입장들이 교차하는 무대로 살아 있다. 지구상의 어느 문명이든 지중해에서 자라나지 않고 지중해와 교류하지 않은 것이 없다고 말할 수 있을 정도로 지중해는 인류 문명 전체의 젖줄이었다. 그래서 과거에 인류 문명이 보여준 성격과 양상들, 그리고 지금 우리가 맞이하는 문명적 문제들을 적절하게 조명하고 인류 문명의 본질을 찾아내거나 재구성하기 위한 어떤 시도에서도 우리는 지중해라는 모델을 대입해볼 수 있을 것이다.

이는 '지중해'를 하나의 문명 담론으로 구성하는 기초 작업이다. 문명의 속성은 교류에 있으며 교류가 없는 문명은 사라질 수밖에 없다. 문명은 민족과 국가의 경계를 초월하여 작동되어왔다. 문명을 제대로 이해하기 위해서는 근대 국민국가의 출현 이후 민족과 국가를 단위로 구성되어온 일방적이고 자기중심적이며 추상적인 여러 사유 방식과 역사 인식을 해체하고 문명이 펼쳐져 온 현실 자체를 들여다보는 새로운 사유 방식과 역사 인식의 틀이 필요하다.

이런 작업을 위해 보편 개념으로서의 지중해를 연구하는 이른바 '지중해학'地中海學을 상상해보고자 한다. '지중해학'이란 것이 가능하다면, 그것은 타자들이 서로를 여는 가운데 이루어지는, 타자에 대한 열림의 학문임에 틀림없다. 그 타자는 지중해의 시공을 중심으로 볼 때 우리가 될 수도 있고 우리를 중심으로 볼 때 지중해가 될 수도 있다. 또 지중해 내에서도 여러 문명들은 서로 타자의 위치에 서 있다고 볼 수 있다. 문제는 그 모든 것들이 서로를 향해 열려 있었다는 사실 혹은 열려 있는 것으로 봐야 한다는 점이다. 실제로 지중해는 여러 문명들이 서로를 넘나들면서 지탱되었으며, 우리는 그런 지중해의 실체를 잘 들여다봐야 한다.

지중해학은 지중해를 연구하는 주체와 지중해가 서로를 넘나들고 서로를 향해 여는 것에서 출발한다. 지중해가 스스로를 열 수는 없을 터이니, 연구하는 주체가 그런 효과를 내도록 해야 할 것이다. 그것은 실제로 그리 어렵고 복잡한 일이 아니다. 왜냐하면 지중해는 그 자체로 열려있는, 그 자체를 끊임없이 타자에게 여는 시공간이었기 때문이다. 그러므로 지중해와 우리를 서로 연다는 것은 지중해의 이미 열린 속성에 충실히 응답하는 일에 불과하다. 이미 타자에 대한 열림으로 지속되어온 지중해는 타자에 대한 열림의 학문으로서의 지중해학을 오래 전부터 품고 있었다. 그런 면에서 우리가 논하는 '지중해학'은 우리 스스로에게 자못 중요하다. 우리가 처한 동아시아의 맥락에서 지중해를 바라볼 때 우리는 유럽과 아시아, 아프리카에 둘러싸인 지중해뿐만 아니라 동아시아의 역사와 문명을 다시 들여다보고 그들 전체의 미래를 새로운 시각으로 그려볼 수 있기 때문이다. 그럴 때 지중해는 발견되기보다는 재구성되면서 우리의 입장에서 다시 살아나는 시공이 될 것이다.

'모두'의 바다 지중해, 아주 특별한 공간

브로델이 지중해에서 주목한 것은 지중해의 특별한 시공간이었다. 브로델의 업적은 지중해를 하나의 단위로 묶어 바라본 것이지만, 그 통일성이 고대와 중세, 근대 이후에는 어떠했는지, 또 문학과 미술, 종교에서는 어떠했는지는 말하지 않는다. 지중해, 하면 브로델을 연상하게 되지만 이미 지중해는 브로델만의 것이 아니다. 그리스인에게 지중해는 '우리 곁의 바다'였고 로마인은 '우리의 바다'라고 불렀지만, 지중해는 그리스인의 전유물도, 로마인의 전유물도 아니다. 지중해는 어느 누구의 호주머니에 안전하게 들어갈 만큼 작지도, 얌전하지도 않다. 지중해는 보고 느끼고 음미하는 자의 것이다. 그래서 지중해는 브로델과 그리스 · 로마 · 비잔티움 그리고 오스만의 바다이며, 피카소와 카뮈의 영감이고, 기독교와 이슬람의 터전이며, 아프리카와 아시아의 친구다.

지중해의 물은 맑고 푸르다. 그것은 우리의 인상에서 비롯된 것만은 아니다. 염분과 깊이 등 물리적인 요인이 작용한 탓이다. 지중해는 물과 흙으로 이루어진 물질이다. 그리고 이는 지중해의 생태와 환경을 구성한다. 여러 문명들이 지중해에서 나타나고 사라지는 동안 그들을 가로질러 오래 지속되었던 지중해의 물질적 특성이 존재했다. 그래서 문명들은 저마다 지중해를 다르게 부르고 대했지만, 그와 관계없이 지중해는 무엇보다 하나의 실체였다. 실체로서의 지중해에는 언제나 파도와 바람, 연안과 부두, 올리브와 포도, 그리고 바다의 흐름이 있었다. 이들을 타원형으로 육지에 둘러싸인 커다란 바다의 모습과 겹쳐서 머리에 떠올리면 지중해는 살아 숨 쉬는 공간으로 우리에게 다가온다. 생태와 환경은 그냥 그렇게 존재하지 않는다. 그곳에서 터를 잡고 살아온 인간의 숨과 혼이 깃들어 있다. 그래서 생태와 환경은 지중해의 역사와 문화를 배고 키웠다.

생태와 환경에서 지중해의 물리적 실체를 본다. 그와 더불어 인간의 활동은 지중해를 하나의 지리적 공간으로 꾸몄다. 지리적 공간은 인간의 활동과 함께 생겨나고 변화한다. 지중해의 지도는 아주 오래 전부터 그려져 왔다. 지중해 연안 지역과 아시아를 왕래하는 실크로드를 따라 도는 항해에 필요했기 때문이다. 지중해 연안에는 바그다드의 시장만큼이나 오밀조밀 항구들이 들어차 있어 지도에 그 이름들을 일일이 표현하기 힘들 정도다. 또 항로를 그어보면 현대의 어떤 대도시 버스 노선도보다 더 얽히고설킨 모습을 보여준다. 지중해의 지리는 역사와 함께 변화했다. 고대인이 본 지중해는 당연히 우리가 지금 보는 지중해와 달랐다. 또 로마와 비잔티움의 지중해가 서로 달랐고, 아시아와 아프리카의 지중해가 달랐다. 그들 모두의 지중해였고, 그것은 무엇보다 지리적 경계 긋기의 여러 모습들로 나타났다.

지중해, 문명의 바다를 이루다

역사에서 지중해의 나이를 본다. 그 지나온 세월에서 지중해의 물결, 그 눈에 보이지 않는 좌표에 묻어 있는 사람들의 흔적을 본다. 지리적 지중해는 단순히 물리적 실체가 아니라 이렇게 역사의 흔적이 묻어 있는, 시간적인 공간이다. 지중해는 무엇보다 인류의 문명들이 교차한 시공이다. 고대 아프리카와 오리엔트 문명부터 시작하여 헬레니즘과 헤브라이즘, 그리고 중세 유럽과 비잔티움, 이슬람의 문명까지 동양과 서양의 다채로운 문명들이 가로지른 문명 교류의 현장이다.

니체는 아폴로적인 것과 디오니소스적인 것의 조화로운 긴장이 그리스 사상이라고 말한다. 그렇게 그리스 신화도 아시아와 아프리카의 기원을 담으면서, 그리스인들이 지중해 전체에서 나왔고 또 퍼져 나갔다고 우리에게 말해준다. 그리스인이 그리도 뜨겁게 사랑했던 신들은 지중해 전체에서 수입되었고 또 수출되었다. 그리스 철학은 소아시아에서 싹을 틔웠다. 당시에 그리스가 소아시아뿐만 아니라 프랑스와 에스파냐, 북아프리카, 그리고 흑해까지 진출하여 후에 마그나 그라키아_{대大그리스}라 불렸던 것은 그렇게 지중해를 아우르는 그리스인들의 사고와 활동 때문이었다. 그리스의 지중해는 과연 헬레니즘과 더불어 코즈모폴리턴을 이루었고 로마와 그 이후에도 그리스의 문화는 살아 지속되었으며, 지중해의 푸른 물결과 함께 인류 전체의 정신 속에서 숨 쉬고 있다.

뱃머리를 서쪽으로 돌려보자. 로마가 에트루리아와 그리스, 페니키아의 뒤를 이어 700년 동안 지중해를 '우리의 바다'로 부른 것은 곧 '로마의 평화'로 지중해의 국제 질서를 장악한 자신감의 표현이었다. 그러나 그 오랜 시간 동안 지속된 로마의 패권은 지중해를 단일한 사고와 단일한 체제로 묶지 않았다. 로마는 외부의 문명들을 받아들이고 발전시켰으며, 지중해는 그를 위한 거대한 무대였다. 단테가 가장 흠모했던 로마의 시인 베르길리우스는 트로이 전쟁에서 살아남아 로마의 조상이 되고 지중해의 주인으로 거듭난 아이네아스를 높이 기렸다. 단테 역시 그렇게 건설된 로마를 인간의 질서와 정의가 가장 잘 실현된 예로 보았다. 그런 로마의 문명을 받쳐준 정신은 헬레니즘과 기독교였다. 로마는 지중해를 터로 삼아 헬레니즘과 기독교를 관리하면서 서양 고대 문명을 일구어냈다.

뱃머리를 동쪽으로 돌려보자. 유럽과 아시아를 불과 몇 킬로미터로 가르는 혹은 잇는 보스포루스 해협에는 이스탄불이라는 고도가 있다. 이곳은 로마 제국을 이어 천 년 동안 서양의 자존심과 정신을 연장한 비잔티움 제국의 수도 콘스탄티노플의 흔적이 고스란히 남은 곳이다. 콘스탄티노플은 지중해 네트워크의 꿈을 간직한 도시였다. 콘스탄티누스 황제는 이 도시를 스스로의 이름으로 부르면서 새로운 통일 로마 제국을 아우르려는 자신의 꿈을 펼치는 거점으로 삼기 위해 서로마 제국의 수도 로마를 그대로 옮겨 건설했다. 그래서 그 도시에서 콘스탄티누스의 혼을 본다는 말은 옳다. 과거의 로마 제국이 지중해를 무대로 삼았다면 이제 비잔티움 제국은 지중해와 아시아를 묶는 세계화 네트워킹의 프로젝트를 향하여 출범한다. 도로 중심의 로마식 네트워크에 더하여 그리스와 페니키아의 해로 중심의 네트워크가 가세한 꼴이다. 비잔티움은 로마 제국을 이어받아 로마의 역사를, 알려지기로 기원전 753년 로물루스와 레무스가 건국한 이래 1453년 오스만에 의해 콘스탄티노플이 영욕의 역사를 마칠 때까지 2000년 이상을 지속시켰다. 비잔티움 제국은 로마 문명과 헬레니즘, 기독교 문명을 아우르는 복합적인 문명을 탄생시켰고, 중국과 인도까지 무역 길을 넓히면서 지중해를 세계로 확장시켰으며, 그러한 규모의 지중해 국가로 서기 위해 끝없이 서지중해를 회복하려는 욕망을 불태웠다. 비잔티움 천 년의 역사에서 우리는 지중해의 팽창과 수축을 본다.

이제 뱃머리를 돌리지 않아도 된다. 다만 역사는 근대로 접어든다. 비잔티움을 굴복시킨 오스만 제국과 더불어 지중해는 이슬람의 바다로 거듭난다. 이슬람은 오스만 제국을 통해 지중해와 만나면서 세계적인 종교로 첫발을 내딛는다. 오스만 제국은 유럽과 전방위적인 교역과 전쟁을 통하여 이슬람 문명을 전파하고 유럽 문명을 배웠다. 이는 '근대사의 가장 역동적이고 생생한 접촉의 현장'이었다. 오스만은 동부 지중해를 거점으로 북아프리카와 에스파냐까지 진출하면서 지중해 전체를 아우르는 놀라운 전파력을 발휘했다. 그것은 오스만 제국의 해군력에 기초한 동부 지중해의 제해권에서 비롯된 것이었다. 지중해를 차지한 자가 역사의 주도권을 쥔다는 말은 고대 그리스 이후로 오스만 제국에 이르기까지 엄연한 진실이었다.

종교의 터전이자 예술의 영감 지중해

지중해를 지배한 것은 물자의 교류와 전쟁만이 아니었다. 이집트와 메소포타미아, 그리스와 로마의 여러 신들을 비롯하여 유대교와 기독교, 이슬람의 유일신들이 지중해를 무대로 나타나고 성장하고 지중해를 지배했다. 지중해는 종교와 신화를 실어 나르면서 공통의 문명을 키웠다. 지중해가 다양하게 펼쳐지다가 다시 한곳으로 모이기를 거듭하는 역사의 흐름을 종교와 신화만큼 잘 보여주는 것도 없을 것이다. 지중해의 푸른 물결! 인간의 역사보다 훨씬 더 오랫동안 출렁이고 있는 저 물결 위에는 지금까지 나타나고 사라져 간 찬란한 문명의 흔적들이 무수한 비늘처럼 겹쳐져 있다. 문명과 역사의 그 장대한 흐름. 아마 이렇게도 다양한 문명들과 사람들, 사건들이 이렇게 집중적으로, 이렇게 강렬하게, 이렇게 지속적으로, 그리고 서로의 흔적을 이렇게 고스란히 남기면서 일어나고 스러져 간 곳은 어디에도 없을 것이다. 지중해는 인류의 모든 것이다. 모든 것일 때 지중해는 편안하게 꿈을 꾼다.

문화와 예술에서 꿈을 꾸는 지중해의 얼굴을 본다. 그 다채로운 표정과 입김, 눈동자, 입술 그리고 우리에게 말을 건네는 혀를 본다. 보이는 말은 지중해의 물결과 태양, 도시와 해안에서 나오는 듯하다. 말은 지중해에서 들리기보다는 보인다. 지중해는 문명 교류의 결과 풍요로운 문화와 예술을 생산한 도가니다. 우리 시대의 가장 이름난 회화와 조각은 아프리카의 젖줄이 없었다면 가능하지 않았을 것이다. 서양의 예술가들이 미개하다고 생각하는 아프리카는 사실 그들이 영감을 얻는 원천이거나 표절의 대상이었다. 그들은 아프리카에 얼마나 큰 빚을 지고 있는지를 미처 깨닫지 못했다. 피카소가 영향받은 아프리카의 현실은 신비로운 것만이 아니라 식민주의와 인종주의로 얼룩진 것이었다. 모딜리아니

A. Modigliani가 조각한 두상들은 말리와 나이지리아의 가면들과 쌍둥이이며, 말리의 전통 색실 주단에 나타난 기호의 장식들은 클레P. Klee 식 표현법의 모델이 되었다. 또 콩고와 케냐의 일부 양식화된 조각품들은 자코메티A. Giacometti가 태어나기도 전에 만들어졌다. 그 밖에 에른스트M. Ernst의 유화 「남자의 두상」은 코트디부아르의 나무 조각품과 상당히 유사하며, 칼더A. Calder의 「바람에 실린 달빛」Moonlight on a Breeze에는 현재 시애틀 미술관에 전시되어 있는 콩고의 루바족 가면과 찍어낸 듯 똑같은 얼굴이 들어 있다.

피카소는 지중해가 말하게 만드는 무엇에 따른 화가였다. 지중해의 영감은 피카소가 표출하기보다는 그에게서, 그를 통하여, 비어져 나온다. 지중해의 파란 바다와 하늘, 싱그러운 바람, 뜨거운 오후의 태양 아래서 벌이는 투우, 그리고 지중해를 살아온 다른 화가와 시인들은 지중해를 우리에게 친숙하게 만들었다. 사실 그 오랜 친숙함은 우리에게 익숙한 만큼이나 모호하다. 왜냐하면 그 친숙함이 터를 두는 먼 기원에 대해서 우리는 잘 알지 못하기 때문이다. 그래서 우리는 피카소의 그림에서 에스파냐의 풍광과 민속, 이베리아와 아프리카의 원시 예술의 흔적을 찾아내면서 지중해의 얼굴을 다시 들여다보고 친숙함의 이유를 발견하게 된다. 그러면서 지중해의 영감에 젖은 피카소의 얼굴과 지중해의 얼굴을 우리는 더 이상 구분하지 못한다. 피카소는 지중해의 모든 것들을 충실하게 살아낸 화가였다.

마찬가지로 카뮈의 어둠, 그 삶과 창작에서 배어나오는 부조리의 어둠은 지중해 태양의 그림자였다. 태양이 강렬한 만큼 그림자도 진하게 드리워졌다. 거기서 인간의 얼굴을 본다. 태양은 정죄산에 오르는 단테를 비추어 그림자를 만들었다. 정죄산의 영혼들은 이에 놀라며 살아 있는 육체를 지니고 죽음의 세계를 여행하는 단테를 부러워한다. 죽어야만 보고 들을 수 있는 것을 살아서 보고 들었으니, 이제 구원을 받는 길로 나아가면 그만이기에. 그림자를 드리우는 존재. 그것이 인간이다. 카뮈는 태양을 사랑했지만, 그것은 빛의 연원인 동시에 어둠의 근원이었다. 빛만 구원이 아니라 어둠도 구원의 계기로 끌어안는 카뮈의 타고난 감각은 지중해에 녹아 있는 인간의 오래된 흔적일 것이다. 이 흔적의 내용은 삶과 행복인 동시에 죽음과 불행으로 이루어지지만, 언제나 현재 진행형으로 우리 곁에 있어 왔다. 그래서 지중해는 과거나 미래가 아닌 현재화하는 존재로 언제나 고스란히 자신을 드러내는 것이다. 지중해는 빛과 어둠이 공존하는, 신과 인간이 만나는, 긍정과 열림, 긴장과 균형의 사고를 가능하게 한다. 니체가 파악한 헬레니즘은 바로 그러한 지중해적 사고를 가리키는 것이었다.

이런 공존의 성격은 지중해 건축에서도 고스란히 드러난다. 지중해 건축을 구성하는 것은 헬레니즘과 동방성, 그리고 토속성이다. 헬레니즘은 그리스와 로마의 문명으로 빚어졌고 동방성은 서부 오리엔트에서 나왔다. 이는 동서양의 구분이 없던 시절에 지중해 건축의 모태가 만들어졌음을 의미한다. 동서양의 공존은 지중해 고유의 토속성을 빚어냈다. 지중해 건축의 토속성은 서양 중심의 우월주의에 의해 동방성을 억압했던 지리적 팽창주의에 대한 저항으로 시작되었다. 서양식 일방주의에 저항하는 문화적 충동이 내면으로부터 솟아나와 생활 건축물로 구체화되었던 것이다. 이는 서양 근대 기계 문명의 한계를 일깨우고 새로운 길을 제시해주었다. 르 코르뷔지에의 지중해주의mediteraneanism나 아르 누보, 뉴 브루털리즘 따위가 그 예들이다. 결국 헬레니즘과 동방성, 토속성은 단계에 따라서 혹은 지역별로 일어난 것이 아니라, 지중해의 시간과 공간에 두루 걸쳐 아우러지면서 지중해성을 빚어냈다. 그 본질은 역시 시공을 가로지르는 문명의 교류에 있는 것 같다.

서로 다른 문명으로 새로운 문명을 만들다

무엇보다 지중해는 혼합문화로서의 정체성을 지니고 있다. 그 정체성은 교류의 결과이면서 또한 지배와 굴복의 흔적이기도 했다. 이슬람 문명은 그러한 교류와 지배, 굴복의 역사를 생생하게 전달하기에 충분할 것이다. 그러나 이슬람은 다른 문명을 포용하고 서로 융화하여 지중해와 함께 보편 문명의 차원으로 올라섰다. 마트베예비치는 지중해를 이렇게 묘사한다.

지중해의 경계는 공간으로도 시간으로도 그어지지 않는다. 실제로 지중해의 경계를 그을 길은 어디에도 없다. 지중해의 경계는 인종적이지도 역사적이지도 않으며, 국가와 민족을 초월한다. 지중해의 경계는 마치 백묵으로 그은 원과 같아서 끊임없이 남았다가 지워지며, 바람과 물결, 의무와 영감靈感이 넓어졌다가 좁아지기를 반복한다. 지중해의 언저리는 실크 루트만이 아니라 다른 많은 루트들이 겹친 모습으로 드러난다. 소금과 후추, 호박琥珀과 장신구, 오일과 향수, 도구와 무기, 기술과 지식, 예술과 과학의 루트들로 겹쳐져 있다. 그리스 시장은 상점이자 대사관이었고, 로마의 길은 권력과 문명을 퍼뜨렸으며, 아시아의 토양은 선지자와 종교를 제공했다. 유럽은 지중해 위에서 구상되었다.

위의 묘사는 그리스와 로마보다 어쩌면 이슬람에 더 맞는지도 모르겠다. 시간으로 우리와 가까워서 느낌이 더 강렬한 탓도 있겠지만, 따지고 보면 지중해의 어느 언저리에도 이슬람의 흔적이 남아 있지 않은 곳은 없다. 우리가 알고 있는 하얀 가면의 지중해는 하나의 신화일 뿐 지중해는 검은 피부와 수염이 엄연한 자리를 차지한다. 아프리카와 이슬람의 바다는 지금까지 가려져 재현되지 않았다. 반면 그리스와 로마의 바다는 19세기 유럽 패권주의의 일환으로 발굴되고 창조되었다. 그렇게 변조된 지중해는 더 이상 문명의 바다가 아니다. 문명은 교류의 현장이어야 하는데, 백인과 기독교 중심주의의 관점에서 파악된 지중해 문명은 고인 웅덩이거나 일방적으로 흐르는 강물이었다. 우리가 재현해야 할 지중해는 그런 모습이 아니다. 우리 앞에 있게 해야 할 지중해는 문명 교류의 참으로서의 지중해다. 이슬람과 아프리카를 조명해야 할 이유는 바로 여기에 있다.

지중해는 중세 천 년 동안 이슬람의 바다였다. 이슬람 문명은 그리스와 로마의 문명뿐만 아니라 비잔티움 문명과 나중에는 유럽 문명까지도 광범위하게 수용하고 발전시킨 하나의 복합 문명이었다. 이슬람 쪽에서 보면 그리스와 로마를 이어 받은 지중해 유럽을 제외한 나머지 유럽 전체는 미개한 사회였다. 이슬람 문명을 폭력과 전쟁의 문명으로 본다면 그것은 오해와 무지의 소산이다. 오히려 지중해를 무대로 교류의 문명을 일군 이슬람의 참모습에서 우리는 지중해를 이해하는 하나의 열쇠를 얻을 수 있다. 이슬람의 지중해는 온전한 지중해의 모습을 되찾고 서구 역사의 참된 내면을 조망하게 해준다.

그런 면에서 안달루시아를 주목할 만하다. 안달루시아는 세상의 끝이라고 여겼던 이베리아 반도에서 이슬람 문명이 유럽 문명과 교류하여 빚어낸 교차 문명의 대표적인 예다. 이베리아는 사실상 유럽과 아프리카의 중간에 위치하면서 기독교와 이슬람을 잇고, 고대 및 중세의 지중해와 근대의 대서양을 잇는 문명의 교차로 역할을 했다. 이베리아는 일찍이 지중해를 누비던 페니키아와 그리스가 그들의 문자를 전파한 곳이며 로마와 카르타고가 패권을 겨룬 곳이다. 또한 지중해의 상징인 올리브 재배가 가장 활발하고, 지중해를 가로지르며 어디나 나타나는 황소 숭배 신화를 현실로 잡아낸 투우가 대표 전통으로 자리잡은 곳이다. 그런 면에서 이베리아는 지중해 문명이 세상의 끝까지 펼쳐졌음을 잘 보여준다. 이슬람의 이베리아 정착은 게르만의 침입으로 약화되었던 지중해 본질을 회복시켜준 것이었다. 이슬람의 개방과 관용, 포용력은 이베리아에서 최고의 힘을 발휘했다. 코르도바의 모스크와 그라나다의 알람브라가 그 대표적인 예들이다. 이베리아는 지중해 문화를 아메리카 대륙에 전파하면서 지중해 문명의 범주를 대서양 너머로 확장시키는 역할을 했다. 그러한 모습을 가장 잘 보여주는 곳이 안달루시아다.

한편 지중해 기원의 중심에 아프리카 흑인이 있다는 흥미진진한 이야기는 지중해가 다른 인종과 다른 문명, 다른 역사가 서로 소통하는 끝없는 타자화의 터였다는 증거의 깊은 울림을 남긴다. 지중해에 관련한 아프리카의 범주를 사하라 이남까지 확대할 때 우리는 아프리카와 북지중해, 나아가 유럽의 관계를 지배와 굴종의 관계가 아닌 교류와 소통의 관계로 복원할 수 있다. 이는 지중해의 범위를 확장하는 것이면서, 그 확장의 의미를 분명 문명의 교류와 소통으로 채우고 세계사의 온전한 회복에 닿게 하는 작업이다.

아프리카와 지중해의 관계는 그동안 잊고 있었던 검은 대륙이 사실은 지중해를 받쳐 주고 더 나아가 인류의 모태가 되었다는 점을 일깨워준다. 지중해라는 이름은 사실상 7세기 이전까지 사하라 사막 이남의 수단 지역이나 서부 아프리카 사헬 지역, 그리고 고대 오리엔트와 서유럽, 심지어 북유럽 일부까지 걸치는 광의의 개념이었다. 이렇게 말하면 아메리카 대륙과 인도, 아시아까지 지중해가 인류 세계 전체에 미치지 않는 곳은 거의 없는 셈이 된다. 그러나 그것은 지중해 개념의 무분별한 확장이 아니라 지중해가 인류 주요 문명의 생장의 터전이었고, 교류를 통해 문명들이 확장되고 심화되는 계기였으며, 그러한 실제 역사의 결과 지중해라는 모델이 바다와 육지를 넘나들며 문명이 소통되었던 어느 지역에나 적용 가능한 모델로 만들 수 있는 긍정적 가능성을 보여주는 것이다. 그래서 동과 서, 과거와 현재를 막론하고 카리브와 황해, 그리고 광활한 유라시아 대륙 전체 등 여러 곳에서 우리는 '지중해'를 목격하는 것이다. 이는 가히 지중해의 '경우'라고 부를 수 있다.

지중해의 '경우'는 우리의 고대사를 다시 쓰고 동아시아 문명 교류의 현장을 다시 돌아보게 하는 데 유용한 보편적 모델이 된다. 동아시아 공동체 담론은 아직까지 현실로 눈앞에 나타난 것 같지는 않다. 그러나 수천 년 고대의 역사를 현재에서 다시 투영하고 실존시키는 것이 쉬운 일인가. 더욱이 근대화와 식민제국의 역사가 시작된 이래 동아시아의 보편성은 잊힌 과거가 되고 말았다. 탈식민과 해체, 그리고 타자에 의한 재구성과 같은 새로운 담론으로 우리의 고대사를 바라보면 동아시아라는 지역공동체뿐만 아니라 인류 문명의 열린 대안적 모델까지 생각해볼 수 있을 것이다. '동아지중해' 개념은 바로 그러한 큰 의미를 지니고 있다. 풀어나갈 과제들은 당연히 산적해 있으나, 지중해학의 성립과 더불어 동아지중해의 구상은 동아시아 담론의 현실적, 역사적 구성을 넘어서서 인류 문명 전체의 차원으로 뻗어나가는 더욱 원대한 기획이 될 것으로 생각한다.

씨줄과 날줄로 얽힌 지중해, 그곳으로 안내하는 길목

헤라클레스의 좁은 두 기둥 사이로 물을 흘려보낼 뿐 온통 육지에 둘러싸여 지중해라 불린 바다는 단지 '바다'만을 가리키지 않았다. 지중해의 잔잔한 물결은 아프리카와 아시아, 유럽의 흙을 어루만졌고, 지중해의 태양은 인류의 문명들에 골고루 내리 쬐어 여물게 하고 씨앗으로 떨어지게 하고 다시 싹터 자라나게 했으며, 지중해의 푸른 파도는 비가 되어 내리면서 인류의 역사를 키웠다. 그렇게 지중해는 아프리카와 아시아, 그리고 유럽의 광활한 대륙들로 뻗어나가고 마침내 아메리카 대륙까지 팽창하는 엄청난 변용을 보여 왔다. 지중해를 들여다보면 지혜로웠던 시절이든 오만했던 시절이든 지금까지 인류가 걸어온 길이 보인다. 지중해의 변용은 인류 문명의 역사 그 자체였지만, 지금 우리는 정녕 지중해의 오래 묵어 부드러운 바람을 맞고 있는가? 지중해의 푸른 물결과 따뜻한 바람을 기억하려는 것은 우리가 다양성을 허용하지 않는 제국의 시대를 살고 있기 때문일 것이다.

지중해는 문명 교류의 현장이었다. 지중해의 태양은 나와 타자의 대립을 녹이고 지중해의 바람은 나를 타자에게 데려다준다. 폭력과 인종주의, 차별, 제국과 같은 현재 우리가 당면한 부끄러움을 지중해의 물은 깊이 감추어준다. 문명의 충돌과 국가들 사이의 분쟁과 같은 인간의 무지를 지중해의 파도는 단지 흔적으로 남게 해준다.

세상에서 지중해의 자리를 본다. 지중해는 세상 한가운데서 모든 사람들과 더불어 나이를 먹고 부대끼며 살아왔다. 그 가변적인 위치성이 지중해를 있게 하고 살게 한다. 그래서 지중해는 로마인뿐 아니라 바라보는 누구에게나 '우리의 바다'가 되는 것이다. 그러한 됨의 가변적 과정에서 지중해는 언제나 새로운 지리적 실체와 얼굴로 끊임없이 우리에게 다가와 우리와 함께 나이를 먹고 우리와 함께 있을 것이다.

그러나 지중해를 '우리의 바다'로 보기에는 아직 거쳐야 할 길목이 많다. 이 책에 실린 글들은 그러한 길목들이다. 이 책은 여러 분야에서 지중해가 역동적이고 살아 있는 소통의 시공이었음을 확인해준다. 워낙 여러 주제들을 가로지르다보니, 글의 스타일과 분위기가 제각각이다. 가능한 통일시켜서 독자들이 편하게 읽도록 하려 하였으나, 한계는 있다는 생각이다. 각 주제에 맞는 글쓰기가 그 주제를 더 잘 맛보게 하리라는 생각도 한다. 문제는 지중해가 스며들어 있느냐 하는 것이다. 글들을 읽다보면 시간과 공간, 그리고 다루는 대상이 다른 데도 불구하고 서로 얽히고설켜 있다는 인상을 지우기 힘들 것이다. 그것은 그렇게 의도한 것이 아니라, 지중해 자체가 이미 그러하기 때문이다. 글쓴이 자신들도 자기의 이야기가 다른 이의 이야기와 얽혀 있다는 사실에 새삼 놀라기도 할 것이다.

지중해를 총체적으로 바라보려는 것은 사실 '지중해학'의 가능성을 염두에 둔 것이었다. 글쓴이들이 그런 의도를 충분히 의식하지는 않았을지라도, 지중해를 하나로 묶어 바라보고자 하는 공통된 의지는 분명 있었을 것이다. 그것이 '지중해학'의 출발이자 가능성의 제시로 이어질 수 있다는 생각이다.

여기 쓰인 글들은 지중해의 여기저기에 흩어진 섬들과 같다. 지중해가 살아온 시간과 지중해가 펼쳐진 공간을 다루었으며 사람과 작품을 말하기도 했다. 그들은 서로 유기적으로 연결된 하나의 그물과 같아서, 그 성김에도 불구하고 지중해를 건져 올리기에 충분하리라 생각한다. 건져 올리면 곧바로 그물코 사이로 빠져나가버리는 파닥이는 고기와도 같지만, 오히려 그렇게 건져 올리고 빠져나가기를 반복하는 가운데 지중해는 살아 있는 실체로, 체험으로, 우리에게 다가올 것이다.

이 책에 실린 글들은 순서대로 읽어도 좋고 입맛대로 건너뛰며 읽어도 좋다. 순서는 역사, 문화 그리고 관계로 놓았다. 환경과 생태에 관련된 글은 독립시켜서 맨 뒤에 두었다. 그러나 순서에 관계없이 독자들은 지중해의 시간과 공간에서 오랫동안 지속되어온 환경이 역사와 문명에 어떻게 맞물렸는지, 그리고 세계적 관점에서 볼 때 지중해가 어떠한 위치와 의미를 지니는지를 알 수 있을 것이다. 그렇게 환경과 역사, 문명 그리고 세계는 서로 얽혀서 지중해를 구성해왔다. 마찬가지로 여기 실린 글들은 서로 씨줄과 날줄로 얽혀서 지중해라는 천을 구성한다.

이 책이 인류의 문명들이 태어나고 소멸하며 혼교하고 전파되고 소통된 시공으로서 지중해를 다시 보고 다시 생각하는 참이 되기를 희망한다. 지중해는 기억을 통하여 재현됨으로써 우리 앞에 존재한다. 그 기억은 오래되고 친숙한 것이지만, 우리는 그 속에 담긴 지중해의 참모습을 잘 알아보지 못했던 것 같다. 그 오랜 친숙함이 감도는 지중해를 다시 불러내 '우리의 지중해'로 삼으려는 것은, 현재 빈번히 일어나는 분쟁들을 문명의 충돌로 해석하는 무지를 뛰어넘어 문명은 언제나 교류하고 상생한다는 확신을 다지기 위한 것이다.

지중해의 기억에서 우리는 타자에 대해 자신을 여는 푸른 영혼을 맞는다. 세계화라는 냉혹한 반문명적 제국에 당면한 우리의 살결을 따뜻하게 어루만져주길 기대하면서. 분쟁의 억제를 핑계로 드리운 패권의 너울에 날로 둔감해져가는 우리의 눈을 부드럽고 촉촉하게 만들어주길 기대하면서.

돌이켜보면 지중해의 열정에 사로잡혀 동분서주하던 때가 엊그제 같은데, 벌써 많은 시간이 지났다. 이 책의 의도에 따라 기꺼이 좋은 글을 써주신 여러 선생님들께 감사하다는 말씀을 드린다. 이를테면 인문지리학의 관점에서 지중해의 의미를 되새겨보는 글과 같은, 꼭 넣었으면 하는 내용들이 더 있었지만 적절한 기회를 찾기 힘들었다. 책을 엮는다는 것이 큰 책임을 지는 어려운 행위라는 것을 알게 되었다. 무엇보다 독자의 응답에 두려움을 느낀다. 지중해에 깊은 애정을 가지고 계신 김언호 사장님과 우리 모두의 생각을 단정한 책으로 담아내느라 애쓴 한길사의 여러 분들께 감사드린다.

2005년 가을
엮은이 박상진

❝ 로마 제국은 700년 동안 지중해를 '우리의 바다'로 불렀다. 그것은 곧 지중해의 국제 질서를 장악한 자신감의 표현이었다. 그러나 그 오랜 시간 동안 지속된 로마의 패권은 지중해를 하나의 사고와 하나의 체제로 묶지 않았다. 로마는 외부의 문명들을 받아들이고 발전시켰으며, 지중해는 그를 위한 거대한 무대였다. 단테가 가장 흠모했던 로마의 시인 베르길리우스는 트로이 전쟁에서 살아남은 아이네아스가 로마의 조상이 되어 지중해의 주인으로 거듭났다고 쓴다. 단테 역시 로마를 인간의 질서와 정의가 가장 잘 실현된 예로 보았다. 그런 로마의 문명을 받쳐준 정신은 헬레니즘과 기독교였다. 로마는 지중해를 터로 삼아 헬레니즘과 기독교를 관리하면서 서양 고대문명을 일구어냈다. ❞

지중해, 영원한 '우리'의 바다

고대 로마의 지중해

> 모든 고대사는 말하자면 하나의 호수로 흘러가는 흐름이 되어 로마사로 흘러들어가고 근대사 전체는 로마사로부터 다시 흘러나왔다.
> −레오폴트 폰 랑케

근대 역사학의 아버지 랑케는 로마사를 모든 고대사가 흘러들어가고 근대사가 흘러나오는 하나의 '호수'로 보았다. 이는 선진 오리엔트 문명과 그리스 문명이 어떻게 로마인들에 의해 통합되고, 그것이 중세를 거쳐 어떻게 근대사로 이어졌는지를 비유적으로 표현한 명언이다. 또한 이 말은 유럽과 아시아, 그리고 아프리카 세 대륙에 둘러싸인 지중해를 자신들의 '호수'로 만들어 통치했던 로마인들의 업적을 잘 말해준다. 지중해 세계에 '팍스 로마나' Pax Romana, 즉 로마의 평화를 외쳤던 고대 로마인들은 지중해를 우리의 바다라는 의미의 '마레 노스트룸' Mare Nostrum이라 불렀고, 이 말은 당시 엄연한 사실이었다. 지중해는 700여 년 이상 '로마인의 바다'로 불렸다.

로마는 하루아침에 이루어지지 않았다!

그러나 '로마는 하루아침에 이루어지지 않았다'는 존 헤이우드의 말

위 | 고대 로마의 대표적 유적지 포로 로마노. 이곳은 로마의 중심지이자 로마 제국 행정의 중심지였다.
아래 | 재현한 포로 로마노의 모습. 뒤편의 언덕에 자리잡은 궁전은 칼리굴라 황제가 개축한 것이다. 왼쪽은 카이사르 신전이고, 그 옆의 둥그런 건물은 베스타 신전이며, 오른편 건물은 카스토르와 폴룩스 쌍둥이를 모신 신전이다.

처럼 로마인들에게 지중해가 '우리의 바다'가 되기까지는 많은 시간이 필요했다. 전승에 따라 로마 창건 연대로 받아들여지는 기원전 8세기 중엽에 지중해는 로마인과는 전혀 상관없는 미지의 바다였고, 지중해의 주인은 이민족들이었다.

당시 북부 이탈리아에서는 에트루리아인들이 서해안을 중심으로 세력을 펼치고 있었다. 오늘날에도 남아 있는 '티레니아 해' Tyrrenian Sea, 라틴 어로 Mare Tyrrenum라는 이름에서 보듯이, 이탈리아 반도의 서해는 '에트루리아인의 바다'였다. 헤로도토스에 따르면, 에트루리아인은 트로이 일대인 소아시아 서부의 리디아 왕국에서 선진 문화를 가지고 온 이주민이었다. 기원전 8세기로부터 6세기까지 에트루리아인들은 엘바 섬과 코르시카 섬 그리고 사르데냐 섬을 중심으로 활발한 해상 활동을 벌였고, 그 세력을 중부와 남부 이탈리아로 확장하고 있었다.

로마는 한동안 에트루리아 출신 왕들의 지배를 받았고, 100여 년에 걸친 에트루리아 왕의 지배는 로마 문명에 많은 흔적을 남겼다. 우선 로마의 트로이 기원설의 핵심인 '아이네이스' 이야기가 에트루리아인들의 기원과 관련이 있을 것으로 추정된다. 또한 도시 설계 · 개선식 행진 · 검투사 경기 · 아치 건축술을 포함한 토목건축 기술 등 우리가 로마 문명의 특징으로 생각하는 것들이 사실은 에트루리아인들로부터 전수받은 것들이었다.

한편 로마가 '태어났을 때' 지중해는 그리스 본토를 떠나 동쪽으로는 흑해, 남쪽으로는 이집트, 그리고 서쪽으로는 이탈리아 반도 · 프랑스 남부 · 에스파냐 남부까지 진출했던 '그리스인들의 바다'이기도 했다. 그들은 특히 기원전 8세기 경부터 이오니아 해를 건너 남부 이탈리아 여러 지역과 시칠리아의 동해안에 정착해서 '새로운 폴리스'를 건설했으며, 로마인들은 남부 이탈리아의 그리스인 정착지들을 '마그나 그라이키아' Magna Graecia, '대 그리스'라는 뜻라고 불렀다. 당시 그리스인들에게 지중해는 해외 식민 운동을 가능하게 하는 통로였다.

카피톨리움의 늑대와 로마의 건국자 로물루스, 레무스의 청동상. 기원전 500년경에 제작된 것으로, 버려진 쌍둥이 형제 로물루스와 레무스에게 젖을 물려 이들을 굶주림에서 구해준 암늑대에 얽힌 로마의 건국신화를 보여주는데 쌍둥이 형제상은 르네상스 시대에 추가된 것이다.

또한 지중해는 동부 지중해 연안이 근거지였던 페니키아인들의 활동 무대이기도 했다. 그들은 본거지인 동부 지중해 연안에서 시작하여 지중해 남단을 따라 북아프리카를 거쳐 이베리아 반도까지 진출하면서 활발한 해상 활동과 식민 운동을 전개했다. 특히 북부 아프리카의 카르타고는 페니키아인들의 식민시 중에서 가장 강력한 해상 제국으로서 로마와 세 차례에 걸쳐 전쟁을 치렀다. 로마인들은 카르타고와의 전쟁을 '포에니' 전쟁이라 불렀는데, 카르타고인이 곧 페니키아인_{라틴어로 Poenus, Punicus}이었기 때문이다.

이처럼 지중해 세계가 이미 성숙한 '어른들'인 에트루리아인과 그리스인, 페니키아인의 활동 무대였을 때 늑대의 젖을 먹고 자란 로물루스의 로마는 테베레 강 하류, 불과 50미터를 넘지 않는 낮은 언덕에서 양치기들과 농민들의 공동체로 갓 태어난 '아기'와 같은 존재였다. 따라서 아마도 초기 로마인들은 테베레 강이 범람해서 마을을 침수시켰을 때 그 강의 위력 앞에 공포스러워했을 뿐 그 강이 20여 킬로미터를 흘러내려가 만나는 바다, 즉 지중해의 규모나 그것이 장차 로마 문명에 끼칠 영향은 전혀 알지 못했을 것이다. 마치 장성해서 위대한 일을 한 거인도 어머니 젖을 먹으며 요람에 누워 있을 때는 자신의 미래를 상상하지 못하는 것처럼.

오스티아 정복, 지중해를 향한 첫걸음

장차 지중해 제국을 건설할 로마인의 역사는 기원전 8세기 중엽 이른바 '로마인의 요람'이라 불리는 일곱 언덕, 그 중에서도 팔라티노 언덕에서 시작되었다.

초대 왕 로물루스는 동생 레무스를 살해하고 통치권을 장악한 뒤 이웃 나라에서 쫓겨난 라틴인들을 끌어모아 로마 국가를 창건했다. 그는 북쪽의 사비니인들과 대립하다가 그들을 로마 국가의 일원으로 받아들여 퀴리날레 언덕에 정착시켰고, 사비니인들의 왕 티투스 타티우스와 함께 공동으로 국가를 통치했다. 남쪽의 팔라티노 언덕과 북쪽의 퀴리날레 언덕 사이에 있는 카피톨리노 언덕에는 공동의 신을 모시는 유피테르 신전이 들어섰고, 그 사이의 낮은 지대는 두 마을 공동체가 만나는 장소, 즉 로마 광장이 되었다.

그 뒤에도 로마는 주변 종족들과의 대립과 교류 그리고 연대를 통하여 국가의 규모와 그 세력권을 확대해 나갔는데 로마에 편입된 세 번째 세력은 '루케레스'라 불리는 라틴인들이었다. 이들은 카일리오 언덕에 정착지를 마련했다.

이처럼 테베레 강가의 일곱 언덕을 중심으로 촌락 공동체를 병합해 가던 로마인들이 밖으로 눈을 돌리기 시작한 것은 제4대 왕 앙쿠스 마르키우스 때의 일이었다. 앙쿠스는 테베레 강에 목조 다리를 건설해서 강 서쪽에 있는 야니쿨룸 요새로 연결되는 통로를 확보했다. 그는 또한 테베레 강을 따라 내려가며 주변 촌락들을 손에 넣었고, 바다와 만나는

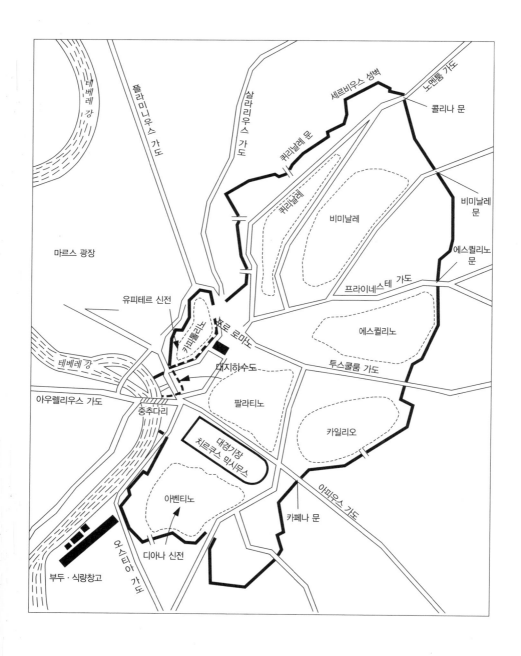

카피톨리노·팔라티노·아벤티노·카일리오·에스퀼리노·비미날레·퀴리날레로 이루어진 로마의 일곱 언덕.

강어귀에 있는 오스티아를 정복해서 로마의 식민시로 만들었다. 당시 오스티아 일대는 소금을 생산하는 염전이 많았기 때문에 로마인들에게는 경제적 가치가 높은 곳이었다. 이제 로마인들은 일상생활에 꼭 필요한 소금을 안정적으로 확보할 수 있었다. 그러나 오스티아 정복의 진정한 의미는 테베레 강을 따라 내려가는 수송로를 장악한 로마인들이 지중해로 나가는 항구를 갖게 되고, 이후 로마의 활동 무대를 지중해로 확대할 수 있게 되었다는 점이었다. 드디어 로마인과 지중해의 만남이 시작된 것이다.

그러나 이러한 왕정 초기 로마의 팽창이 곧바로 로마의 지배권 확대로 이어진 것은 아니었다. 왕정 후기에 로마는 오히려 북쪽 에트루리아인들의 식민지로 전락하였다. 제5대 왕부터 제7대 왕에 이르기까지 3대에 걸쳐 에트루리아 출신 왕들의 지배를 받은 이 시기는 로마가 장차 지중해로 뻗어나가기 위해서 선진 문명권으로부터 잠시 교육을 받는 기간이기도 했다. 특히 제6대 왕 세르비우스 툴리우스는 로마 시민들을 재산에 따라 기병 · 보병 · 비무장병 등으로 분류하여 편성한 군제 정비를 통해서 강력한 군사력의 토대를 마련했다. 더 나아가 세르비우스의 군제 개혁은 중대한 국가사를 인민이 결정한다는 로마인들의 생각을 잘 실현할 수 있는 제도의 창설이기도 했는데, 켄투리아 군대 조직이 곧바로 민회 조직으로 활용될 수 있었기 때문이다. 결국 로마 시민들은 전시에는 전쟁터에서, 그리고 평화시에는 민회에서 자신들이 국가의 주인임을 확인할 수 있었고, 이는 장차 로마 팽창의 원동력이 되었다.

기원전 509년, 로마인들은 제7대 왕 타르퀴니우스 수페르부스의 폭정에 항거하는 일종의 독립 투쟁을 벌여 에트루리아계 왕가의 지배에서 벗어났다. 로마가 에트루리아 출신 왕을 축출했을 때 그것은 이민족의 억압적인 지배로부터의 해방을 의미했을 뿐만 아니라 일인지배 체제인 왕정을 폐지하고 소수의 엘리트 귀족 가문들이 중심이 되어 국가를 통치하는 공화정의 시작을 의미했다. 이는 리비우스의 말대로 로마가 인민의 자유 위에서 발전하게 된 것을 의미했다.

포에니 전쟁의 승리, 지중해의 지배자가 된 로마

기원전 509년 로마 공화정의 출범은 로마가 지중해 세력으로 부상하는 계기가 되었다. 로마는 일인지배 체제인 왕정이 폐지되고, 로마 인민이 선출하는 2인의 집정관이 1년 임기로 상호 협의해서 국가를 경영하게 되었다. 일종의 자문 기구인 원로원의 조언을 받아 안정적으로 발전할 수 있었다. 공화정 초기에 로마는 귀족 중심의 국가 운영에 불만을 품은 평민들의 요구를 적극적으로 받아들여 귀족과 평민이 어깨를 나란히 하고 국가 경영에 공동으로 참여하는 길을 제시함으로써 국력을 증대할 수 있었다.

이처럼 내부적 통합을 이룩한 로마인은 세력이 약화된 북부 이탈리아의 에트루리아와 남부 이탈리아의 그리스 식민시들을 차례차례 정복해 갔고, 기원전 3세기 중엽이 되자 이탈리아 반도의 통일에 성공하고 서서히 지중해 세계에 모습을 드러내기 시작했다.

사실 로마인들은 창건 이후 거의 500여 년 이상, 그리고 공화정 출범 이후 약 250여 년 이상 지중해의 중요성을 알지 못했던 것 같다. 그것은 로마인들이 바다에 무지해서라기보다는 굳이 큰 바다로 나가 모험할 필요성이 별로 없었기 때문일 것이다. 기본적으로 농경 민족이었던 로마인은 자신들의 의식주에 필요한 물자를 이탈리아 본토 안에서 공급받을 수 있었다. 또한 이탈리아 반도를 통일하는 것 자체가 큰 과업이었을 테니 바다로의 진출에 신경 쓸 여력도 여유도 없었을 것이다. 그러나 기원전 272년에 로마가 그리스의 식민도시인 타란토를 끝으로 남부 이탈리아의 '대 그리스' 정복을 완성하고, 이탈리아의 지배자로 부상했을 때 사정은 달라졌다. 이제 로마는 하나의 도시 국가라기보다는 이탈리아 반도를 대표하는 지배 국가가 되었기 때문이다. 그러니 이탈리아 본토와 최단거리로는 불과 3킬로미터에 있는 시칠리아 섬에서 일어나는 일에 무관심할 수 없는 것이 로마의 입장이었다.

당시 시칠리아는 서부 지역은 카르타고가 세력권을 갖고 있었고, 동부 지역은 그리스 식민도시 시라쿠사가 독자적인 세력을 유지하고 있었다. 그런데 시라쿠사 왕에게 고용된 마메르티니라는 캄파니아 출신 용병대가 역시 시칠리아의 도시인 메시나를 정복하고 약탈하는 사건이 일어났다. 그러자 시라쿠사의 히에론 왕이 이들을 공격해서 패배시켰고 이에 마메르티니 용병대는 카르타고에 지원을 요청해서 시라쿠사 군을 몰아냈다. 그러더니 로마에 동맹을 요청해서 이번에는 카르타고의 간섭에서 벗어나고자 했다. 결국 시칠리아의 동남부에 위치한 그리스 계 식민시 시라쿠사와 동북부 끝에 위치한 메시나의 갈등은 로마와 카르타고를 끌어들임으로써 큰 전쟁으로 발전하게 되었다.

로마에 지원을 요청하는 메시나의 열망을 거절하는 것은 이탈리아의 대부 로마의 위상이나 국익에 도움이 되지 않았을 것이다. 만일 메시나의 요구를 거절하면 그 도시는 카르타고의 세력권으로 떨어질 수밖에 없었다. 메시나와 로마의 동맹 체결과 군대 파병이 결정되었을 때, 그 사건은 고대 지중해 세계에 일어난 대격변의 출발점이 되었다. 사실 그때까지만 해도 로마와 카르타고는 기원전 348년 이래로 상호 불가침 조약 아래 평화를 유지하고 있었다. 카르타고는 로마와 동맹을 체결한 어떤 국가에 대해서도 간섭하지 않고, 시칠리아와 카르타고에서 로마 상인들의 상업 활동을 허용해주는 대신에 로마는 서부 지중해에 대한 카르타고의 독점권을 인정했다. 그런데 메시나와 시라쿠사의 다툼에 당시 서지중해의 열강인 로마와 카르타고가 끼어들면서 이 다툼은 시칠리아 전체의 주인을 가리는 지중해 세계 대전, 즉 제1차 포에니 전쟁으로 확대된 것이다.

지중해의 '중앙역'이라 할 수 있는 시칠리아의 주인은 로마와 카르타고 중 하나일 수밖에 없었고, 시칠리아의 주인은 곧바로 서부 지중해의 주인을 뜻하는 것이었다.

그러나 이때까지 이탈리아 반도에서 승승장구하던 로마인들이었지만, 지중해 세력의 패권자인 카르타고와의 싸움은 힘겨운 일이었다. 동지중해 연안에서 시작된 페니키아인의 식민도시 카르타고가 서지중해를 무대로 활발한 해상 활동과 해군력을 중심으로 힘을 키워온 반면 수백 년 이상 이탈리아 반도의 통일에 전념했던 로마인들은 해전 경험이 없는 육군국이었기 때문이다. 이 전쟁을 계기로 로마는 해군력을 갖게되었다.

기원전 264년부터 241년까지 23년의 기간이 말해주듯이 그것은 양국 모두 쉽게 포기할 전쟁이 아니었다. 그러나 결국은 로마가 승리했고, 기원전 241년 강화조약이 체결되었다. 카르타고의 독립은 인정되었지만 카르타고인들은 시칠리아를 포기하고 그 영유권을 로마에 넘길 수밖에 없었다. 이로써 드디어 로마의 지중해 시대가 열린 것이다. 그 뒤에도 두 번에 걸친 카르타고와의 전쟁이 있었지만 언제나 최후 승리는 로마에게 돌아갔다. 기원전 146년 제3차 포에니 전쟁을 마감하면서 로마는 카르타고를 완전히 굴복시키고 서부 지중해의 유일한 지배자로 남게되었다.

지중해는 이제 '우리의 바다'

세 차례에 걸친 카르타고와의 전쟁을 승리로 이끈 로마는 기원전 146년에 서부 지중해를 완전히 장악했으며, 같은 해에는 그동안 로마에 반기를 든 아카이아 연맹의 중심 도시 코린토스를 정복하여 파괴하였다. 기원전 133년에는 소아시아의 페르가뭄을, 기원전 63년에는 팔레스타인을 점령하면서 동부 지중해 세계마저 로마의 지배권으로 넘어왔다. 또한 동부 지중해의 마지막 거점 이집트를 정복함으로써 명실상부한 지중해의 지배자가 되었고 옥타비아누스가 이끄는 로마군이 기원전 31년에

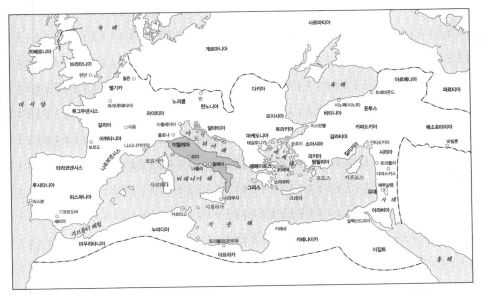

서기 1~2세기의 로마 제국. 이 시기 지중해는 명실상부 로마의 바다가 되었고, 로마인들은 지중해를 가리켜 마레 노스트룸, 즉 우리의 바다라고 지칭했다.

그리스의 서해 악티움 앞바다에서 이룩한 승리는 지중해를 로마의 바다로 만드는 결정적 계기가 되었다. 이제 이른바 '팍스 로마나'는 곧 지중해 세계에서 더이상 경쟁 상대가 없는 로마 제국의 지배 아래 있는 국제 질서를 뜻했고 제정 초기, 즉 서기 1~2세기에 지중해는 명실상부한 로마의 바다가 되었다.

'모든 길은 로마로 통한다'는 말처럼 세 대륙의 주요 도시를 연결하는 육지의 도로망은 제국 통치에 아주 효율적으로 이용되었다. 마찬가지로 '우리의 바다' 지중해의 바닷길을 통해서 제국 전역의 물적·인적 자원이 인구 100만의 도시 로마로 집중되었다. 뿐만 아니라 '팍스 로마나' 시기에 지중해를 타고 로마 문명, 즉 군대·법률·건축·문학 등이 제국 전역으로 퍼져 나갔다. 이제 지중해는 로마인들의 지배권을 유지시키는 주요한 수단이 된 것이다.

이처럼 지중해를 '우리의 바다'로 만든 로마인들의 이야기는 '로마는 하루아침에 이루어진 것이 아니다'라는 말처럼 수백 년 동안 대를 이어 가며 이룩한 로마인들의 위업이라 할 수 있다.

정복당한 그리스, 야만스러운 승자를 정복하다

500여 년 이상 유지된 로마 제국의 지중해 세계 지배는 어떠했을까? '우리의 바다' 지중해가 과연 로마 제국 지배를 위한 수단으로만 이용 되었을까?

물론 지중해는 로마인들의 필요에 따라 제국 전역에서 인적 물적 자원을 끌어들이고, 로마의 지배권을 유지하기 위해 로마 문명을 밖으로 '수출'하는 데 이용된 것은 사실이다. 그러나 지중해가 로마의 문명을 '밖'으로 내보내는 통로로만 활용된 것은 아니었다. 아울러 지중해를 통해 로마로 들어온 것은 그들의 필요에 의한 인적 물적 자원만은 아니었다. 지중해는 숱한 외래 문명들을 이탈리아 반도로 실어날라 로마 문명 자체를 변형시키고 발전시키는 주요 통로로 이용되었다.

로마인들 자신이 로마 문명의 기원을 이탈리아 반도가 아닌 소아시아에서 지중해의 거친 파고를 헤치고 건너온 이주민들에게서 구하는 것은 역사의 아이러니라 할 수 있다. 그리스 원정군에 의해 멸망당해 불타는 트로이 성에서 겨우 목숨을 건져 탈출한 아이네아스와 그 일족이 장차 대제국을 건설할 로마의 조상이 된다는 것이 바로 그것이다. 오리엔트 문명의 서쪽 전초 기지였던 트로이와, 에게 해를 중심으로 서양 문명을 건설했던 그리스인들 사이의 세계 대전에서 로마는 그리스가 아니라 패배한 뒤 와신상담, 후일을 기약했던 오리엔트 쪽에 자신을 연결시켰다. 지중해는 이렇듯 '역사적 사명'을 띤 트로이인들을 이탈리아 반도로 오게 했고, 로마 문명의 토대를 놓게 했던 주요한 통로였다. 그러니 지중해는 처음부터 이주민들과 외래 문명의 이동로였던 것이다.

그 뒤에도 지중해는 동쪽에서 이탈리아 반도로 선진 문명이 들어오는 통로였다. 기원전 8세기에 로마 문명이 눈뜨고 있을 때 이미 그리스인들이 지중해를 건너와 남부 이탈리아에 정착했고, 그들과 함께 그리스 문화가 남부 이탈리아에 들어왔다. 그리스 문화의 본격적인 영향은 좀 더 뒤에 나타났다.

로마가 지중해 세계의 일원으로 자신의 존재를 알리기 전, 즉 기원전 4세기에 지중해 세계, 특히 동 지중해는 마케도니아 왕 알렉산드로스 3세에 의해 통합되기 시작했다. 알렉산드로스는 부왕 필리포스의 업적에 힘입어 대립과 갈등 속에 있던 그리스 반도의 폴리스들을 통합시켰고 동방원정을 감행해서 알렉산드로스 제국과 헬레니즘 시대를 열었다. 그의 동방 원정은 그때까지 오리엔트 문명의 '젖'을 먹으며 자란 그리스로 하여금 자신들의 문화를 역수출하는 기회가 되었고, 헬레니즘 문명은 소아시아 · 팔레스타인 · 이집트 · 그리고 메소포타미아를 넘어서 남부 아시아까지 그 세력권을 확대할 수 있었다. 이제 그리스어가 세계어가 되었으며, 작은 도시국가 체제를 넘어선 하나의 세계가 태어났다.

헬레니즘 문명은 동쪽으로만 간 것이 아니었다. 기원전 2세기 로마가 헬레니즘 세계를 정복하기 시작했을 때 그 문명의 유산들은 서쪽으로, 로마로 역수출되어 로마인들의 물질 세계와 정신 세계를 장악하기 시작했다. 로마의 전통과 미덕을 찬양하고 헬레니즘의 확대를 저지하려 했던 노老 카토Cato the Elder, 기원전 234~149의 노력도 헬레니즘의 홍수 속에서 힘을 발휘하지 못했다. 결국 그리스와 로마 문명이 뒤섞여 서양 고전 문명이 탄생했는데 그 알맹이를 이룬 것은 주로 그리스 문명이라 할 수 있다.

그리스로부터 로마로 이어진 인생관의 바탕에는 인간 중심주의가 있었다. 특히 인간의 이성을 중시한 합리주의적인 인생관도 로마인들에게 계승되었다. 서기 2세기 '팍스 로마나' 시대 정점에서 철학자 황제였던 마르쿠스 아우렐리우스는 신과 인간에 대해 다음과 같이 말한다.

신은 존재한다. 또 신은 인간의 일에도 깊은 관심을 갖고 있다. 그리

위 | 마케도니아의 왕 알렉산드로스. 그리스의 폴리스를 통합하고 동방원정을 감행하여 알렉산드로스 제국과 헬레니즘의 시대를 열었다. 20세에 즉위하여 33세에 갑자기 세상을 떠난 그의 문화사적 업적은 유럽 · 아시아 · 아프리카에 걸친 대제국을 건설하여 그리스 문화와 오리엔트 문화를 융합시킨 새로운 헬레니즘 문화를 이룩한 데 있다.
아래 | 아크로폴리스에서 바라본 아레오파고스 언덕과 아테네 전경

고 그 밖의 것에 대해서도. 만일 악이라는 게 있다면 신은 사람이 그것을 피할 수 있는 능력을 가질 수 있도록 충분한 대비책을 마련해놓았다.(……) 인간의 고귀함은 이성에서 나온다. 너는 이미 어린아이가 아니다. 더 이상 이성을 노예의 자리에다 방치해서는 안 된다.(……) 현재만이 우리가 소유할 수 있는 유일한 것이다. 그러므로 가장 중요한 것은 현재를 어떻게 살아가는가이다.

이성이 이끄는 대로 사는 삶, 그것이 인생이었다. 또한 인간에게 주어진 유일한 삶은 현재뿐이었다. 이처럼 로마인들은 인간 중심주의, 현실주의적 인생관을 가지고 있었다. 로마인들은 신들의 존재와 인간 세계에 대한 그들의 관여를 믿었지만, 신들의 본성이나 모습은 인간들의 연장선상에서 이해했다. 로마인들은 죽지 않는다는 것을 빼고는 인간과 다름없던 신들을 각종 신화와 신상·신전 등을 통해 부각시키려 했고, 이로써 지중해 전역은 마치 신들의 세계처럼 보였지만, 정작 그들에게 중요한 것은 신이 아니라 인간이었다. 그리스 문명이 로마를 '정복'한 결과였다.

지중해는 '로마인의 바다'가 된 뒤에도 지배 국가인 로마인들의 이익만을 실현시키는 일방통행로, 즉 제국 지배의 수단만은 아니었다. 오히려 외래 문명의 로마 유입을 가속화시키는 통로가 되었다. 팍스 로마나 시기에 지중해는 물론이고 모든 육로와 뱃길을 타고 외래 문명이 물밀듯이 로마로 흘러 들어왔다. 지중해 세계를 정복한 로마인이지만 오히려 로마인들은 그리스 문명의 유산에 동화되어 갔다. 호라티우스의 말대로, 정복자인 로마인들은 지중해를 타고 들어오는 그리스 문명의 포로가 된 것이다.

기독교, 지중해를 건너 로마로 입성하다

지중해를 가장 적절하게 활용해서 문명의 전파 통로로 이용했던 사람들은 그리스인만이 아니다. 초기 기독교인들 역시 지중해를 통해 로마로 입성했다.

기독교는 예수를 따르는 제자들, 특히 베드로와 바울로의 선교를 통해서 지중해 종교에서 세계 종교로 발전했다. 예수는 유대교의 중심이었던 예루살렘을 방문했던 기록이 있으나 대부분의 생활은 주로 이스라엘의 변방인 북쪽 갈릴리 지방에서 활동했다. 신약성서에 따르면 그는 3년여 동안 수많은 군중을 가르쳤고 열두 명의 제자를 직접 선발해서 가르치기도 했다. 그리고 예수는 서른셋의 나이에 십자가에서 처형당했다.

초기 기독교는 예수의 죽음과 부활, 인간의 구원과 영생의 메시지를 전파한 그의 제자들과 선교사에 의해 발전했는데, 그 중에 특히 바울로는 기독교가 유대인들의 종교에서 민족과 국경을 초월한 세계 종교로 발전하는 데 중요한 역할을 했다. 사실 바울로는 한때 기독교인들을 탄압하는 유대인이었다. 그러던 그가 극적인 체험을 통해 기독교로 개종하고 가장 열렬한 기독교인이 되었다.

바울로는 처음에는 주로 소아시아, 즉 현재의 터키 땅을 중심으로 선교를 했으나 알렉산드리아 트로이 지방에서 '마케도니아로 건너와서 우리를 도우라'는 환상을 보고 마케도니아 선교를 결심했다. 그는 트로이에서 배를 타고 지중해 즉, 에게 해를 건넜는데, 그 항해가 기독교가 오리엔트의 종교에서 서양의 종교로 넘어가는 첫 발자국이 된 셈이었다. 그는 사모스, 트라케, 나불루스를 거쳐 필리피에 이르렀고, 그곳에서 루디아라는 여자의 집에 머물면서 유럽 최초의 기독교 가정을 탄생시켰다. 그 뒤 바울로는 데살로니카를 거쳐 마침내 그리스 문명의 중심인 아테네에 도착하는데, 그는 그곳에서 에피쿠로스와 스토아 철학자들과 쟁론했고, 아레오파고스 언덕에서 기독교를 변호하는 연설을 했다.

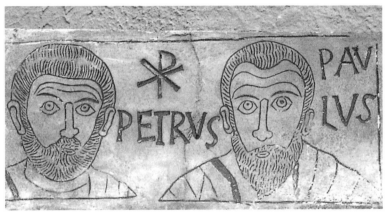

산 세바스티노 지하묘지에는 네로 황제 시절에 처형당한 베드로와 바울로에 대한 내용이 많이 남아 있다. 위 문구는 '바울로와 베드로에게 승리를!'이라는 내용이고, 아래 그림은 베드로와 바울로의 모습이다.

바울로의 설교는 헬레니즘과 기독교의 극적인 만남을 잘 보여주었다.

아테네 사람들아! 너희를 보니 범사에 종교성이 많도다. 알지 못하던 시대에는 하나님이 허물치 아니하셨거니와 이제는 어디든지 사람을 다 명하사 회개하라 하셨으니 이는 정하신 사람으로 하여금 천하를 공의로 심판할 날을 작정하시고 이에 저를 죽은 자 가운데서 다시 살리신 것으로 모든 사람에게 믿을 만한 증거를 주셨음이니라

그렇지만 이성의 도시였던 아테네에서 바울로의 설교는 별로 큰 호응을 얻지 못했다. 바울로는 코린토스로 장소를 옮겨 선교여행을 계속했다. 항구 도시이며 경제적 활기가 있었던 코린토스에서 바울로는 추종자들을 더 많이 발견했고, 1년 반 이상 머물렀던 것으로 전해지고 있다.

이처럼 바울로는 팔레스타인으로부터 소아시아, 마케도니아, 그리고 그리스로 이어지는 동지중해 세계에 세 차례에 걸쳐 기독교를 전파했는데, 오고가는 장거리 여행의 대부분을 지중해의 뱃길을 이용했다. 그 결과 필리피·아테네·코린토스 등 그리스의 주요 도시에는 기독교인들의 모임, 즉 교회가 생기고, 이것이 초기 기독교 성장의 토대가 되었다.

바울로의 선교여행은 여기서 그치지 않았다. 제3차 선교여행을 마치고 예루살렘에 돌아왔던 바울로는 유대인들의 중상모략으로 투옥되었는데, 법적으로 로마 시민이었던 그는 자신의 억울함을 풀기 위해서 로마 황제에게 상소를 했고, 이것을 로마 선교의 기회로 삼으려 했다. 신약성경 『사도행전』 27~28장에는 바울로와 그의 일행이 험난한 지중해의 파도를 헤치고 마침내 로마로 압송되는 과정이 잘 그려져 있다. 바울로는 감옥에서도 기독교를 전했고 결국은 로마에서 순교한 것으로 알려지고 있다.

이렇게 기독교는 지중해를 통해 서기 1세기 후반에 그리스·로마 세계로 확대되었으며, 몇 차례의 탄압이 있었지만 마침내 서기 313년 이

후 로마 국가의 공인을 받고, 392년에는 로마의 국교가 됨으로써 제국 종교로 발전해갈 수 있었다. 지중해 세계의 기독교화는 단기간에 이루어진 것은 아니지만, 서양 고대 문명의 성격을 크게 바꾸어놓은 대 사건임에는 틀림없다.

그리스와 로마의 인간 중심주의와는 달리 기독교는 신 중심의 사상을 지중해 세계에 전파시켰다. 기독교에 따르면 인간은 스스로 존재한 것이 아닌 신의 창조물이다. 신은 인간의 역사에 개입하고 역사는 신의 섭리의 과정이다. 또한 기독교의 선민사상에 따르면 모든 인간이 신의 백성이 되는 것이 아니고 신의 뜻에 따라 선택을 받은 사람들, 즉 선민만이 신의 자녀이고, 신의 백성이 될 수 있다.

기독교는 인간의 육체나 현세를 삶의 전부로 보지 않는다. 오히려 기독교는 영혼의 중요성과 구원, 그리고 그것이 현세의 시간 질서를 넘어서는 영원한 것이라고 말한다. 결국 기독교는 인간이라는 존재가 신의 피조물이고 역사는 신의 뜻이 실현되는 무대이며, 예수의 재림과 함께 끝날 역사의 종말을 전했던 것이다. 이처럼 다신론 종교로부터 유일신 종교로, 인간 중심주의에서 신 중심주의로, 현세주의에서 내세주의로의 대 변화는 순교를 무릅쓰고 활동한 바울로와 초기 기독교인들의 선교의 결과였는데, 그 과정에서 지중해의 뱃길은 가장 유용한 이동 수단이었다.

지중해, 서양 고전 문명의 요람

역사적으로 볼 때 지금까지 지중해를 '우리의 바다'라 불렀던 사람들은 고대 로마인들뿐이었다. 지중해가 한때나마 로마인들의 관리 아래 있었던 것은 사실이나 그렇다고 그것을 완전히 '로마인의 바다'였다고 부를 수만은 없다. 왕정 초기에 지중해가 '로마인의 바다'가 아니었던 것처럼, 로마가 지중해 제국을 건설해서 통치해가던 팍스 로마나 시기에도 지중해는 '로마인의 바다'가 아니었다. 왜냐하면 '로마인의 바다'였던 지중해를 자유롭게 오가며 그것을 적절히 이용한 사람들은 정작 따로 있었기 때문이다.

일찍이 지중해를 무대로 활약한 그리스인들이 있었다. 그리스인들은 기원전 8세기부터 자신들의 필요에 따라 지중해를 적절히 이용할 줄 알았던 사람들이었다. 기원전 8세기 중엽 로마인들이 겨우 문명의 기초를 놓을 때는 말할 것도 없고, 기원전 2세기 중엽에 코린토스와 마케도니아를 로마 속주로 편성해서 통치한 뒤에도 그리스 문명의 물결은 로마로 계속 흘러 들어왔다. 로마의 전통을 고수하고 그리스 문명의 물결을 막으려했던 노 카토의 노력도 허사로 돌아갔다. '정복당한 그리스가 야만스러운 승자 로마를 정복했다'는 말은 외면상으로 승자였던 로마 문명과 문명사의 승자였던 그리스 문명의 관계를 잘 표현하고 있다.

기독교인들 역시 지중해를 적절히 이용했다는 점에서 그리스인과 같다. 기독교의 전파 과정, 즉 예루살렘과 온 유대와 사마리아와 땅 끝까지 이르러 내 증인이 될 것이라는 예수의 예언은 빈말이 아니었다. 바울로를 통해서 기독교는 소아시아로, 그리고 에게 해를 건너 마케도니아와 그리스로, 그리고 또 지중해를 건너 로마로 진군해갔기 때문이다. 이 모든 과정은 사실 지중해를 통해서 이루어졌다고 해도 과언이 아니다.

그런데 역으로 이런 점에서 로마인의 위대함을 찾을 수 있다. 로마인들의 위대함은 지중해에 대한 지배권이 있었음에도 불구하고 그것을 배타적으로 주장하지 않았다는 점이다. 그리스인들이, 기독교인들이 지중해를 오갈 때 오히려 로마의 법과 통치 질서는 그들의 보호막이 되었다. 따라서 서양 고대 문명을 지중해 문명이라고 부를 때, 그리고 그 문명을 구성하는 두 기둥을 헬레니즘과 헤브라이즘이라 할 때, 지중해는 오리엔트 문명과 그리스 문명의 이동과 전파, 그리고 통일을 가능하게 만든 유용한 통로였다. 랑케의 말대로, 로마인의 업적은 지중해를 지배한 것이 아니라 지중해라는 호수를 잘 관리한 것에 있다. 그 관리 덕분에 그리스인과 기독교인들은 그 호수를 이용해서 서양 고대 문명의 성격을 확정하고 그것을 오늘날까지 이어준 것이다.

오늘날 그리스와 이탈리아를 포함한 지중해 인근을 가보면 그곳에 남아 있는 신전과 교회 유적들을 볼 수 있다. 그 유적들로 미루어보아 당시 그리스인과 기독교인들의 지중해를 통한 문명 전파가 얼마나 활성화되었는지 알 수 있다. 지중해의 지배자보다 관리자로서 훌륭했던 로마와 적극적인 문명 전파에 힘썼던 그리스와 기독교인들로 인해 지중해는 서양 고전 문명 전체의 요람이 된 것이다.

김덕수 서울대학교 서양사학과를 졸업하고 같은 대학원에서 로마사를 전공, 「아우구스투스의 프린키파투스의 형성 과정에 대한 연구」로 박사학위를 받았다. 현재는 목원대학교 사학과에서 서양사를 가르치면서 그리스 문명과 로마 문명의 공통점과 차이점, 그리고 로마인들이 서양 문명에 끼친 영향에 대해 관심을 갖고 연구하고 있다. 『그리스와 로마: 지중해의 라이벌』 『역사 속의 말 말 속의 역사』 등을 집필, 공저하였고, 옮긴 책으로는 『로마사』가 있다.

❝로마 제국에 이어 천 년 동안 서양의
자존심과 정신을 연장한 비잔티움 제국. 그곳의 수도
콘스탄티노플은 지중해 네트워크의 꿈을 간직한 도시였다. 과거의
로마 제국이 지중해를 무대로 삼았다면 이제 비잔티움 제국은
지중해와 아시아를 묶는 세계화 네트워킹의 프로젝트를 향하여
출범한다. 비잔티움 제국은 로마 문명과 헬레니즘, 기독교 문명을
아우르는 복합적인 문명을 탄생시켰고, 중국과 인도까지 무역 길을
넓히면서 지중해를 세계로 확장시켰으며, 끝없이 서지중해 회복의
욕망을 불태웠다. 비잔티움 제국은 로물루스 형제가 건국한 이래
1453년 오스만에 의해 콘스탄티노플이 영욕의 역사를 마칠 때까지
로마 제국을 이어받아 로마의 역사를 지속시킨 지중해의 승자였다. ❞

새로운 유토피아를 향한 꿈의 무대

비잔티움의 지중해

늘 푸른 바다, 에게 해. 한무리의 사람들을 태운 배 한 척이 물살을 가로지르며 북서쪽으로 항해하고 있었다. 이 배의 지도자는 메가라 출신의 비자스로, 그는 델피에서 도시를 창건하라는 신탁을 받았다. 그는 보스포루스 해협 좌안에 도시를 세우고 '비잔티움'이라 불렀는데 이때가 기원전 666년이다. 비자스가 이곳에 도시를 세운 이유는 아마도 아시아와 유럽을 오가는 중계무역을 중시한 것이리라.

그런데 이와 같은 중계무역을 중시한 자가 1세기 후에 또 다시 나타났으니 그가 바로 콘스탄티누스Constantinus, 306~337 황제다. 320년에 들어서면서 콘스탄티누스는 통일 전쟁의 피비린내 속에서 자신이 새롭게 만들어가는 유토피아 제국의 꿈에 한껏 부풀어 있었다.

당시 로마 제국에는 제국의 중심이 되는 수도가 없었다. 디오클레티아누스Diocletianus, 284~305 황제에 의해 만들어진 4분할 체제는 로마 제국을 4등분시켰고 지역적인 4개의 수도를 탄생시켰다. 하지만 4개의 수도는 4개의 국가를 연상시켰고 실제로 거의 독립적인 역할을 수행하였다.

콘스탄티누스는 지중해 세계의 정치·경제·문화·예술·종교를 하나로 묶는, 지중해 네트워크의 중심이 되는, 새로운 통일 로마 제국의 진정한 수도가 필요하다고 생각하게 되었다. 이를 위해 수도 후보지들을 물색하게 되었는데 몇몇 후보지들 가운데 그가 마지막으로 찾은 곳

비잔티움. 지금의 이스탄불인 이 도시의 이름은 콘스탄티노플이라고도 하고 비잔티움이라고 불리기도 했다. 새로운 통일 로마 제국의 진정한 수도로 콘스탄티누스 황제가 이룩한 위대한 도시인 비잔티움은 유럽에서 메소포타미아 지방으로 진출하는 길목에 놓여 양 대륙을 하나로 연결할 수 있는 기가 막힌 지정학적 위치를 가지고 있다.

이 바로 '비잔티움'이었다.

비잔티움, 콘스탄티누스의 꿈의 결정체

유럽에서 메소포타미아 지방으로 진출하는 길목에 놓인 이곳 비잔티움은 196년 세베루스Severus, 193~211 황제에 의해 폐허가 된 곳이었다. 하지만 콘스탄티누스에게 폐허는 문제가 되지 않았다. 그의 머릿속에는 이미 로마를 이곳에 그대로 옮겨놓으려는 청사진이 그려지고 있었고 원로원의 반대를 무릅쓰고 이를 어떻게 실천에 옮길 것인가가 더 고민스러웠다.

콘스탄티누스는 왜 비잔티움을 이렇게 맘에 들어했을까. 보스포루스 해협은 지중해와 흑해를 연결하는 길목에 놓인 곳으로 유럽과 아시아 대륙을 나누는 해협이다. 이는 달리 말해 선박만 있으면 양 대륙을 하나로 연결할 수 있다는 말이 된다. 바로 이러한 지정학적 위치에 비잔티움이 자리잡고 있었다. 이는 비잔티움이 고대 말부터 중세 초기까지의 정치 · 경제 · 문화 · 예술 · 종교 네트워크의 중심지일 뿐 아니라 4분할 체제 이후 분열된 지역주의를 통합하는 새로운 중심지로 떠오르는 장소였다는 뜻이기도 하다. 바로 이런 이유가 콘스탄티누스를 자극했다고 해도 과장이 아닐 것이다.

프랑스의 비잔티움 석학 다그롱Dagron의 저서 『콘스탄티노플의 탄생』에 따르면 비잔티움은 324년부터 330년까지 6년에 걸쳐 재건되었다고 한다. 로마를 그대로 옮겨놓기 위해 로마에 있는 언덕의 수는 물론이고 모양까지도 마치 사진을 찍듯이 그대로 모방을 하였다고 하니 이 도시를 보는 것은 마치 콘스탄티누스의 혼을 보는 것이라고 해도 과언이 아니다. 콘스탄티누스의 이름을 따 '콘스탄티노플'원어명 콘스탄티노폴리스이라 불린 이 새로운 수도의 건설은 비잔티움 세계의 출발을 알리는 동시에 지중해라는 물가를 떠나서는 살 수 없는 로마인들에게 동지중해의 중요

콘스탄티누스 황제. 디오클레티아누스의 황제 퇴위 후 로마 제국의 혼란을 수습하고 로마 제국을 재통일시켰으며, 그리스도교 신앙을 공인한 황제로서도 유명하다. 군인·통치자·입법자로서 최고의 인물로 꼽히고, 디오클레티아누스와 더불어 로마 제국의 재건자로 높이 평가되고 있다.

성을 부각시킨 사건이었다.

새로운 수도인 콘스탄티노플을 재건함으로써 4세기 변화의 주역으로 떠오른 콘스탄티누스는 로마 제국 말기의 레임덕 현상, 다시말해 황제의 무능력 · 노예문제 · 계급투쟁 · 인구감소 · 재정위기 · 교역문제 · 사치와 향락 등으로 사형선고를 받은 듯한 위기의 제국을 어떻게든 살려내야 했다.

디오클레티아누스의 개혁으로 일단 숨통은 돌려놓았으나 제국의 목을 죄는 문제들은 여전히 산재해 있었다. 당시 디오클레티아누스와 콘스탄티누스는 공익을 위해, 제국의 회복과 강화를 위해 제국민의 희생을 강요하는 극약 처방을 실시하였다. 물론 이 극약 처방이 비잔티움 제국의 수명을 1453년까지 연장시켰지만 어쨌든 민주적인 방식이 아니었던 것만은 틀림없다.

이 당시 개혁의 특징은 황제의 절대권위 강화 · 정부조직 개혁 · 군대쇄신 · 문관과 무관의 뚜렷한 구분 · 징세 및 경제 체제의 개편이었다. 그리고 지중해 세계를 둘러싸고 있는 긴 타원형의 제국 영토를 행정구역에 따라 약 100개에 이르는 속주로 분할하여 통치하는 새로운 네트워크 시스템을 구축하는 것이었다.

과거 로마 제국은 로마를 중심으로 하는 지중해 주변 지역을 묶는 네트워크 시스템을 발달시켰지만 콘스탄티누스의 새로운 수도 건설은 비잔티움을 지중해 세계의 우물 안 개구리식 시스템이 아니라, 가치가 더욱 부각되는 아시아 세계를 지중해와 강하게 묶는 세계화 네트워크의 중심지로 만들어가려고 하는 야심에 찬 계획이었다. 물론 이 지중해-아시아 세계화 네트워크는 짜임새에 있어 교향악단도 부러워할 만한 '모든 길은 로마로' 라는 말을 낳았던, 국경선에 장성長城이 없는 도로 중심의 로마식 그물망 네트워크와 다리우스 왕의 '왕의 길' 이라는 페르시아식 그물망 도로 네트워크, 그리고 그리스 · 페니키아 이래로 발전해온 해로를 통한 네트워크와 내륙을 연결하는 강을 통한 네트워크의 조합이 뒷받침된 것임에는 틀림없다.

　로마 제국은 2~3세기에 아시아와 교역을 하였다. 하지만 이러한 교역은 로마 정부가 적극적으로 나서서 만들어가는 능동적인 교역이 아닌 수동적인 교역이었다. 실제로 적극적인 교역은 페르시아가 담당하고 있었다. 페르시아는 로마와 동아시아의 중간에 끼어 막대한 교역 이익을 챙기고 있었다. 그렇기 때문에 교역은 로마의 회생에 있어 중요한 요소였고 이를 간파한 콘스탄티누스는 1,000년 이상 지속되어 온 수도를 과감하게 버리는 수도 이전을 생각하게 되었던 것이다. 그렇다고 하더라도 콘스탄티누스가 지중해 세계를 버렸다고 말할 수는 없다. 그럼, 기존의 지중해 세계는 어떻게 하였을까?

　지중해 세계. 우리는 콘스탄티누스의 정책 중 그리스도교가 차지하는 비중이 상당하다는 것을 알고 있다. 313년 리키니우스와 함께 그리스도교를 포함한 제국의 모든 종교에 대해 관용을 선언하였던 콘스탄티누스는 324년 니케아 공의회를 개최하고 전통적인 로마의 보편적universal 사상과 그리스도교 사상을 융합한 보편적-그리스도교 로마 제국을 건설하였다. 그는 20여 년 동안 자기 자신을 여전히 전통 종교에 몸담고 있는 것처럼 보이면서 로마 제국의 체질을 그리스도교 쪽으로 개선시켜 나갔을 뿐 아니라 사망에 즈음하여 그 자신도 그리스도교로 개종하였다. 그리고 이 그리스도교를 그와 함께 새롭게 태어난 비잔티움 제국에 맡김으로써 내실을 다져나가는 관구-주교구 중심의 지중해 네트워크를 구성하게 된다. 이는 콘스탄티노플을 중심으로 하는 지중해적 그리스도교 제국을 의미한다. 다시 말해 콘스탄티누스는 외적인 정책으로 지중해-아시아 세계화 네트워크, 내적인 정책으로 지중해-그리스도교 네트워크 정책을 수립하였던 것이다. 바로 여기에 콘스탄티누스의 위대함이 있다. 이 위대함은 그의 계승자들의 가슴속에 지켜야만 하는 영원한 유토피아의 꿈으로 나타난다. 그렇기 때문에 우리는 콘스탄티누스를 콘스탄티누스 황제라고 부르기보다는 '콘스탄티누스 대제'Constantine the Great라고 부른다.

분할과 통일을 거듭하는 비잔티움

비잔티움 세계가 시작되는 4세기는 지중해 세계에 있어 변화가 많은 시기다. 정치권력적으로는 분화와 통합이 있었고, 게르만족의 이동으로 지중해의 지배권이 나뉘어졌다. 또한 문화적으로는 라틴 문화권과 헬레니즘 문화권이 서서히 정치의 분화에 따라 나뉘어졌다.

이러한 시대에 비잔티움의 황제들은 지중해 세계를 어떻게 생각했을까? 지중해는 아프리카·아시아·유럽의 3대륙에 둘러싸여 있는 지역으로 면적 296만 9,000제곱킬로미터, 길이 약 4,000킬로미터, 최대너비 약 1,600킬로미터인 거대한 바다다. 서쪽은 지브롤터 해협으로 대서양과 통하고, 동쪽은 수에즈 운하로 홍해·인도양과 연결되며, 북쪽은 다르다넬스·보스포루스 해협으로 흑해와 이어진다. 이 거대한 세계를 한 명의 황제가 다스린다는 것이 가능할까? 물론 가능하다고 말할 수 있다. 아우구스투스 황제 시대나 5현제 초기에는 가능하였다. 그러나 5현제 중 하드리아누스 황제 때부터 로마의 정책이 팽창에서 방어로 돌아서면서 한 명의 황제가 지중해 세계를 다스리는 것은 불가능해보이기 시작했다. 특히 이민족의 침입이 잦은 4세기에 들어와서는 그 가능성이 더욱 좁아지고 있었다.

이 당시 콘스탄티누스 황제는 제국의 분할이 지중해 세계의 유지에 미치는 영향력을 다각도로 생각하였을 것으로 추측된다. 그가 내린 최종 결론은 분할이었다. 콘스탄티누스는 4분할된 제국의 4개 대관구를 3명의 아들과 조카 달마티우스에게 나누어주었다. 물론 이는 전통적인 로마 황제들이 선택했던 방법은 아니었다. 로마가 가장 전성기를 누렸던 5현제 시대에는 유능한 인재를 발탁하여 양자로 삼아 제위를 물려주었다. 그런데 5현제 중 마지막인 마르쿠스 아우렐리우스 황제는 정情을 뿌리치지 못해 이러한 인재 발탁을 거부하고 능력이 미천한 아들 콤모두스에게 황제 자리를 물려줌으로써 로마 제국의 쇠퇴를 가져왔다. 그럼, 콘스탄티누스의 결론은 잘된 것일까? 우리들이 콤모두스를 머리에 떠올리면서 콘스탄티누스의 아들들에게도 불길한 징조를 떠올리는 것이 잘못된 것은 아닐 것이다.

콘스탄티누스의 아들들은 제국의 지배권을 차지하기 위해 다툼을 벌였고 결국 콘스탄티우스 2세Constantius II, 337~361가 제국을 다시 통일하게 되었다. 그 뒤 잠시 동안 비잔티움 세계는 지중해를 중심으로 하는 통일을 지속시켜 나갔고 이 기간 동안 이교도 반동이라는 새로운 국면을 맞이하게 되었다. 이런 국면을 야기했던 인물은 그리스 고전과 신플라톤 철학을 익힌 율리아누스Julianus, 361~363다. 그는 그리스도교에 박해를 가하면서 신플라톤 철학과 미트라교에 의한 이교異敎의 부흥과 개혁을 기도하였다. 물론 율리아누스의 이러한 행동은 비잔티움 문화 발전의 핵심 문제 가운데 하나인, 옛 문화와 새로운 신앙의 공생 문제가 첨예한 위기 국면에 들어서게 되었다는 것을 의미한다.

율리아누스가 죽고난 뒤 비잔티움 제국은 다시 분할이 되었다. 잠시 최고 권력에 앉았다가 스스로 사임한 요비아누스 황제의 뒤를 이은 발렌티니아누스Valentinianus, 364~375 황제는 게르만족의 침공 속에 놓이게 된 거대한 지중해 세계를 혼자서 통치할 수 없다고 판단하여 그의 동생 발렌스Valens, 364~378를 권력에 끌어들이게 된다. 이로써 비잔티움 제국은 다시 동·서로 나눠지게 되고 두 명의 황제가 통치하는 연방제 제국을 형성하게 된다. 여기서 연방제 제국을 형성하게 되었다는 의미는 하나의 제국 아래 두 개의 권력이 존재한다는 뜻이다. 표면상으로 보면 로마 제국은 각 제국마다 한 명의 황제가 있는 동과 서 두 개의 제국처럼 보인다. 그러나 제국 정부의 통일성은 유지되었다. 대개 한 명의 황제가 다른 한 명의 임명권을 가질 뿐 아니라 그의 견해를 강요할 충분한 권한을 가지고 있었기 때문에 제국 정부의 통일성, 다시 말해 지중해 세계의 통일성은 법적으로 유지되었다.

4세기 후반에 들어오면서 게르만족의 이동으로 로마 제국은 압박을 받는다. 378년 발렌스 황제는 아드리아노플 부근에서 동고트족을 비롯한 이민족들에게 대참패를 당하면서 전쟁 도중 사망한다. 이는 비잔티움 제국의 지중해 세계가 위기에 처했다는 것을 말해준다. 그러나 테오도시우스Theodosius, 379~395 황제의 등장으로 비잔티움 제국은 위기를 모면하게 된다.

테오도시우스 1세. 독실한 그리스도 교도로 알려져 있으며, 그리스도교를 국교로 삼아 이교도를 압박하고 신전들을 몰수하였다.

테오도시우스 황제, 위기의 비잔티움 제국을 구하다

테오도시우스 1세. 그는 통일된 지중해 로마 제국을 통치했던 마지막 황제다. 통치 초기부터 사르마티아족에게 승리를 거두면서 군사적 능력을 입증해보였던 그는 곧이어 통치의 효율성을 위해 일련의 개혁을 단행하였다. 379, 380년 그는 데살로니카에 거주하면서 먼저 규율이 상당히 해이해진 군대를 재편성하고 발칸 반도에서의 로마의 지위를 강화하는 작업에 착수했다.

이어 그는 군복무에서 제외된 많은 튜튼족을 군대에 영입시킴으로써 부족한 군사력을 메워 나갔다. 사실 이러한 게르만족 용병의 영입은 비잔티움 제국이 더 이상 제국민만으로 제국을 방어할 수 없다는 것을 보여준 것이다. 이 당시 비잔티움 제국은 인구 부족 현상을 겪고 있었을 뿐 아니라 군복무에 대한 기피 현상 때문에 테오도시우스 황제로서는 어쩔 수 없는 선택이었다. 그런데 우리는 테오도시우스 황제의 일련의 정책 중 특이한 면을 발견하게 된다. 그것은 바로 그리스도교에 대한 그의 관심이었다.

380년 2월 28일 테오도시우스 황제는 교회 당국자들에게 아무런 자문도 구하지 않고 모든 신민들이 하나의 신조를 갖도록 규정한 칙령을 발표했다. 그는 이 칙령에서 '가톨릭 교회'와 '그리스 정교'가 동의어라는 것을 암시했다. 이는 콘스탄티누스 이후로 역대 황제들이 지대한 관심을 가졌던 교회의 통일성을 강조한 것이다. 또한 그 이듬해 테오도시우스는 콘스탄티노플 공의회를 소집한다. 이 공의회는 성부와 성자의 동질성을 선언한 니케아 신조를 재확인하였을 뿐 아니라 성령도 이 두 위격과 동질하다고 하는 교리를 덧붙였다. 동시에 이 공의회는 콘스탄티노플이 새로운 수도이기 때문에 콘스탄티노플 주교가 로마 주교 다음의 위상을 갖는다는 것을 확증하였다. 이것은 콘스탄티노플의 주교가 로마의 주교와 동등하다는 것을 의미하지는 않으나 동방의 모든 동료 주교들보다는 우위에 있다는 것을 의미하였다. 이로써 테오도시우스 황제는 신앙 문제에 관해 동방의 주교들에게 권위를 인정받게 되었다.

그 뒤 392년 테오도시우스 황제는 이교도에 대항한 일련의 칙령을 발표한다. 이 칙령은 모든 이교 예배의식과 희생제물을 금지시켰을 뿐 아니라 사원의 접근도 금지시켰다. 이 칙령을 위반할 경우 대역죄와 신성모독 같은 중죄로 처벌되어 이 칙령을 개의치 않았던 자들을 위협했다.

이로써 비잔티움 제국은 지중해를 둘러싼 그리스도교 제국이 되었다. 다시 말해 다신교를 믿는 전통 종교를 버리고 유일신을 믿는 단일 종교를 가진 제국이 되었다는 것이다. 그러나 이런 과정 속에서 우리들에게 안타까움을 안겨준 사건이 발생하였으니 바로 광적인 그리스도교인들에 의한 사원들의 철폐였다. 특히 이집트의 세라피스 사원의 파괴는 가슴을 더욱 아프게 한다. 이 사원의 도서관은 카이사르 시대 때 알렉산드리아 도서관이 파괴된 이후 가장 많은 고전 자료를 갖고 있었던 곳으로 유명한데 이 사원의 파괴는 지중해 세계의 슬픔이며 우리들로 하여금 수많은 고전 자료를 직접 접해볼 수 없는 불행한 세대가 되도록 만들었다.

세라피스. 이집트의 남신으로 오시
리스와 아피스의 합성신이다. 프톨
레마이오스 1세가 세라피스 숭배를
추진, 수도 알렉산드리아에 신앙의
중심지를 정하였다. 알렉산드리아
도서관 이후 가장 많은 고전 자료
를 가지고 있었으나 광적인 그리스
도 교인들에 의해 파괴되었다.

콘스탄티노플, 문화와 문명의 중심지가 되다

지중해 세계는 5세기로 들어오는 입구인 395년 다시 둘로 나뉘어지
고, 이때부터 로마 제국의 영광으로부터 완전히 멀어지게 된다. 408년
비잔티움 제국에는 법전 편찬으로 유명한 테오도시우스 2세Theodosius II,
408~450가 황제로 즉위한다. 그는 온건한 황제로 유용한 업적을 남겼는
데 콘스탄티노플 성벽 축성과 그리스어와 라틴어로 강의하는 31개의
강단을 가진 대학 설립으로 유명하다. 물론 이러한 업적은 그의 머리에
서 나온 것이라기보다는 권력을 장악한 안테미우스와 테오도시우스 2세
의 누이 풀케리아의 정부에서 나온 것이다.

5세기에 들어오면 비잔티움 제국은 그리스도교가 하나님보다 열등하
고 사람보다는 우월하다고 주장한 아리우스주의의 논쟁의 시대보다 더
결정적으로 종교 논쟁의 영향을 받는다. 이 당시 신학에 있어 중요한 학

설은 그리스도의 신적인 원리와 인간적 원리의 관계에 관한 것이었다. 그리스도 안에는 두 개의 분리된 본성이 나란히 공존한다는 안티오키아 학파와 신성과 인성은 신인神人에서 하나로 합해졌다는 알렉산드리아 학파가 대립했다. 431년 에페소스 공의회, 448년 콘스탄티노플 공의회, 449년 에페소스의 '도둑' 공의회, 451년 칼케돈Chalcedonia 공의회는 이러한 세력 싸움의 과열 현상을 잘 보여준다. 칼케돈 공의회의 교회 법규 28조는 비잔티움 제국을 콘스탄티노플 총대주교의 권한 아래 두기 위하여 로마의 권한으로부터 비잔티움 제국을 벗어나도록 하였는데 대大 레오 교황은 로마 교회의 수위권을 주장하였다.

그런데 이런 공의회들이 바다 근처의 도시에서 개최되었다는 점은 주목할 만하다. 물론 이는 육로 및 해로 교통이 편리한 지중해 네트워크 교통로의 중요성을 보여주는 것임에는 틀림없다. 그러나 여기서 한 가지 더 덧붙일 점은 공의회가 열린 도시들이 수도인 콘스탄티노플이거나 혹은 콘스탄티노플과 가까운 장소에 위치한 도시들, 즉 다시 말해 황제가 군대를 동원해 공의회를 위협할 수 있는 위치라는 사실이다. 이는 황제가 자신을 중심으로 하는 교회의 통일성에 얼마나 많은 관심을 가지고 있었는가를 여실히 보여준다.

그럼 여기서 당시 비잔티움 제국의 문화를 잠시 살펴보자. 이 문화는 로마·헬레니즘·그리스도교의 복합 문화다. 중앙 정부는 로마적인 제도와 법률을 가지고 있었고 황제들은 종교와 도덕적인 문제에 있어서는 교회의 권위를 인정하였을 뿐 아니라 교회를 동맹자로 받아들였다. 또한 라틴어를 제국의 공용어로 사용하긴 하지만 그리스어가 실생활에서는 중요하였다.

비잔티움 제국의 문화는 황제들의 의도적인 정책으로 점차 수도인 콘스탄티노플을 중심으로 발전되어 갔다. 지역적으로는 이집트와 시리아가 다른 지역에 비해 훨씬 오래 전에 문명화된 지역이지만 시간의 흐름에 따라 알렉산드리아와 안티오키아는 나중에 생긴 도시인 콘스탄티노플보다 정치·경제면에서뿐 아니라 문화·종교적으로도 뒤떨어지게 되었다. 이는 지중해 세계에서 동북방에 위치한 수도 중심의 중앙집권 화를 의미하는 것이기도 하고 동방과의 무역을 중요하게 여기긴 했지만 지역에 따라 차별이 있었고 균형적인 발전이 이루어지지 않았음을 의미하기도 한다.

5세기는 비잔티움 제국 미술과 건축이 발달한 시기다. 비잔티움 제국 미술은 고대 동지중해 미술인 헬레니즘 미술에 고대 아시아 전통 그리고 페르시아 사산 왕조의 영향 등을 더하여 초기 그리스도교 미술을 계승하였다. 벽화 부분에 있어서는 처음에 초기 그리스도교적인 주제가 그려졌고, 훗날 성상파괴주의 시대 이후에는 교의教義, Dogma의 유형화된 묘사만 장식되어 도상학圖像學, Iconography으로 통일된 상이 나왔다. 교회당 건축은 원개圓蓋를 덮은 집중식 건축, 또는 원개 바실리카Basilica식이 유행했고 내부는 모자이크로 장식되었다. 이슬람이 흥기하자 이슬람 미술과도 어느 정도 교류하면서 약간의 시대적 변화를 겪기도 하지만 비잔티움 제국만의 일관성을 유지하면서 10세기 동안이나 지속되었다. 건축에서는 3~4세기보다 훨씬 질적으로 우수한, 우아하면서도 더욱 호화롭고 튼튼한 건물들이 등장하였다. 그렇지만 이러한 건물들은 수도인 콘스탄티노플을 중심으로 지방의 대도시에서만 볼 수 있었다.

비잔티움의 전성기, 위대한 시대의 끝

유스티니아누스518~610는 로마의 영광을 다시 재현하려고 노력한 황제로, 황제의 권력을 종교 분야까지 확대하여 '황제주의' Caesarism 다시 말해 황제에 의한 세속과 교회의 절대통치 체제를 이루었다. 그는 로마 제국의 부활을 위해 아나스타시우스Anastasius, 491~518 황제가 남겼던, 제국의 1년 예산의 거의 3배나 되는 액수인 2,300만 노미스마를 가지고 지중해 비잔티움 제국의 방어와 확대를 위한 외교 정책을 실시하였다. 그의 외

유스티니아누스 황제와 황후 테오도라. 유스티니아누스는 측근들의 통솔에 뛰어났으며 테오도라의 뛰어난 조언은 황제의 정책에 헤아릴 수 없는 많은 영향을 끼쳤다. 유스티니아누스는 또한 위대한 건축 활동가로서 콘스탄티노플에 성소피아 성당을 세웠다.

교정책은 북으로는 슬라브족과 게르만족, 동으로는 페르시아의 군사행동을 억제하면서, 서방을 공격한다는 것이었다. 벨리사리우스와 나르세스의 활약에 힘입은 비잔티움 제국 군대는 반달족의 아프리카, 동고트족의 이탈리아, 그리고 서고트족의 에스파냐 일부 지역을 정복함으로써 로마 제국의 영광을 다시 재건했을 뿐 아니라 지중해 세계의 해상 네트워크를 다시 건설하였다. 그러나 서방에 대한 불완전한 정복과 동방에 대한 힘든 방어는 군사력만을 믿고 행한 신중치 못한 행동으로서 제국의 자원을 축소시켰을 뿐 아니라 뒷날의 황제들에게 부담을 안겨주었다.

이 당시 비잔티움 제국의 군대는 약 15만 명으로 용병이 큰 비중을 차지하고 있었다. 이에 따른 군사 비용도 문제였지만 동질성을 찾기가 어려웠기 때문에 페르시아의 침공을 피할 수가 없었다. 540년 안티오키아가 함락되고 페르시아의 군대가 지중해까지 이르자 유스티니아누스는 562년 조공을 바칠 것과 페르시아 내에서 그리스도교를 선교하지 않겠다는 약속을 함으로써 50년 평화조약을 맺었다. 그래도 이 조약은 일방적으로 페르시아에게 유리한 조약은 아니었다. 페르시아인들은 로마인들과 오랫동안 다툼을 벌여왔던, 흑해 오른쪽에 위치한 라지카Lazica 지역을 포기하였던 것이다. 이는 지중해나 흑해에 있어 비잔티움 제국에 위협적이었던 페르시아의 영향력이 사라졌다는 것을 의미함과 동시에 콘스탄티노플 축성의 의미를 되새겨볼 흑해 · 카스피 해 · 비단길을 잇는 무역로를 확보했다는 의미가 더 크다.

유스티니아누스의 시대는 정치 · 문화적으로 크게 비상했던 마지막 시대다. 이는 비잔티움 제국의 전성기를 나타내기도 하지만 위대한 시대의 끝을 의미하기도 한다. 지중해 전역에 걸친 해외 원정은 역사가들의 비난에도 불구하고 표면상 성공을 거두었고, 교회와 국가의 관계에서는 황제권의 우위를 보여주었을 뿐 아니라 상공업의 장려와 함께 중국 및 인도와도 무역을 함으로써 지중해 세계를 벗어난 세계화 시대를 예견하였다. 특히 뽕나무를 들여와 소아시아에서 비단을 생산하였던 점은 오늘날 미국이나 유럽에서 한국의 인삼을 들여가 재배하는 것과 비교할 때 우리들의 관심을 끄는 대목이다.

유스티니아누스 시대는 문학과 예술 · 법률 · 건축 방면에 있어서도 유례없는 번영을 누렸던 시대다. 특히 미술 분야에 있어 종교회화 부분과 유스티니아누스 법전으로 잘 알려진 법률 편찬 부분에 있어서는 위대한 창조적 업적이 나타났다. 비잔티움 제국은 교섭을 갖는 모든 나라에 영향을 끼칠 정도로 예술의 영역에서 관리자 및 혁신자라는 두 가지 역할을 수행하였을 뿐 아니라 후대 법전 편찬에도 지대한 영향을 끼쳤다. 건축에서는 6세기의 훌륭한 모자이크를 보존하고 있는 라벤나의 성 비탈레 성당과, 성 아폴리나리우스St. Apollinarius 성당, 그리고 그리스도교 건축 예술의 발전에 있어 획기적인 건축물로 인정받고 있는 성 소피아 사원이 이 시대를 대표한다.

성 소피아 성당. 유스티니아누스 황제에 의하여 재건된 이곳은 그리스도교 건축 예술의 획기적인 성과로 인정받고 있다. 이 성당의 헌당식에 참석한 유스티니아누스 황제가 "오! 솔로몬이여! 나, 그대에게 이겼노라!"고 감탄하였다고 한다.

제국의 존속을 위한 투쟁

헤라클리우스 왕조의 시기는 제국의 존재 자체가 위협을 받았던 풍전등화의 시기였다. 정치적으로 보면 헤라클리우스Herakleios, 610~641 황제는 교회의 재산을 황제의 처분에 맡겼던 콘스탄티노플 총대주교 세르기우스의 헌신적인 도움으로 페르시아 군을 격퇴시켰다.

그러나 이 당시 아랍인들에게 동방의 가장 부유한 속주들을 상실하게 하여 제국은 인적·물적 자원에서 큰 손실을 입었을 뿐 아니라 나아가 지중해 세계의 나머지 남쪽 세계도 점차 상실함으로써 과거 그리스인들이 통치했던 지중해 북쪽 세계만을 통치하는 제국으로 전락하게 되었다.

헤라클리우스. 공포정치와 무능력으로 제국을 지배했던 포카스 황제를 폐위시키고 동로마 제국 황제가 되었다. 공용어를 라틴어에서 그리스어로 바꾸고, 제국의 행정과 군대를 개편 하고 강화했지만 시리아와 팔레스타인·이집트·비잔티움령 메소포타미아 등지를 아랍의 이슬람인들에게 빼앗긴 뒤 멸망하였다.

하지만 헤라클리우스 제2전성기를 위한 기초 작업으로 테마thema, 군관구 제라는 새로운 행정 체제를 도입하여 아랍인들로부터 소아시아뿐 아니 라 지중해 세계를 지켜내기 위해 노력했다. 또한 뜻을 완전하게 이루 지는 못했으나 「신앙제시」Ekthesis를 발표하여 종교통합을 가져오려고 하였다. 이 당시의 종교통합 운동은 콘스탄티누스의 종교통합 정책과 기본적으로 맥을 같이 한다. 이는 지중해 세계의 네트워크가 제국의 내적 통일성에 그 바탕을 두고 있기 때문이다.

일반적으로 헤라클리우스 왕조의 시기는 로마적이기보다는 비잔티움 적인 요소가 두드러지게 나타났다. 지리·민족·경제·종교·행정 등 이 모든 면에서 심각한 변화를 겪었다. 특히 공식 언어가 라틴어에서 그 리스어로 바뀜으로써 비잔티움 제국은 동지중해를 중심으로 하는 동방 의 그리스 제국적인 면을 보여주었다.

이 당시 비잔티움 제국은 새로운 조건에 적응하면서 축소되었지만, 민족주의적인 성향을 보이면서 적들과 전쟁을 잘 치를 수 있는, 더욱 동 질적이고 실질적인 병력에 알맞는 제국의 형태를 존속시키는 가운데 제 2의 전성기를 향한 준비 작업을 서서히 진행시켜 나갔다. 그러나 헤라 클리우스 왕조 말기가 찬탈·무정부 상태·반란으로 얼룩지면서 제2의 전성기를 향한 준비 작업은 일시적으로 중단되고 아랍인들의 침공을 불러일으키면서 이 왕조는 무너졌다.

제2의 전성기는 레오 3세에 의해 재개되었다. 717~718년에 걸쳐 아랍인들의 콘스탄티노플에 대한 대규모 공세를 종식시켰던 레오 3세[717~741]는 슬라브족과 불가리아인들의 콘스탄티노플 주변 지역과 트라케 지방에 대한 약탈까지 막아내면서 비잔티움 제국의 새로운 구세주로 떠올랐다. 그가 만든 이사우리아 왕조는 60년 이상 제국을 굳건하게 만들면서 일시적으로 중단된 제2의 전성기를 향한 준비 작업에 박차를 가했다.

이 준비 작업 가운데서 관심을 끄는 것은 레오 3세의 개혁인데 이 개혁은 군사 · 재정 · 행정에 걸쳐 일어났다. 이 당시 군사 · 재정 그리고 행정 개혁은 아랍인들의 침공, 슬라브인들 · 불가리아인들의 약탈과 더불어 무정부 상태를 종결시키기 위한 레오 3세의 새로운 해법으로서 이를 실현하는 길은 중앙행정중심주의밖에 없었다. 그런데 이 중앙행정중심주의를 실현하기 위해서는 군사력이 필요했고 이 군사력은 재정을 필요로 하였다. 하지만 세금 증액과 관련된 재정 정책은 쉽게 해결되지 않았고 그 결과 이 문제를 해결하기 위해 성상파괴 운동이라는 새로운 정책을 가져올 수밖에 없었다.

그런데 성상파괴 정책은 두 가지 큰 문제점을 야기했다. 첫째로 이 정책은 제국과 교황권을 결정적으로 갈라놓음으로써 북부 지중해 세계를 완전히 둘로 분리시켜놓았을 뿐 아니라 교황청으로 하여금 카롤링거 왕조와 손을 잡게 만들었다. 둘째로 성상 숭배를 중시하는 발칸 반도의 제국민들로 하여금 황제권에 등을 돌리게 만듦으로써 제국 내의 분열을 가져왔다.

최초의 여황제인 이레네는 787년 니케아 제2공의회를 통해 성상숭배 제도를 부활시킴으로써 새로운 전환기를 마련했다. 그녀는 성상파괴주의자들에게 관용을 베풀고 발칸 반도에 새로운 테마를 건설함으로써 소아시아와 발칸 반도간 지역적인 대립을 어느 정도 해소시키고 양 지역간 균형잡힌 발전을 이루었다. 이는 새 시대를 향한 제국민의 화합의 장으로 비잔티움의 9세기 휴머니즘 시대일부 학자들은 르네상스 시대라고 부르기도 한다를 예고하는 신호탄이었다. 사실 성상파괴주의자들의 완패는 성상파괴주의 속에 나타난 아시아 정신에 대한 그리스의 종교적 · 문화적 독창성의 승리를 보여주는 것으로 이때부터 비잔티움 제국의 문화는 서방과는 다른 동지중해적 고유한 문화를 형성하면서 새로운 비잔티움의 시대를 열어나갔다. 특히 아모리아 왕조의 마지막 황제인 미카엘 3세842~867의 치세에서 비약적인 발전을 보인 문화는 관심을 끌기에 충분한 연구 대상이 된다.

쇠락해가는 비잔티움

843년부터 비잔티움 제국은 성상파괴주의를 철폐하고 문예부흥을 일으키기 시작하면서 수학자 레오, 총대주교 포티우스와 아레타스 등 유명한 인물을 배출하여 휴머니즘 시대를 열게 된다. 9세기에서 10세기에 걸쳐 일어난 이 휴머니즘은 미카엘 프셀루스가 중심이 된 11세기 준準 르네상스 시대를 거쳐 훗날 13세기에서 15세기에 걸친 팔라이올로고스 가문의 르네상스와 더불어 인문주의 중심의 문화시대였다.

그런데 9~10세기 휴머니즘은 945년에서 1057년에 걸친 비잔티움 제국의 팽창 정책과 그 맥을 같이 한다. 이 시기의 팽창 정책 중 가장 중요한 시기는 불가리아 제국을 정복한 바실리우스 2세Basileios II, 976~1025의 치세로 중기 비잔티움 제국의 절정기였다. 바실리우스 2세 시대의 절정기는 하루아침에 이룩된 것이 아니다. 이는 앞 시대의 계속된 노력으로 말미암아 이룩된 것으로 그 중에서도 로마누스 레카페누스 황제의 업적을 빼놓을 수 없다. 그는 비잔티움 제국의 외적인 상황을 견고하게 함과 동시에 불가리아의 위험을 예방하고 이슬람 교도의 공격을 막아내면서 아모리아 왕조820~867와 마케도니아 왕조867~1056의 첫 두 황제의 업적을 지켜냈다. 또한 그는 군사적인 승리와 노련한 외교 정책으로 계승자들의 치세에서 이룩된 영토 확장의 토대를 구축하기도 했다. 특히 주목을 끄

바실리우스 2세. 비잔티움의 절정기를 이끈 황제. 그의 통치 목표는 제국의 세력을 넓히는 데 있었기 때문에, 제국의 판도 확장이 최대에 달하였다. 발칸에서 숙적 불가리아 왕국을 멸망시켜 '불가리아인 킬러'라고 불렸다.

는 것은 그의 지배 아래에서 비잔티움의 해군력이 강화되어 동지중해를 장악했다는 점이다.

그러나 바실리우스 2세 사후 11세기 말부터 나타나기 시작한 제위 쟁탈전과 무능한 황제들의 출현은 투르크족과 노르만족의 공격을 불러일으켰고 급기야 서방 라틴인들의 팽창과 충돌함으로써 제국의 재원을 고갈시켜 1204년 라틴인들에 의해 콘스탄티노플이 함락되는 위기를 맞았다. 그 뒤 테오도루스 1세를 중심으로 하는 소아시아의 니케아 제국이 수립되고 셀주크인들과의 오랜 대립을 거치면서 사법 · 행정 · 경제 · 교육의 개선 정책이 성공을 거두는 등의 수많은 노력을 기울인 결과 1261년 미카엘 8세 팔라이올로고스[1259~82]에 의해 콘스탄티노플이 다시 탈환되었다. 이후 교황과의 교회 통합에 대한 약속을 통한 그의 천재적인 외교 노력에 힘입어 비잔티움 제국은 에피루스와 평화조약을 체결하고 제노바 · 베네치아와는 동시에 동맹을 맺는 등 다시 강국으로 부상한다.

콘스탄티노플 함락. 1453년 5월 29일 콘스탄티노플은 터키에 의해 함락되었다. 그 이후 콘스탄티노플은 이스탄불로 이름이 바뀌었다. 콘스탄티노플의 함락은 동서를 불문하고 사회적, 군사적으로 대변혁을 강제하는 계기가 된 역사적 사건이었다.

그러나 이미 비잔티움 제국은 지중해 세계의 해상권을 제노바와 베네치아에 넘겨줌으로써 해상 세력에 있어서는 이빨 빠진 호랑이가 되었고 14세기 중반을 지나면서 발칸 반도조차 오스만의 침략을 받으면서 쇠약해져 1453년 오스만의 침공으로 콘스탄티노플이 함락당하면서 급기야 멸망하고 만다.

김차규 파리 8대학에서 프랑스 학문을 처음 접한 후 아날학파의 중심지인 파리 사회과학고등연구원에서 비잔티움사로 석·박사학위를 받았다. 현재는 명지대학교 사학과에서 서양고·중세사를 역사 미래학적인 관점에서 가르치고 있다. 「동로마 제국의 법과 교황의 변절」 「동로마 제국과 프랑크 왕국」 「비잔티움 제국의 테마 제도: 기원 문제를 중심으로」 「콘스탄티누스 5세와 성상파괴논쟁」 등의 주요 논문 외에 다수의 논문, 약간의 번역과 공저를 발표했다.

비잔티움을 굴복시킨 오스만 제국과 더불어
지중해는 이슬람의 바다로 거듭난다. 이슬람은 오스만 제국을
통해 지중해와 만나면서 세계적인 종교로 첫발을 내딛는다.
오스만 제국은 유럽과의 전방위적인 교역과 전쟁을 통하여 이슬람
문명을 전파하고 유럽 문명을 배웠다. 이는 '근대사의 가장
역동적이고 생생한 접촉의 현장'이었다. 오스만은 동부 지중해를
거점으로 북아프리카와 에스파냐까지 진출하면서 지중해 전체를
아우르는 놀라운 전파력을 발휘했다. 그것은 오스만 제국의
해군력에 기초한 동부지중해의 제해권에서 비롯된 것이었다.
지중해를 차지한 자가 역사의 주도권을 쥔다는 말은 고대 그리스
이후로 오스만 제국에 이르기까지 엄연한 진실이었다. **"**

지중해, 이슬람의 바다로 거듭나다

오스만의 지중해

1453년 5월 29일은 지중해 역사의 한 분수령을 이루는 역사적인 날이었다. 21살의 불타는 야심을 가진 오스만 제국의 술탄 메흐메드 2세가 서양의 자존심이자 정신적 중심지였던 비잔티움 제국의 콘스탄티노플을 점령한 것이다.

지중해를 건넌 오스만 제국의 유럽 진출로 세계사는 새로운 만남과 아픈 기억을 동시에 잉태하게 된다. 비잔티움 제국의 멸망으로 유럽은 중세를 마감하고 근대로 접어들었고, 지중해는 주인이 바뀌면서 이슬람의 바다로 거듭났다. 이리하여 7세기 초 사막의 오아시스 도시 메카에서 완성된 이슬람은 지중해를 만나면서 비로소 세계 종교로서의 위상과 번영을 기약할 수 있었고, 오스만 제국에 의해 지중해 장악이라는 꿈을 이루었다. 이제 전통적인 이슬람 영역이었던 동부 지중해와 북아프리카의 남부 지중해는 물론 안달루시아의 서부 지중해와 유럽의 지중해까지 이슬람의 영향권 안으로 들어온 셈이다.

특히 에게 해를 끌어안은 동부 지중해는 오스만의 영광과 쇠망을 공유한 공동운명체적 역사를 살았다. 이집트와 북아프리카 중부의 이슬람이 시칠리아와 몰타를 통해 이탈리아 반도로, 모로코를 중심으로 하는 북서 아프리카 이슬람이 에스파냐 남부 안달루시아를 통해 유럽 본토로 이어져 지적 자극과 문명의 개화를 유도했다면, 오스만 제국의 동부 지중해는 유럽과의 전방위적인 교역과 전쟁을 통해 이슬람 문명을 전하고 서구를 배우는 근대사의 가장 역동적이고 생생한 접촉의 현장이었다.

오스만 투르크는 동부 지중해로 통하는 부르사Bursa라는 한 작은 도시에서 출발하여 로마 제국을 능가하는 인류 역사상 가장 광대하고 오랜 제국을 이룩했다. 실크와 직물의 도시 부르사는 육해상 실크로드의 요충지로서 일찍부터 동방의 비단과 직물을 동부 지중해를 통해 베네치아와 제노아는 물론 유럽 각국에 전해줌으로써 막대한 이득을 챙겼다. 동시에 폭넓은 교역과 접촉을 통해 당시 유럽의 풍부한 정보를 축적해갈 수 있었다. 이리하여 부르사는 셀주크 투르크를 섬기던 자그만 공국 오스만 투르크가 유럽과의 당당한 경쟁과 정복을 통해 세계 제국을 건설하는 모태가 되었다. 그 원동력은 동방과 동부 지중해를 연결하는 육해상 교역의 활성화와 그 보호에 있었다. 따라서 오스만 투르크와 유럽간의 동부 지중해를 둘러싸고 일어난 교역과 전쟁의 역사야말로 오스만 제국의 역사는 물론 15~19세기 유럽의 해양사를 재점검할 수 있는 소중한 기회가 될 수 있을 것이다.

투르크족, 지중해로 진출하다

터키가 지중해를 영토의 경계를 삼게 된 것은 셀주크 시대로부터 시작된다. 1071년의 한 사건은 세계사의 흐름을 뒤바꿔버렸다. 셀주크의 술탄 알프 아르슬란Alp Arslan이 비잔티움의 영역이었던 아나톨리아의 만지케르트 전투에서 비잔티움 황제를 생포하는 대승을 거두고 동부 지중해로 향하는 교두보를 마련한 것이다. 이로써 셀주크는 중국과 인도로 향하는 육로와 동부 지중해를 잇는 실크로드와 향료길 무역을 통제하면서 중개와 교역을 통한 막대한 국가 수입을 증대시켰다. 셀주크의 강성과 부의 원천이 바로 육해상 실크로드를 잇는 중개무역이었다.

셀주크 정부는 육해상 교역로를 활성화시키기 위해 카라반의 보호뿐

메흐메드 2세. 오스만 제국의 술탄. 뛰어난 군사지도자로서 콘스탄티노플을 함락시켰고 이후 4세기 동안 오스만 제국의 중심지가 된 아나톨리아를 기점으로 북아프리카 · 아라비아 반도 · 발칸을 정복했다.

콘스탄티노플에 입성하는 메흐메드 2세. 스물한 살의 야심가이자 오스만 제국의 술탄인 메흐메드 2세의 콘스탄티노플 함락으로 지중해는 이제 '이슬람의 바다'가 되었다.

만 아니라, 그들의 여행 편의를 위해 20~30킬로미터마다 대상 숙소인 카라반사리Karavan Saray를 건설했다. 이곳에서는 사흘간 무료 숙식이 제공되었고, 순찰대의 감시를 받는 견고한 교역품 창고의 이용이 가능했으며, 각종 교역 정보와 자료의 교환이 가능했다. 더욱이 해적이나 도적들로부터 교역품을 강탈당한 경우에 국고에서 이를 보조해주는 일종의 보험 제도와 신용 대출과 같은 금융 편의도 제공되었다. 셀주크의 수표 사용과, 보험과 같은 금융 제도는 곧바로 동부 지중해 교역을 통해 중부 유럽에까지 소개되었다.

앞선 제도가 뒷받침된 국제 교역의 번성으로 셀주크 투르크는 무역 · 제조업 · 공예업이 급속히 신장했다. 특히, 도시의 자영 제조업자들은 론자Lonja라는 동업자 조합을 만들어, 자신들의 권익을 꾀했다. 론자는 후일 종교 · 경제적 성격을 띤 강력한 이익 집단인 아히Akhi, 형제 조직으로 발전되었다. 아히 조직은 셀주크 투르크 제조업의 성장과 경제 발전에 크게 기여하였을 뿐 아니라, 9~12세기 사이 인근 지역으로 널리 확산되었다.

오스만 제국, 해적을 소탕하다

콘스탄티노플에 도읍을 정한 비잔티움 제국은 서로마 제국이 멸망한 뒤에도 천 년 동안 지중해 질서의 보루로 남았다. 그러나, 이슬람 세력의 흥기와 침략으로 비잔티움 제국은 날로 위축되다가, 결정적으로 12세기 유럽 십자군에 의한 콘스탄티노플의 침략과 약탈로 다시는 회복하기 힘든 수렁에 빠졌다.

특히 이탈리아 용병에 의존하던 해군의 붕괴는 제국의 약화를 가져온 주된 이유 가운데 하나였다. 12세기 말부터 베네치아와 군소 이탈리아 도시국가들과의 갈등으로 이탈리아 선원들의 충원이 중지되었기 때문이었다. 이때부터 비잔티움 제국은 지중해의 통제력을 상실했고 이로 인해 에게 해와 동부 지중해는 사실상 이탈리아 해적들의 주무대로 변모해버렸다. 해적들은 육지에서 멀리 떨어져 있는 크레타와 에게 해의 작은 섬들을 근거지로 사용했기 때문에 소탕이 사실상 불가능했다.

그렇지만 해적들의 전성 시대는 14세기 해군력을 갖춘 오스만 제국이 서서히 동부 지중해로 진출하자 그 기세가 꺾였다. 약화된 비잔티움 제국의 해군을 대신하여 오스만 제국의 전함들이 에게 해와 동부 지중해를 지배하여 중세 이탈리아 해적들의 시대에 종지부를 찍었다.

동부 지중해를 장악한 오스만 제국

중앙아시아 초원에서 오랜 유목적 전통에 젖어 있던 오스만 제국 형성기의 군주들은 아직 바다의 중요성을 깨닫지 못했다. 물론 제국 초기부터 조선소가 건설되었지만, 당시 에게 해와 지중해 해상권을 장악하고 있던 베네치아나 제노아 왕국의 경쟁 상대가 되지는 못했다.

오리엔트-아프리카-유럽을 잇는 천혜의 전략적 요충 지대와 문화 삼각지를 모두 통제하고 있던 오스만 제국은 서구의 해상 세력이 희망봉을 돌아 독자적인 동방 무역 루트를 확보한 뒤에도 서방 무역상들이 결코 포기할 수 없는 교역 대상국이었다. 16세기까지도 동아시아의 부가가치 높은 교역품이 오스만 제국 영토를 거쳐 유럽으로 향하는 중개지의 경제성은 줄어들지 않았기 때문이었다.

육상에서 막강한 제국의 힘을 키워가던 오스만 투르크는 16세기 들어 해양에서도 그 영향력을 발휘하기 시작했다. 점증해오던 오스만 해군력은 특히 해적 출신 선원들을 등용해서 훈련시키는 독특한 방식으로 급속한 성장을 이루었고 조선소에서 건조되는 함대의 수도 급증했다. 해군 총사령관은 거의 총독이나 재상의 신분과 같은 수준이었으며, 바르바로사 시대부터는 해군 총사령관이 점령지의 총독을 겸하기도 했다. 해상 원정에 동원되는 군사들은 주로 알제리 · 튀니지 · 트리폴리 등 해

물의 도시 베네치아. 베네치아를 필두로 전통적인 지중해 해상 왕국들은 발 빠른 대응으로 오스만과의 무역 거래를 확대해나갔다. 그러나 지중해의 제해권을 장악하려는 두 세력의 관계는 크고 작은 충돌과 협정이 반복되면서 언제나 긴장감이 가득했다.

상왕국의 주민들이었다.

베네치아나 제노아 같은 전통적인 지중해 해상왕국들은 발빠른 대응으로 오스만과의 무역 거래를 확대해갔다. 오스만 제국은 최초로 1352년 제노아에게, 이어 베네치아에게 자국 영토에서의 교역권을 인정해주었다. 교역은 항상 평화롭지는 못했고 빈번한 충돌이 뒤따랐다. 오스만 해군은 1473년 6월, 마흐무드 파샤가 지휘하는 함대로 아테네에 연한 베네치아 교역의 거점인 에보이아Euboea 섬을 공격한데 이어, 술탄 메흐메드 2세 때 결국 이 요새를 17일 만에 점령하였다. 그렇지만, 오스만과 베네치아 사이에는 1479년 다시 평화협정이 체결되어, 정상적인 관계가 곧 복원되었다.

16세기 들어 오스만 터키의 유럽 경쟁자는 오스트리아의 합스부르크가였다. 헝가리에서 교착 상태에 빠진 두 세력은 다시 해상으로 그들의 대결을 연장하게 된다. 당시 오스만 해군력은 급속히 성장하고 있었고, 베네치아 해상력의 쇠퇴로 합스부르크 황제 찰스 5세는 지중해의 제해권을 독점하려 했다. 그는 제노아 출신 항해사 안드레아 도리아Andrea Doria를 해군 제독으로 임명하여, 강력한 제노아 함대의 지원을 획득했다. 오스만 술탄도 1522년, 로도스Rhodos에서 그곳을 점령하고 있던 자선 기사단을 축출하였다.

해군 제독 바르바로사의 등장

바르바로사는 원래 서부 지중해의 해적 두목으로 활약하다가 1518년에 오스만 해군에 소속되어, 중서부 지중해에서 많은 해전을 승리로 이끌었다. 또한 1529년에는 알제리를 점령하여 그곳의 지역사령관으로 파견되기도 했다. 바르바로사의 활약에 의해 알제리는 오스만 제국 영토에 온전히 편입될 수 있었다.

특히 35척의 함대를 자랑하던 바르바로사는 1520~29년 사이 안달루시아의 그라나다 왕국이 멸망한 이후, 인종 청소와 강제 추방의 위협에 시달리던 7만 명의 무슬림들을 북아프리카 해안으로 데려와 분산 정착시키기도 했다.

강력한 해군력 증강을 마친 바르바로사는 1537년에 이탈리아 남부를 공격한 뒤, 이어 로도스를 점령하고 이집트의 홍해 루트를 확보했다. 이제 동부 지중해 제해권 장악을 위해 유일한 걸림돌은 키프로스였다. 이에 합스부르크의 도리아 제독도 즉시 유럽 연합 함대를 지휘하며 동부 지중해를 지키고자 했다. 양대 해상 세력의 충돌은 알바니아 해안의 프레베자Preveza에서 운명의 일전으로 연결되었고, 1538년 9월 28일의 프레베자 해전에서 오스만 함대가 유럽 연합 함대를 격퇴함으로써 오스만의 지중해 해상권은 확립되었다. 그렇지만 지중해를 오스만의 내해로 바꾼 바르바로사는 니스 점령 후 1546년에 이스탄불에서 사망하였다.

그가 죽은 뒤 오스만 함대는 투르구트 레이스Turgut Reis 제독에 의해 지휘되었으나 로도스 점령 후 몰타Malta에 정착한 자선 기사단이 오스만

레판토 해전. 1571년 투르크 제국과 기독교 연합 함대 사이에 벌어진 이 전투는 지중해가 오스만 제국 역사의 무대였던 기나긴 시대에 종지부를 찍는 계기가 되는 사건이었다.

함대에 대한 기습 공격을 감행해, 투르구트가 전사하고 오스만 함대는 퇴각하였다. 이것은 지중해에서의 오스만 우위가 쇠퇴하는 기점이 되었다.

1571년 오스만 함대는 레판토Lepanto 해전에서 처음으로 대규모 패배를 맛본다. 레판토 해전의 패배는 흔히 서구 역사에서 1538년 이후 유지해온 오스만 해군의 동부 지중해 주도권을 뺏는 역사적 사건으로 기록된다. 그러나, 레판토의 패전이 곧바로 오스만 해군력의 쇠퇴로 이어지지는 않았다. 바로 다음 해 반격을 개시한 오스만 함대는 더욱 강화된 군사력으로 17세기까지 지중해에 대한 우위를 지속해나갔기 때문이다.

다만 16세기 술탄 쉴레이만 시대에 들어 외국 상인들의 자유로운 무역 활동은 제한되었고, 1774년 퀴치크카이나르자 조약이 성립될 때까지 흑해에 외국인 선박들의 출입이 불허되었다.

17세기 들어 오스만 제국을 중심으로 하는 영국과 프랑스, 네덜란드 상인들의 동부 지중해 진출이 두드러졌다. 특히 부드럽고 가벼운 모직 원단 시장을 둘러싼 경쟁이 치열하였다. 특히 네덜란드가 동아시아 시장에 특별한 관심을 둔 이후, 17세기 말까지 중동의 레반트 지역의 시장은 거의 영국이 주도하는 상황이었다. 그러나, 1670년 이후 프랑스 영사관의 공격적이고 적극적인 시장점유 노력의 결과, 동부 지중해 무역에서 프랑스의 성장도 두드러졌다. 이리하여 18세기 내내 프랑스는 영국과 경쟁하면서 오스만 영토에서의 시장점유를 넓혀 나갔다.

16세기 이후부터 동부 지중해로 진출했던 영국은 18세기 말 이후 독점적 교역권을 확보하며 19세기 들어 오스만 정부와의 외교와 협상, 협박을 통해 자유로운 무역시장 환경을 조성해갔다. 그리하여 동부 지중해를 둘러싼 교역권 전쟁은 영국의 승리와 오스만 제국의 와해로 이어지게 된다.

동부 지중해, 문화 전파의 산실이 되다

오스만 제국이 통치하고 있던 동부 지중해는 유럽 전역에 교역과 물자 이동을 통한 문화 전파와 새로운 삶의 방식을 소개하는 산실이었다. 오늘날 우리가 사용하는 터키 타월과 파자마, 디반이라 불리는 침대는 물론, 오렌지 · 레몬 · 설탕 · 올리브 · 알코올 · 음악 같은 일상용품이 용어와 함께 유럽 사회로 흘러들어 오리엔트풍 문화를 유행시켰다.

향료 역시 중동이 서유럽으로 수출한 품목 중에 주요한 몫을 차지했다. 향료 무역은 서유럽 해상 세력이 중동을 우회하여 아시아로 향하는 직접적인 해상로를 개척할 때까지 오스만 제국의 동부 지중해 교역망을 통해 유럽 시장에 전달되었다. 오늘날처럼 냉장고가 발명되기 이전에는 더운 날씨에 음식이 빨리 부패했다. 따라서 음식, 특히 육류를 보존하기 위해 여러 가지 방식으로 염제나 피클로 만들고, 맛을 내기 위한 많은 향료나 조미료가 필요했다.

특히, 지중해를 통한 유럽 상층 문화에 영향을 끼친 것으로는 고가의 오리엔트 실크와 직물이 한몫을 하였다. 초기에 실크는 경제적 이득뿐만 아니라 정치적 중요성을 지녔기 때문에 실크 수입과 제조는 왕실의 독점 사업이었다. 또한 실크 예복은 종종 주변 국가의 어린 군주들에게 명예의 상징으로 제공되었기 때문에, 실크 교역은 외교적 의미를 지니기도 했다.

이런 배경에서 오스만 제국이 실크 산업에 남다른 관심과 국가적 투자를 아끼지 않았던 것은 어쩌면 당연한 일이었다. 실크 산업의 중심도시는 부르사를 중심으로 이스탄불·알레포·다마스커스 등이었다. 부르사로 몰려드는 이란 산 비단 행렬은 수를 셀 수 없을 정도였고, 16세기 초 부르사에만 1,000개 이상의 비단직조 공장이 가동되었다고 한다. 점차 견직물 수요와 직조 기술이 발달함에 따라 실크 산업은 이스탄불에까지 확산되어 1564년에 318개의 견직물 직조 공장이 이 도시에 설립되었다.

오늘날도 부르사는 현대 터키의 가장 중요한 실크와 견직물 중심 도시로 남아 있다. 더욱이 견사를 이용한 실크 카펫을 개발하여 지금도 부르사 근교의 헤레케는 세계적인 품질과 디자인을 자랑하는 실크 카펫 산지로 잘 알려져 있다.

악마의 유혹, 카페 문화를 전하다

모카 커피의 그윽한 향과 씁쓸하면서도 구수한 맛은 이제 포기할 수 없는 삶의 한 부분이 되어버렸다. 커피의 대명사 모카는 원래 아라비아 남부 예멘에 있는 지방의 이름에서 비롯되었다. 그러니 커피의 원산지는 에티오피아 카파Kaffa지방으로 알려져 있지만, 동부 아프리카의 뾰족한 곳을 따라 좁은 홍해를 건너면 나오는 모카 지방 역시 커피의

초기의 커피 문화를 즐기는 사람들. 새로운 기호음료로 각광을 받은 커피는 16세기 초 이슬람 신비주의자와 종교지도자들이 처음 마신 이래 전 세계적인 음료가 되었다.
위 | 터키 초기 카페, 아래 | 초기 유럽 커피하우스

1852년 당시 로마 명문 카페 그레코

본향인 셈이다.

인간이 커피를 의도적으로 마신 것은 16세기 초 예멘의 이슬람 신비주의자들이나 종교지도자들이 처음이었던 것 같다. 오랜 명상과 기도를 필요로 하던 그들에게 커피는 최상의 효과를 가져다주었을 것이다. 잠을 쫓고 맑은 정신 상태를 유지해주는 커피는 예멘 지방의 독특한 특산물로 자리잡았고 이런 효능이 알려지면서 소문을 타고 커피는 이슬람 세계로 계속 전파되었다. 1511년 이슬람 최고 성지 메카에서도 커피를 마신 것이 기록으로 확인되고 있다. 그 뒤 메카로 몰려든 순례객들을 통해 이집트, 시리아 등지를 중심으로 커피는 급속히 확산되었다.

그러다 예멘이 오스만 터키의 지배를 받으며 커피는 이슬람 세계를 뛰어넘어 국제화의 길을 걷는다. 예멘을 대표하는 산물로 오스만 궁정이 있는 이스탄불로 진상되었기 때문이다. 이리하여 1554년 세계 최초의 카페인 차이하네가 이스탄불에 문을 열었다. 16세기는 세계 제국 오스만 터키가 가장 활력에 넘치는 시대였으며, 이 시대를 반영하듯 수도 이스탄불에는 600개가 넘는 카페가 있었다. 그야말로 화려한 카페 문화가 꽃

핀 시기였다.

밤의 문화가 화려하게 꽃 피웠던 이스탄불 궁정에서 커피는 최고의 인기 음료이자 값비싼 특권층의 음료이기도 했다. 특히 밤의 문화에 익숙하지 않은 유럽 외교관들은 잠을 쫓기 위해 커피를 거의 매일 밤 상용하였고 그들은 점차 커피 중독자가 되어갔다. 임기를 마치고 유럽으로 돌아갈 때쯤이면 이미 커피 없이는 살아갈 수 없는 상태가 되곤 했다. 그래서 오스만 당국의 커피 유출 금지에도 불구하고 외교행랑을 이용해 원두를 자국으로 빼돌렸고 이것이 유럽에서 커피를 마시게 된 배경이다.

오스만 제국의 오스트리아 빈 공격 이후 아르메니아 상인에 의해 유럽 최초의 커피하우스가 이곳에 문을 열었고 곧 이어 커피는 전 유럽을 강타했다. 1652년 영국 파스카 로제 커피하우스가 런던에 문을 열었고, 1683년경에는 3,000개의 커피하우스가 런던에 생겼다. 본격적인 커피하우스 문화가 화려하게 개막을 한 것이다. 1638년 이탈리아 최초의 카페 플로리안이 성 마르코 광장에 문을 연 것을 시작으로 베네치아에만 200개가 넘는 카페가 생기는 등 유럽 주요 도시에 커피하우스가 문을 열었고 유럽 상류사회에 새로운 유행과 문화 바람을 불러일으키게 된다. 유럽 카페의 명소가 된 플로리안에는 명사들의 발길이 멈추지 않았다. 나폴레옹, 괴테와 니체, 프랑스 작가 스탕달과 영국 시인 바이런, 릴케와 찰스 디킨스, 화가인 모네와 마네 등이 플로리안 카페의 단골이었다.

그러나 커피가 각 사회에 순조롭게 정착한 것은 아니었다. 오늘날 손쉽게 즐길 수 있는 커피의 일상화는 격렬한 종교 논쟁과 많은 사람의 목숨을 앗아가는 고통과 시련을 거친 후에 얻어진 영광이었다. 처음 중세 가톨릭 교회는 시커먼 커피를 이교도에 의해 개발되고 그들이 마시던 음료라고 해서 악마의 화신으로 보았다. 따라서 커피의 음용은 불경스러울 뿐만 아니라, 악마의 음료로까지 간주되었다. 교황의 이러한 유권

이탈리아 최초의 카페 플로리안 내부 풍경. 1638년 베네치아 산 마르코 광장에 들어선 플로리안은 유럽 카페의 명소이자 명사들의 단골집이었다. 나폴레옹을 비롯하여 괴테·니체·바이런·릴케·마네와 모네까지 수많은 명사들의 발길이 멈추지 않았고 지금까지 유명 관광지의 명소로 각광받고 있다.

해석을 어긴 수많은 사람들이 목숨을 잃거나 불이익을 당했다. 결국 교황 클레멘스 8세가 직접 커피를 마신 뒤 맛 있는 기호식품으로 인정해 주었고 그제서야 커피에 대한 제약이 사라졌다. 커피가 교황에 의해 세례를 받은 셈이다. 그 뒤부터 유럽에서 커피가 아무런 종교적 걸림돌 없이 모든 사람들이 즐길 수 있는 기호음료로 서서히 자리잡게 되었다.

그렇지만 그 커피를 아무나 손쉽게 마실 수는 없었다. 생산과 유통을 장악하고 있던 오스만 터키 당국의 독점으로 커피값은 계속해서 올랐기 때문이다. 수요가 점점 커지자 유럽은 새로운 시장을 찾았다. 아랍과 기후가 비슷한 지대인 인도네시아에서 대규모의 커피 플랜테이션이 시작되었고, 남미에서도 값싼 노예 노동력을 동원하여 어마어마한 커피 농장이 생겨났다. 그 뒤 브라질이 세계 최대의 커피 생산국이 되면서 콜롬비아, 베네수엘라 등 남미 커피가 고유 브랜드로 등장하였다. 이렇게 되자 오히려 커피 원산지 모카 커피가 밀리는 상황이 되었고 그러면서 모카는 서서히 잊혀지고 터키 커피가 더 잘 알려지게 되었다.

아직도 지중해 사람들은 에스프레소 커피를 즐긴다. 커피를 예술로 승화시킨 터키 문화의 잔향이다. 당시 터키 커피는 원두와 불의 성질, 끓이는 순간의 기술이 어우러져 만들어내는 하나의 새로운 문화였다. 김치를 잘 담그는 것이 좋은 며느리의 덕목인 것처럼, 커피를 제대로 끓이는 것은 새 신부의 가장 중요한 자질이 되었다.

자그만 구리잔에 원두 가루를 넣고 찬물을 부은 다음 약한 불에서 커피를 끓인다. 거품이 일어 커피가 포트 위로 넘치려는 순간 불에서 멀리하여 커피향이 새나가지 않도록 하는 것이 비법이다. 거의 예술적 경지다. 기호에 따라 설탕을 넣고 끓이기도 한다. 작고 앙증맞은 도자기 커피잔에 따르면, 잔의 3분의 2가량까지 커피 원두가 진흙처럼 가라앉고, 맑은 커피가 위로 뜬다.

커피를 다 마신 다음에는 커피 점을 친다. 원두가루가 가라앉은 커피잔을 접시 위에 거꾸로 엎어 식을 때까지 기다린다. 이때 그 커피를 마신 사람이 손을 가볍게 잔에 얹으며 자신의 소원을 담으면 커피가 응고된 후에 커피 점을 보는 사람이 그의 운명을 점친다. 젖은 원두가 흘러내린 모양, 쌓여 있는 양과 모양, 서로 뒤엉킨 형태를 보며 그의 과거와 현재, 미래를 말해준다. 자신을 괴롭히는 일이 곧 지나가게 될 것이라는 이야기부터 재물과 승진과 여자 문제까지 걱정과 설득을 겸하여 담담하게 이야기해준다. 비록 점괘를 읽어주는 사람이 친한 친구이고 평소 허물없이 지내던 이웃이라 해도 이 순간만큼은 듣는 사람의 태도가 진지하고 심각하다. 항상 알라의 도움으로 난관을 극복하게 될 것이라는 긍정적인 주문으로 마무리한다.

지금은 지중해나 아랍 할 것 없이 어디를 가나 커피하우스가 있다. 유럽의 카페가 상류층의 고급 문화를 즐기고 행세깨나 하는 사람들이 모여 혁명과 지성과 정치적 담소를 나누는 장소였다면, 오스만 제국과 이슬람 세계의 커피하우스는 민중들의 털털한 웃음과 일상을 주워담는 삶의 현장이었다.

오스만 제국의 지중해, 막을 내리다

시칠리아와 몰타가 다시 유럽의 수중에 들어가고, 1492년 안달루시아의 마지막 이슬람 왕조 그라나다까지 멸망한 뒤 사실상 유럽과 이슬람 세계를 연결하는 문화 수혈로는 오스만 제국의 동부 지중해였다. 흔히 이슬람 중동 지방의 무역은 대항해 시대의 도래와 포르투갈인들의 아시아 진출로 종식되었다고 단정되지만, 바스코 다 가마가 인도에 상륙한 이후 1세기 이상이나 중동 무역은 발전적으로 이어졌다. 오스만 제국이 건재하고 있었기 때문이다. 일찍이 최고의 중동 전문가 버나드 루이스가 지적한 것처럼 오스만 제국의 경제력이 쇠퇴한 이유를 해군력의 미비와 해양에서의 소극적 정책 때문이라는 것도 수긍하기 어렵다. 적어도 16세기까지 지중해는 오스만의 주도로 막강한 해군력과 활발한 해상 무역을 통해 오스만의 내해로 간주될 만큼 번성했기 때문이다.

특히 터키가 차지하고 있는 동부 지중해는 비잔티움 제국을 이어 셀주크 투르크, 오스만 제국이 장악함으로써 동방의 물자와 사상이 베네치아, 제노아 등을 통해 유럽 내부로 전해지는 중요한 통로가 되었다. 또한 이곳은 신라와 중국을 출발한 육상 실크로드가 마감되고 다시 해로를 통해 유럽과 아프리카로 교역망이 연결되는 중간적 문화 용광로였으며, 동방의 진귀한 물품과 문화가 전해지고, 또 산업혁명 이후 유럽의 상품과 기술이 동방으로 퍼져가는 길목이었다.

그러나 결국, 문화 용광로 동부 지중해의 주도권은 17세기 이후 유럽의 손으로 넘어갔다. 그것이 오스만 제국의 한계였다. 제국의 달콤한 절정기를 경험한 뒤 권력에 안주했고 그로 인한 역동성과 긴장감의 상실은 내부로부터의 침체와 부패를 부추겼으며, 교역과 생산에 거의 관심이 없었던 군부 엘리트들에 의한 국가의 장악과 권력 투쟁은 지중해의 중요성을 지켜갈 힘을 잃게 했다. 심지어 이란을 중심으로 하는 동부 전선에서는 본격적인 반 오스만 전쟁이 빈번하게 반복되었다. 이로 인해 지중해 해상 무역은 자연히 효율적인 교역 방식을 가진 이탈리아 도시들에게 넘어갔고 설탕과 커피와 같은 몇몇 품목을 제외하고는 공급할 수 있는 잉여 수출품도 없었다. 이러한 동부 지중해 무역의 주도권 역전과 무역 패턴의 전환은 오스만에게는 회복될 수 없는 타격을 주었다.

이에 반해 서유럽의 기술 · 재정 · 무역 성장은 서구 무역상들에게 오스만 제국 치하의 중동 시장을 장악할 수 있는 훨씬 폭넓은 기회를 제공해주었고 이렇듯 한 번 벌어진 틈새는 온갖 외교력과 군사력으로 압박하는 서구의 도전으로 다시 좁힐 수 있는 기회를 갖지도 못한 채 오스만 제국의 종말로 이어졌다.

오스만 군대는 세 대륙의 광대한 영토를 다스리고, 오스만 함대는 한동안 지중해를 지배했지만, 유럽은 상인들을 앞세워 아주 조용하고 평화롭게 오스만 제국의 시장과 경제를 장악하였다. 이로써 지중해를 누가 차지하느냐는 다시 한 번 고대 그리스 이후 예외 없이 역사의 주도권을 가늠하는 결정적인 척도가 되었다.

이희수 터키 이스탄불 대학에서 중동역사로 박사학위를 받고 그곳에서 조교수로 재직했다. 현재는 한양대학교 문화인류학과 교수로 있으며, 9·11 이후 중동 지역에서 일고 있는 지적 각성과 토착 민주화, 서구와의 건설적인 관계 모색 등과 같은 새로운 변화의 물결을 예의주시하며 연구하고 있다. 『이슬람 문화』 『터키사』 『한−이슬람 교류사』 『중동의 역사』 『지중해문화기행』 『세계문화기행』 등 20여 권의 저서와 역서가 있다.

지중해를 지배한 것은 물자의 교류와 전쟁만이 아니었다. 이집트와 메소포타미아, 그리스와 로마의 여러 신들을 비롯하여 유대교와 기독교, 이슬람의 유일신들이 지중해를 무대로 나타나고 성장하고 지중해를 지배하였다. 지중해는 종교와 신화를 실어나르면서 공통의 문명을 키웠다. 지중해가 다양하게 펼쳐지면서 한곳으로 모이기를 거듭하는 역사의 흐름을 종교와 신화만큼 잘 보여주는 것도 없을 것이다. 지금 우리가 보는 지중해에는 인간의 역사보다 훨씬 더 오랫동안 출렁이는 푸른 물결 속에 찬란한 문명들이 나타나고 사라져간 흔적들이 겹쳐져 있다. 문명과 역사의 그 장대한 흐름. 아마 이렇게도 다양한 문명들과 사람들, 사건들이 이렇게 집중적으로, 이렇게 강렬하게, 이렇게 지속적으로, 그리고 이렇게 서로의 흔적을 고스란히 남기면서 일어나고 스러져간 곳은 어디에도 없을 것이다. **"**

바다와 대륙을 넘나든 황소 숭배

종교 교류의 현장 지중해

유럽과 아시아 아프리카의 세 대륙이 만나서 만든 바다 지중해는 또한 많은 신들이 만난 곳이기도 하다. 이집트와 메소포타미아 지역의 온갖 신들과 그리스 로마의 신들을 비롯하여 그 모든 신들을 버릴 것을 명하는 유대교와 기독교와 이슬람의 유일신이 또한 지중해를 배경으로 나타났고 성장하였다. 어둠의 바다, 녹색의 거친 바다로 인식되었던 대서양과는 달리 빛의 바다, 코발트빛의 온화한 바다로 인식되었던 지중해에는 일찍부터 문명 교류가 활발하였고, 종교 간의 교류도 활발하였다. 종교는 고대인의 삶을 이해하는 데 정치·경제·문화·지리 등 모든 요인들을 포괄하는 가장 중요한 열쇠라고 볼 수 있다. 고대인들에게 모든 전쟁은 종교 전쟁이었고 모든 행위는 종교적 행위로서 종교라는 단어 자체가 따로 발달하지 않았을 정도였다.

마틴 버널M. Bernal은 『검은 아테나』Black Athena라는 책에서 그리스 고전 문명의 아시아·아프리카 기원설을 주장하고 있다. 예컨대 헤로도토스가 그리스 신들의 대부분의 이름은 이집트에서 따왔다고 서술하고 있듯이, 그리스 로마의 신들은 대부분 이집트에서 기원하였다는 것이다. 그에 의하면 이러한 견해는 헤로도토스나 플라톤을 비롯한 서구인들 스스로 인정하여오다가, 19세기에 이르러 인종주의 특히 아리아 인종 중심적 이데올로기에 의해 모든 역사가 새롭게 각색됨으로써 마치 그리스 문명이 독자적으로 발달한 것처럼 왜곡되었다는 것이다. 실제로 필자가 아테네 국립 박물관에 들렀을 때 그리스 초기에 속하는 고고학적 발굴품을 보면서 느낀 점 역시 그곳의 발굴품들이 지극히 '이집트적'이라는 것이었다. 또한 2004년 2월 영국 국립박물관 도서관에 들렀을 때 새로 구입한 한 여신상이 특별 전시되어 있었는데, 기원전 1800~1750년 사이의 작품으로 추정되는, 이라크에서 출토된 이 '밤의 여신' 옆에는 두 마리의 올빼미가 놓여 있었다. 아테네 여신의 상징적 동물로서 그리스 주화에 수없이 등장하는 올빼미가 이미 메소포타미아에 그 확연한 전신이 있었던 것이다.

'소'를 숭배한 다섯 개의 신화

물론 그리스 문명과 고대 오리엔트 문명과의 관계는 고고학적으로, 문헌학적으로 엄밀하게 검증되어야 할 부분이지만, 지중해를 둘러싸고 아시아 · 아프리카 · 유럽이 서로 밀접하게 관련되어 있었고 영향을 주고 받은 것은 틀림이 없다.

이 가운데 소를 숭배의 대상으로 삼았던 종교도 아시아 · 아프리카 · 유럽이 밀접한 관계를 가졌다는 것을 보여주는 중요한 사례이다. 수많은 신들이 시기적으로 지역적으로 교차하였던 가운데 소를 둘러싼 숭배는 지중해 여러 지역의 신화에서도, 고고학적 자료에서도 빈번하게 나타난다. 에스파냐의 알타미라 동굴 벽화는 인류가 남긴 가장 오래된 그림 중의 하나로서, 그 천장화에는 이미 들소가 그려져 있다.

여기서는 소와 관련된 대표적인 다섯 개의 신화와 이들 지역의 고고학적 관련 자료를 함께 봄으로써 지중해 지역 각 민족과 지역의 종교적 교류에 대해서 살펴보겠다. 이 다섯 개의 신화는 이집트 및 그리스와 관련된 이오 이야기, 레바논과 크레타 섬에 관련된 에우로파와 미노타우로스 이야기, 페르시아에서 시작되어 지중해 전 지역으로 퍼져간 미트

알타미라 동굴 벽화. 1879년 우연히 다섯 살짜리 소녀가 발견한 이 동굴의 벽화는 인류 최고最古의 경탄할 만한 미술품으로 대부분 천장에 그려져 있다. 매머드 · 토나카이 · 들소 · 사슴 등이 흑 · 적 · 갈색으로 그려져 있는데 그 생생한 묘사, 아름다운 색채와 입체감은 보는 사람을 압도한다.

라교 신화, 그리고 마지막으로 지중해를 통해 각 지역으로 전파된 이들 신화의 기본 고리 혹은 원형으로 보이는 메소포타미아의 길가메시 서사시이다.

신화 하나, 에우로파와 흰 황소 제우스

'유럽'이라는 명칭의 기원에 대해서는 여러 가지 설이 있으나 가장 널리 알려진 것은 지금의 레바논쯤에 해당하는 페니키아의 왕녀 에우로파에 관한 것이다. 페니키아 왕 아게노르의 딸 에우로파의 아름다움에 반한 제우스는 헤르메스에게 명하여 그녀를 해안가로 유인한 뒤, 두 개의 황금 뿔을 가진 하얀 황소로 변신하여 그녀에게 접근하였다. 아름다운 소의 출현에 점차 두려움을 푼 그녀가 황소 등에 올라타자마자 제우스는 지중해를 건너 크레타 섬으로 갔고 거기서 그녀는 미노스를 비롯

에우로파를 데리고 가는 제우스. 온순한 황소로 변한 제우스가 에우로파를 등에 태운 채 도망가고 있다. 제우스는 지중해를 건너 크레타 섬으로 그녀를 데리고 갔고 유럽이라는 지명은 그녀의 이름 에우로파에서 비롯되었다.

한 아이들을 낳았다. 후일 크레타 섬의 수도로, 또한 고르틴 법전으로도 유명한 고르틴에서 발견된 주화의 한 면에는 제우스와 사랑을 나누었다는 플라타너스 작은 나무에 앉아 있는 에우로파가 그려져 있고, 뒷면에는 황소 모습의 제우스가 새겨져 있다.

아끼던 공주를 잃어버린 페니키아 왕은 분노하여 왕비와 왕자들에게 명령을 내려 공주를 찾지 못하면 돌아오지 말라고 엄명을 내렸다. 이들은 페니키아에 결국 돌아가지 못하는데, 그 중 왕자 카드모스는 그리스 테베에 정착하여 그들에게 문자를 가르쳐주었다고 한다. 이는 페니키아 문자가 서양 알파벳의 기원이 되었다는 설과도 맞물려 있고, 후일 페르시아 전쟁이 벌어졌을 때 테베가 아테네와 스파르타와 달리 페르시아에 적극 협조적이었던 것은 심성적으로 더욱 아시아 쪽과 가까워서 그랬던 것은 아닐까하는 추측을 갖게도 한다.

유럽이라는 이름 자체가 아시아의 한 왕녀에서 비롯된 것이라는 신화에 의하면 유럽 문명은 지중해를 통한 아시아와의 관련 속에서 시작되었다. 그런데 무엇보다도 그 매개체는 '소'였다. 페니키아 공주를 유혹하기 위해 제우스가 흰 소로 변장하였던 것이 암시하듯이, 페니키아를 중심으로 한 팔레스타인 지역의 황소 숭배는 성서에서도 잘 드러나 있다.

영화 「십계」에서도 나오듯이, 모세가 여호와 하나님으로부터 두 돌비의 계명을 받으러 산에 올라간 사이 모세의 형 아론은 사람들의 원성에 시달린 나머지 금송아지를 만들어 이를 여호와라고 하였다. 또한 솔로몬 왕이 죽고나서 이스라엘과 유다 두 왕국으로 갈라지게 되었을 때 이스라엘의 왕 여로보암은 백성들이 남쪽 유다 왕국의 예루살렘 신전으로 가는 것을 막기 위해 금송아지 형상을 만들어 그것이 이스라엘 백성들을 이집트에서 이끌어낸 신이라고 선전하였다. 이처럼 이스라엘 역사서 속에 송아지 형상을 만든 기록은 드물지않게 나온다. 그런데 흥미로운 것은 팔레스타인 지역에서 크레타로 간 제우스와 에우로파가 낳은 아들 중 한 명이 미노스인데, 미노스 또한 소와 관련한 대표적인 신화를 갖고 있다는 점이다.

신화 둘, 반인반우 미노타우로스

미노타우로스란 이름은 미노스라는 이름과 타우로스 즉 '소'라는 단어가 합성된 언어로서 20세기에 와서도 이 단어는 예술가들 사이에서 영감의 원천으로 널리 사용되고 있다. 미노타우로스 신화의 줄거리는 대강 다음과 같다.

크레타 섬 미노스 왕의 왕비 파시파이는 포세이돈이 보낸 소를 보고 반하게 된다. 이 소는 포세이돈이 그를 기만한 미노스를 징벌하기 위해 보낸 것이었다. 소를 향한 불타는 욕정을 가지게 된 파시파이는

미노타우로스. 크레타의 왕 미노스가 자신과의 약속을 지키지 않자 바다의 신 포세이돈은 왕비 파시파이에게 황소를 보냈다. 파시파이는 머리는 황소이고 몸뚱이는 사람의 모양을 한 괴물 미노타우로스를 낳았다.

당시 최대의 장인 다이달로스에게 부탁하여 나무로 된 암소 형상을 만들고 그 안에 들어가 소와 관계를 가진다. 그 사이에서 미노타우로스라는 반인반우가 태어난다. 이 미노타우로스는 다이달로스가 설계한 라비린토스라는 미궁에 살면서 아테네에서 매년 보내오는 아이들을 잡아먹다가 아테네의 건국자 테세우스에 의해서 퇴치된다.

이렇듯 미노스 해양 문명에서 소는 특별한 위치를 차지하고 있다. 이를 뒷받침하는 고고학적 증거도 있다. 영국의 아서 에번스 경이 발굴한 크노소스 궁전에서 발견된 황금 소 두상은 압도적인 아름다움과 위엄을

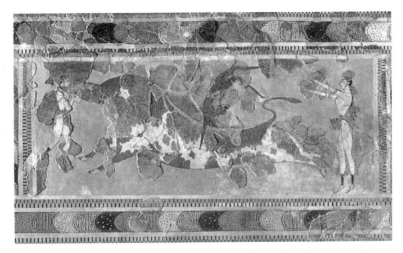

1901년 크노소스 궁전에서 발견된 황소 경기 벽화. 이 그림은 로마의 운동 경기, 미노타우로스에게 아테네의 젊은이를 바치는 형벌, 에스파냐의 투우 장면과 비슷하다는 평가를 받는다.

자랑하며, 소와 함께 역동적 포즈를 취하는 사람들의 벽화를 비롯하여 인장·인형 등에서도 소에 관한 문양이 많다. 특히 크노소스 궁전에서 나온 '미노타우로스'란 별명이 붙은 인장에는 다리는 사람의 형상인데 꼬리와 머리, 앞다리, 그리고 상반신은 소를 닮은 형상이 그려져 있다. 많은 사람들은 이를 황소 숭배의 미노타우로스 신화와 연관시킨다. 미노스 벽화의 황소 둘레에서 곡예하는 듯한 소년들의 그림을 황소 경기로, 또 나아가 이를 종교 의례와 관련한 신성한 경기로 보는 경향이 있다. 예컨대 에번스는 황소를 비옥을 가져다주는 우주적인 신의 상징으로, 황소 게임을 봄철의 신성한 제전으로 해석한다.

그런데 무엇보다도 크레타 문명의 종교의 핵심이며 숭배의 대상은 라브리스 즉 양날도끼이다. 미노타우로스가 살았다는 미궁의 이름 자체가 이에서 파생된 라비린토스, 즉 양날도끼의 방인 것이다.

그런데 이 양날도끼는 소의 두 뿔에서 파생되었다고 보는 설이 일반적이다. 그러나 닐슨M. P. Nilsson은 이와 같은 해석을 미노타우로스 신화에 사로잡힌 선입견에서 나왔다고 보았다. 로우쓰W. Wroth도 화폐 연구

크레타의 양날도끼 라브리스. 크레타 문명의 핵심이며 숭배의 대상이다. 양날도끼를 소의 두 뿔에서 파생되었다고 보는 설이 일반적이다.

등을 통해서 양날도끼가 디오니소스 숭배와 관련된 것이라고 지적하였다. 테네도스에서 발굴된 화폐에 그려진 양날도끼가 포도 가지와 함께 있는 것으로 보아 분명히 디오니소스 숭배와 관련이 있다고 본 것이다.

그러나 디오니소스 역시 황소 신으로 숭배되고 있었던 점을 간과하면 안 된다. 예컨대 에우리피데스의 「바카날리아」에 보면 디오니소스는 황소의 뿔을 가진 황소 모습의 신으로 묘사되며, 플루타르코스 역시 그리스인들이 디오니소스를 황소의 모습으로 표현한 조각품들을 많이 만들었다고 쓰고 있다.

이처럼 양날도끼는 디오니소스를 매개로 해서도 소와 관련된다. 이는 황소의 뿔 사이에 걸려 있는 양날도끼가 흔히 발견되고 있는 고고학적 증거에서도 찾을 수 있다. 예컨대 키프로스 섬에서는 황소 두개골 장식bucrania, 황소머리이나 뿔 사이에 양날도끼가 놓여 있는 것이 발굴되었고, 크노소스의 궁전에서도 양날도끼와 황소머리가 함께 있어서 미노타우로스 신화를 연상하게 해준다. 페스토스나 미케네의 원형 무덤 IV에서도 은으로 된 황소의 머리가 발견되었는데, 질레롱Gillieron은 이를 양뿔 사이에 양날도끼가 놓여져 있는 것으로 복원하였다.

이처럼 고대 그리스 에게 해 문명에서 소는 중요한 역할을 하고 있다. 미노스 왕 자체가 흰 소로 변장한 제우스의 후손이다. 또한 크레타와 미케네 문명의 주신은 포세이돈인데, 그의 상징 동물 역시 황소이고 부속물은 삼지창이다. 포세이돈이 미노스 왕에게 소를 보낸 점과 그의 부인이 다시 소를 사랑하게 되어 그 사이에 반인반우를 낳게 되는 점 그리고 결국 이 미노타우로스가 아테네의 건국자 즉 그리스 본토에서 온 테세우스에 의해 죽임을 당하게 되는 점은 마치 아시아 쪽에서의 문명이 지중해를 매개로 해서 유럽 쪽으로 전파되다가 결국 점차 전형적인 인도유럽적 특징으로 정착되는 과정을 나타내는 듯하다. 언어학적으로도 라비린토스Labyrinthos, 크노스소Knossos 같은 −ssos 로 끝나는 단어는 기원상 그리스어가 아니다. 그리고 이곳에서 발굴된 온전한 황소 모양의 그릇은 수메르 문명에서 발굴된 것과 매우 유사하다. 이러한 소 관련 숭배와 신화들은 이집트에서도 매우 뚜렷하게 드러난다.

신화 셋, 흰 암소가 된 이오, 그 아들 아피스

그녀의 이름에서 이오니아 해의 이름이 연유하게 되었다는 미녀 이오는 아르고스의 왕이자 강의 신인 이나코스의 딸이었다. 비극작가 아이스킬로스의 「결박당한 프로메테우스」에 의하면 제우스의 눈에 든 이오를 아버지가 델포이와 도도나 신탁의 명령에 따라 집에서 추방하자 그녀는 희고 아름다운 암소로 변한다. 질투하는 헤라의 집요한 추격에 쫓기면서 이오는 아시아를 지나 이집트의 카노푸스에서 겨우 인간의 모습으로 돌아오게 되었다. 여기서 그녀는 제우스와 동침하여 에파포스를 낳았고, 에파포스는 이집트의 통치자가 되었다.

그러나 오비디우스의 『변신』에 의하면 이오가 암소로 변한 것은 제우스가 구름 속에서 그녀와 동침한 뒤의 일이다. 이를 눈치챈 헤라의 추궁

제우스는 아내 헤라의 눈을 피하기 위하여 이오를 암소로 변신시켰다. 암소가 된 이오는 이집트까지 가게 되었으며, 그곳에서 훗날 이집트의 왕이 되는 에파포스를 낳았다. 이오는 이집트 최고의 여신 이시스와 동일시되며, 에파포스는 신성한 황소 아피스와 동일시된다.

을 피하기 위해 제우스는 이오를 암소로 변하게 하였다. 헤라의 집요한 추격에 시달리던 이오가 이집트에 도달하였을 무렵에는 헤라도 분노를 풀게 된다. 이오는 이집트의 이시스 여신이 되어 숭배를 받았고, 그녀의 아들 에파포스는 황소의 신인 아피스와 동일시되었다. 즉 아피스의 그리스식 이름이 에파포스인 것이다.

그런데 여기서 나오는 신화의 '암소 여인' 이오처럼, 누트 · 이시스 · 하토르 · 네이트 등 이집트 초기 왕조 시대 여신들은 암소의 이미지를 지니고 있었다. 예컨대 마르메르의 팔레트 양쪽 위에는 암소의 귀를 가진 두 개의 얼굴이 있고, 아래에는 왕의 모습이 그려져 있다. 이 얼굴들은 초기 이집트의 왕권과 밀접하게 결합되었던 여신들 중의 한 명인 하토르를 나타낸다고 생각되는데, 하토르는 인간 얼굴을 한 암소의 신으로 묘사되기 때문이다. 람세스 2세가 지은 현전하는 하토르 신전에서도 암소귀 모양이 발견되었다.

이시스 여신. 고대 이집트 및 그리스 · 로마 등지에서 숭배된 최고의 여신이다. 이집트 전역에 이시스를 숭배하는 중요한 신전들이 있었으며, 알렉산드리아로부터 지중해 전 해안 지대로 퍼져나갔다.

또한 이시스 여신이 태양의 원반을 담은 소 모양의 관을 쓰고 있는 것이 테베 신왕국의 네페르타리의 무덤QV 66에서 발견되었다. 그리스의 역사가 헤로도토스에 의하면 이시스 신상은 소의 뿔을 지닌 여자 몸이며 이집트인들은 암소를 다른 어떤 가축보다 대단히 숭배하고 있다. 그러한 이유에서 이집트인은 소가 죽으면 암소는 강물에 던지고 황소는 구멍을 파고 묻는다. 최근의 고고학적 발굴에 의하면 사하라의 나브타 플라야와 비르 키세리바에서 소를 기른 흔적이 보이며 이는 기원전 7000년경으로 거슬러 올라간다. 그 이전인 기원전 1만 년 전에도 암소들의 뿔심horn cores이 누비아의 매장지에서 발굴되었는데, 이는 종교적 신념과 의식에 연관되었을 가능성이 농후하다. 이로 미루어보아 이집트에서 소는 근원적 종교의 상징이었을 것이다.

아피스는 한 번 밖에 수태하지 못하는 암소가 하늘에서 내려오는 빛에 의하여 수태하여 태어난다고 한다. 특징은 검은색이고 미간에 사각의 백색 반점이 있으며 등에는 독수리 형상의 무늬가 있고 꼬리는 털이 이중이며 혀 밑에는 갑충 형태의 것이 붙어 있다. 아피스는 아주 드물게 출현하기 때문에 아피스가 태어나면 이집트인들은 정장을 하고 축제를 벌였다. 페르시아 왕 캄비세스가 멤피스에 도착하였을 때 성우聖牛 아피스가 이집트에 출현했다고 헤로도토스는 전한다. 그러나 캄비세스가 자신의 오만으로 이 아피스를 죽이자 그 벌로 그는 발광하였다고 한다.

소의 신 아피스에게는 황소를 제물로 바쳤는데 털은 물론이고 온몸을 세우거나 눕혀보고, 혀까지 조사한 뒤 흠이 없는 것으로 제물이 선택된다. 선택된 소는 뿔에 파피루스를 감아 표시를 하고 봉인용 흙을 바르고 날인한 다음 제단 위에 그 머리를 놓는다. 그러고 나서 머리에 술을 뿌리고 신의 이름을 부른 다음 도살하고 머리를 잘라낸다.

아피스는 오시리스 왕의 현현이라고도 하는데 후일 알렉산드로스 대왕 이후 이집트를 지배하게 된 프톨레마이오스 왕조는 왕권 강화를 위해 신성왕 이데올로기로 새로운 최고신 세라피스를 만들어냈는데, 이 신은 오시리스와 아피스의 합성신이었다.

신화 넷, 미트라와 소

페르시아의 조로아스터교의 최고신 아후라 마즈다의 부관격 신인 미트라는 태양신의 범주에 속한다. 2세기경의 기독교 교부 테르툴리아누스나 19세기의 반기독교 역사가 르낭이 공통으로 지적하듯이 미트라교는 여러 면에서 기독교와 닮아 있다.

12월 하순 즉 동지경 미트라는 목동들이 보는 가운데 깊은 산 무화과나무 아래 큰 바위 속에서 탄생하였다. 한 손에는 횃불을 들고 다른 한 손에는 칼을 들고 나와서 횃불로 세상을 밝게 비추고 칼로 무화과나무 잎을 따서 몸을 가렸다. 그렇게 태어나 자란 미트라는 어느 날 산에서 발견한 소의 뿔을 잡고 등에 올라탔다. 소는 미트라를 피해 안간힘을 쓰고 달아났다. 그러나 미트라는 태양신이 보낸 까마귀의 도움으로 땅굴로 들어가려는 소를 찾아내 한 손으로 소의 코를 붙잡고 다른 손에 들고 있던 검으로 소의 옆구리를 찔러 죽였다. 이 소의 몸에서 온갖 곡식과 채소, 물고기 등이 생겨났다.

미트라의 일화는 또 있다. 선의 신인 아후라 마즈다의 라이벌인 아리만이 심한 가뭄을 일으켜 땅의 모든 생물이 말라죽게 되자 미트라가 창으로 바위를 찔러 샘물이 솟아나게 하였고, 아리만이 홍수를 보내 모든 생물을 쓸어버리려 하자 미트라가 한 진실한 사람에게 배를 만들게 하여 짐승과 곡식의 씨를 가지고 그 배에 타게 하였다.

미트라는 태양신과 성찬식을 한 뒤 하늘로 올라갔다. 그는 때가 되면 다시 올 것이며 그가 올 때면 죽었던 사람들도 다시 살아날 것이라고 한다.

밀의 종교였던 미트라교는 문헌 사료의 부족으로 그 구체적 내용이 비밀에 싸여 있지만 고고학적 자료는 매우 풍부하다. 유럽 곳곳에서 많이 발견되는 미트라에움, 즉 미트라교 신당은 동굴, 지하실 같은 어두컴컴한 곳에 있는데, 소의 옆구리를 현재형으로 찌르고 있는 미트라상은 그 중앙에 자리잡고 있다. 칼로 황소를 찌르는 미트라 좌우에는 카브테스와 카브로파테스라고 불리는 두 명의 소년상이 횃불을 들고 있다. 카브테스의 횃불은 봄·춘분·밝음·생명 등을 의미하는 위로, 카브로파테스의 그것은 겨울·동지·어둠·죽음 등을 의미하는 아래로 향하고 있다. 또한 미트라와 소 주변에는 전갈·개·뱀·까마귀 등이 있는데 해석에 차이가 있지만 대체로 뱀, 전갈 등은 이 소의 피를 마셔버림으로써 생명의 탄생을 막으려고 하는 한편, 다른 동물들은 미트라에게 충성하는 것으로 본다. 미트라상 위쪽으로는 점성도가 있어서 여러 천체신들이 황도십이궁에 따라 그려져 있고, 맨 좌우에는 오케아노스와 우라

메소포타미아 왕실 무덤에서 발견된 황소머리 장식. 왕실 무덤의 부장품으로 자주 등장하는 황소 머리 등을 통해 성우 숭배 신화와의 연관성을 발견할 수 있다.

노스 신이 있다.

그 본고장이었던 페르시아는 물론이고, 로마 제국에까지도 널리 퍼졌던 미트라교에서 황소는 온 세상과 사물의 생명의 근원으로서 중요한 역할을 담당하고 있다. 그런데 현전하는 인류 최초의 서사시라는 길가메시 서사시에서 미트라교에서의 황소 이야기와 같은 원형을 발견할 수 있다.

신화 다섯, 길가메시 서사시의 하늘 황소

길가메시 서사시가 쓰여진 점토판들은 니네베의 나부 사원 유적과 아슈르바니팔 왕궁 도서관에서 19세기에 발견되었다. 전체 서사시가 완벽하게 복원된 것은 아니지만 12개 장 대략 3,000줄의 서사시 본문을 갖고 있다.

길가메시는 우루크 제 1왕조기기원전 2600년경의 통치자로 보인다. 길가메시는 3분의 2는 신이고 3분의 1은 인간인 반인반신의 영웅이었다. 길가메시를 죽이기 위해 신들의 어머니인 아누는 엔키두를 만들어냈다. 엔키두는 소처럼 옷을 입고 있었던 야생인이었는데 오히려 그는 길가메시와 친구가 되었다. 이들은 협공으로 숲의 신 훔바바를 죽이기도 하였다. 길가메시의 위용에 반한 사랑의 여신 이슈타르는 그에게 사랑을 구하지만 거절당하자 복수를 위해 하늘에 올라가 길가메시를 칠 수 있도록 '하늘 황소'를 요구한다. 그리고 황소의 고삐를 잡고 우루크로 쳐들어간다. 황소가 콧김을 내뿜을 때마다 수백 명의 우루크 청년들이 연달아 희생당한다. 하지만 결국 엔키두가 하늘 황소의 뿔을 잡고 길가메시가 황소의 목을 칼로 찌름으로써 죽이는 데 성공한다. 이슈타르는 하늘 황소의 죽음에 분노하면서 엔키두가 도려내 던진 '하늘 황소의 어깨'를 위해 여자들을 모아 눈물을 흘리고 애도하게 하였다. 또한 길가메시도 우루크의 대장장이들에게 황소의 뿔에 경의를 표하게 하고 그 뿔에 장식을 하도록 하였다. 그는 장식한 뿔을 아버지에게 바치고 승리의 행진을 하였다.

이상이 아직 엔키두가 죽기 전까지의 길가메시 서사시의 대강 줄거리이다. 이 이야기를 분석하는 것은 매우 흥미로우며 특히 주요 인물인 사랑의 여신 이슈타르와 길가메시·엔키두·아누의 관계를 서로 연관하여 분석할 필요도 있다. 하지만 소라는 모티프와 관련하여 간단하게 정리를 한다면 다음과 같다.

하늘에 거주하는 가장 힘센 존재인 하늘 황소는 영웅인 길가메시와 그의 친구 엔키두에 의해 칼로 죽임을 당한다. 하늘 황소의 어깨와 특히 그 뿔은 경배의 대상이 되었다.

인류 최초의 문명 탄생지라고 알려진 메소포타미아 지역, 인류 최초의 도시 중 하나인 우루크의 왕 길가메시가 죽인 메소포타미아의 하늘 황소 이야기를 읽으면 이러한 이야기가 여러 유형으로 변형되면서 지금까지 살펴본 많은 신화로 변형 재생산된 것은 아닐까, 하는 생각이 든다. 크레타 섬 전역에서 수없이 발견된 양날도끼나 양뿔 숭배의 고고학적 흔적도 그러하고, 이집트에서 이시스 혹은 하토르 여신의 암소 모양 형상도 그러하며, 미트라교 신당에서 예외 없이 발견되는 소의 등 뒤에서 칼을 꽂는 미트라 등도 이 이야기에서 그 원형을 발견할 수 있기 때문이다.

필라델피아 대학 박물관에는 기원전 2500년경 고대 수메르에서 나온 아름다운 테라코타판이 소장되어 있다. 네모난 턱수염의 사람 얼굴을 한 황소가 중심이며, 그 왼쪽에는 조그마한 사자머리를 가진 독수리가 소의 엉덩이 살을 물고 있다. 황소의 앞쪽 오른발은 산 중앙에 직각으로 놓여 있는데 여기서 산은 우주의 거룩한 산이며, 대지 여신의 몸으로 해석된다. 언덕 혹은 산에서는 크레타에서 흔히 보이는 뿔 같은 것이 돌출되어 있다. 사자 머리를 가진 독수리에게 물리고 있으면서도 황소는 은근한 웃음을 짓고 있는데, 이 수수께끼의 웃음을 두고 조지 캠벨은 죽음이 아닌 죽음을 통하여 땅의 생물들에게 생명을 주는 것을 뜻한다고 해석한다. 이는 바로 미트라교에서의 소의 역할과 비슷하다.

소를 숭배한 지중해의 여러 모습

신석기 시대 후반기에 속하는 소아시아 지역의 고고학적 유물에서도 소와 관련한 의례는 다수 발견되고 있다. 이들 소아시아 거주민들의 인종과 언어는 매우 불분명하다. 크레타 섬과 남서 소아시아인 사이의 인종적 유사성은 가능하지만 확정적인 것은 아니다. 예컨대 미노스인들의 언어는 히타이트 설형문자와 신성문자의 중간적 형태를 취한다. 어떻든 기원전 7200~6500년 신석기 시대 유적지로 보이는 소아시아의 카탈후이욱Catal Huyut이라는 곳이 1961~65년 사이에 본격적으로 발굴되었는데, 멜라트Mellaart는 그 규모나 복합성과 예술성 면에서 금세기 최고의 발굴이라고 보았다.

여기서 발견된 수많은 벽화에서 흥미로운 것은 커다란 소 그림이다. 벽화의 그림으로 미루어 신석기 시대부터 이들 소가 이곳의 대표적인 숭배 대상이었음은 틀림없다. 히타이트의 수도였던 하투사의 야질리카야는 최고 2미터 높이의 바위로 만들어진, 위가 트인 두 개의 긴 방 유적지이다. 30미터 길이의 큰 방 안 바위벽에는 신들의 부조가 있는데, 최고신인 풍우신, 태양신 아린니티 등이 황소와 함께 그려져 있다. 중앙 아나톨리아의 기념물에 등장하는 신들은 황소가 끄는 마차를 타고 있거나 혹은 직접 소 등에 타고 있으며 그 소는 다시 두 개의 산봉우리 위에 균형을 잡고 서 있다. 또한 최고신의 제의에 사용되었던 헌주잔도 대부분 소의 형상이다.

종교가 넘나드는 창구, 지중해

앞에서 다루었던 신화들과 고고학적 자료들을 정리해본다면 암소 혹은 황소, 송아지는 이집트·메소포타미아·크레타·미케네·소아시아 등 고대 지중해 유역에서 신화 및 종교적 의식과 관련하여 광범위하게 발달해 있었다. 한국 사회에 비해서 지중해 지역의 소 숭배는 매우 광범위하게 발달한 것이다. 물론 지중해 각 지역의 소 관련 의례가 반드시 서로 영향을 주고받아 발달하였다고 증명하기란 힘들 수도 있다. 세계 각 곳에서 동일한 신화 혹은 이야기가 여러 나라에서 되풀이해서 나타나는 경우가 많기 때문이다.

이러한 현상을 설명하는 데는 전통적으로 두 이론이 있다. 동시다발

위|크레타 황소머리. 아래|미케네 황소머리.
이집트 · 메소포타미아 · 크레타 · 미케네 ·
소아시아 등 고대 지중해 유역에서 암소 혹
은 황소, 송아지는 신화 및 종교적 의식과 관
련하여 광범위하게 발달해 있었다.

성 발현설과 전파설이 그것이다. 즉 융의 집단적 무의식처럼 서로 상이한 문명이라도 동일한 발전 단계에 이르면 필연적으로 유사한 신화가 만들어진다고 보는 입장이 있는가 하면, 다른 한편으로는 비록 전달 경로와 매개물 등에 대한 충분한 정보를 갖지 못하여 설명하기는 힘들다 하더라도 한쪽에서 다른 쪽으로 전해졌다는 것이다.

다른 것은 몰라도 지중해 지역 소와 관련한 신화나 의례만은 후자의 설이 맞다고 보인다. 다시 말해 지중해를 사이에 두고 서로 영향을 주고받았음이 분명하다. 고고학적 증거물도 그러하며, 신화도 그러하다. 특히 흰 황소가 된 제우스나 흰 암소가 된 이오, 미노타우로스를 죽인 테세우스 등이 모두 지중해를 매개로 하여 건너다녔다는 점은 매우 시사적인데, 이는 소 숭배가 지중해를 매개로 하여 여러 지역으로 서로 전파 · 변화 · 발전되어갔음을 상징하는 것으로 보인다.

그러나 소 숭배가 똑같은 모양으로 전파되고 재생산된 것은 아니었다. 지역과 민족에 따라 각각 다르게 전파되고 각색된 것을 볼 수 있다. 예컨대 이집트와 미노스의 소는 차이가 있다. 이집트의 소가 항상 땅에 붙어 있는데 비해서 미노스의 그것은 점차 달라지고 있다. 즉 하나는 경배의 대상으로, 다른 하나는 희생의 대상으로 나타나고 있는 것이다.

숭배의 대상에서 희생의 대상으로 변해가는 황소

황소가 숭배의 대상에서 희생의 대상으로 서서히 변모하고 있는 것은 아테네 건국자 테세우스가 미노타우로스를 죽이게 되는 신화와 일치한다. 이는 메소포타미아의 길가메시 서사시에 나오는 하늘 황소의 이미지와도 비슷하다. 하늘 황소는 힘의 상징이면서도 새로운 영웅에 의해서 희생되는 이중적 이미지가 있는데 그 변천이 잘 드러나고 있는 곳이 크레타 섬이다. 소의 두 뿔을 상징한다고 보이는 양날도끼가 크레타 신앙의 핵심이었지만 미노타우로스 신화에서 드러나듯이, 황소사람은 숭배의 대상에서 타도의 대상이 되어가기 시작하는 것이다. 고고학적으로도 확실하게 연대적으로 선을 그을 수는 없지만 황소는 숭배의 대상이었다가 점차 희생대 위에 올려진 모습으로 나타나는 것을 확인할 수 있다.

트리아다의 석관무덤에서 발견된, 목에 칼이 찔린 채로 피가 탁자 아래로 뿜어져 나오고 있는 도살탁자 위의 황소는 분명히 도살 대상으로서의 황소의 모습을 보여주고 있다. 칸디아 박물관의 인장에 등장하는 소도 탁자 위에서 마치 도살의 순서를 기다리는 모습으로 그려져 있다. 고전기 그리스 시대의 수많은 화병에서도 희생제에 바쳐진 것으로 보이는 '바구니에 담긴' 두 뿔이 발견된다.

이러한 변화의 과정을 거쳐 로마 시대까지 유행한 미트라교에서 소는 완전히 희생의 대상으로 나타난다. 소가 점차 숭배의 대상에서 희생의 대상으로 변해가는 것은 지중해 세계에서의 새로운 강자의 도래, 즉 종전의 지신족에서 천신족의 도래 때문이라고 볼 수 있을지 모른다. 앞에서도 언급한 것처럼 소는 풍요의 상징으로 다산과 힘의 상징으로 간주되었고 땅의 신으로 간주되는 경향이 강하였다. 그런데 지신족은 점차 외부에서 들어온 다른 신앙 체계를 가진 천신족에게 양보하게 되고, 지신을 대표하는 황소도 점차 희생의 대상으로 전락하게 된다는 것이다.

예컨대 미트라교는 페르시아에서 발생된 종교인데, 헤로도토스의 『역사』 제1권에 의하면 페르시아인들은 우상을 비롯한 신전이나 제단을 만드는 풍습이 없고 오히려 그렇게 하는 자를 어리석게 여긴다. 그들은 하늘 전체를 최고신이라 부르고 높은 산에 올라가 제물을 바치며 제사를 지내는 풍습을 가지고 있다. 그들이 태곳적부터 제사지내는 대상은 위에 있는 것들뿐이다.

또는 미노타우로스 이야기는 황소로 대표되는 바다 쪽의 부족_{포세이돈의 상징 동물도 황소이다}이 아테네의 테세우스로 대변되는 부족에게 밀리는 것을 의미할 수도 있다. 즉 황소-포세이돈이 올빼미-아테나 여신에게 패배하는 구조인 셈이다.

마지막으로 여성과 남성의 대립으로 볼 수 있을지도 모른다. 즉 대지와 풍요를 상징하는 소−여성 중심 사회가 새로이 도래한 남성 중심의 사회로 변화해감에 따라 숭배의 대상에서 희생의 대상으로 변화해가고 있는 것으로 해석될 가능성도 열려 있는 것이다.

요컨대 소 숭배 사상은 알타미라 동굴 벽화에서 보이는 것처럼 구석기 시대부터 싹터 있다가 점점 지중해 전역으로 여러 신화와 의례로 발전, 변형되면서 퍼져간 것으로 보인다. 길가메시 서사시가 출현한 메소포타미아 지역이 그 시원이 아닐까 하지만 어느 지역에서 먼저 나타났으며 왜 비롯되었는가를 분석하는 것은 매우 어렵다. 대부분의 고고학적 자료가 없어진 상황에서 현전하는 가장 오래된 자료로 판단하는 것은 위험하기 때문이다. 미노아 문명의 소 숭배는 오리엔트 쪽 영향을 받은 듯하지만 이 또한 확실한 것은 아니다. 에스파냐의 알타미라 동굴 벽화의 들소 그림은 서쪽에서의 성우 사상의 출현도 만만치 않게 일찍 나타났을 것임을 시사해주기 때문이다.

그러나 분명한 것은 지중해라는 바다를 둘러싸고 소와 관련된 의례나 숭배가 비슷한 모티프로 매우 광범위하게 퍼져갔다는 점이다. 그 구체적인 양상이나 시기, 서로간의 구체적인 영향 등 앞으로 여러 지역과 여러 분야를 아우르는 성실하고도 꾸준한 연구가 이루어져야 할 것이다.

최혜영 그리스 로마사 전공으로 그리스 이와니나 국립대학에서 문학 박사학위를 받고 지금은 전남대학교 사학과 조교수로 재직 중이다. 다양한 관심사 중에도 일차적으로 고대 서양의 종교와 사상에 대해서 연구하는 중인데, 하면 할수록 서양 고대사를 학문 영역적으로나 지리적으로 통합적으로 볼 필요성을 느끼고 있다. 가장 최근에 발표한 논문으로는 「헤카테 여신의 오리엔트적 기원」「엘레우시스 미스테리아」등이 있고, 그외 다수의 논문과 『그리스 문명』을 비롯한 약간의 저서도 있다.

피카소는 지중해가 말하게 만드는 무엇에 따른 화가였다. 지중해의 영감은 피카소가 표출하기보다는 그에게서, 그를 통하여, 비어져 나온다. 지중해의 파란 바다와 하늘, 싱그러운 바람, 뜨거운 오후의 태양 아래서 벌이는 투우, 그리고 지중해를 살아온 다른 화가와 시인들은 지중해를 우리에게 친숙하게 만들었다. 사실 그 오랜 친숙함은 우리에게 익숙한 만큼이나 모호하다. 왜냐하면 그 친숙함이 터를 두는 먼 기원에 대해서 우리는 잘 알지 못하기 때문이다. 그래서 우리는 피카소의 그림에서 에스파냐의 풍광과 민속, 이베리아와 아프리카의 원시 예술의 흔적을 찾아내면서 지중해의 얼굴을 다시 들여다보고 친숙함의 이유를 발견하게 된다. 그러면서 지중해의 영감에 젖은 피카소의 얼굴과 지중해의 얼굴을 우리는 더 이상 구분하지 못한다. 피카소는 지중해의 모든 것들을 충실하게 살아낸 화가였다. **"**

지중해의 영감, 거장을 잉태하다

지중해와 피카소

　　1881년 에스파냐의 말라가에서 태어나 92세의 생애를 살다간 피카소
는 생의 대부분을 라코루냐와 바르셀로나 · 파리 · 오르타 데 산후안 ·
고솔 · 세레 · 생트빅투아르 산 근처의 보브나르그 성 · 발로리스 · 알프
마리팀의 무쟁 등지에서 보냈다. 우연의 일치인지는 모르겠지만 파리를
제외한 다른 도시와 마을은 모두 에스파냐와 프랑스 남부의 지중해 세
계라는 공통점을 지닌다. 이는 피카소와 그의 예술 세계를 이해하는 데
매우 중요한 열쇠가 된다. 왜냐하면 예술가란 흔히 주위 환경에서 많은
영향을 받게 마련이고, 특히 태어나고 유년기와 소년기를 보낸 터전을
자기 예술의 모태로 삼는 것이 일반적이기 때문이다. 그래서 예술가의
의식을 깊이 파고들면 이 시절의 기억과 추억이 똬리를 틀고 있음을 발
견하기 쉽다. 피카소는 유년기와 소년기를 지중해 서안에 위치한 에스
파냐에서 보냈다. 그래서인지 그는 인생의 4분의 3을 프랑스에서 살았
음에도 불구하고 에스파냐의 열정을 언제나 뜨거운 피 속에 담고 산, 영
락없는 에스파냐 사람이었다.

　　에스파냐는 반짝이는 태양과 검은 그림자, 극단적인 더위와 추위, 풍
요와 불모를 함께 지닌 다양성의 나라다. 특히 사람들의 격정적인 정열
은 아주 유명하다. 에스파냐 사람들은 밝고 명랑한 성격을 지니고 있는
가 하면 고뇌와 괴기에 집착하기도 한다. 또한 비참한 처지를 달래고 불

안을 떨쳐버리기 위해 예술을 찾는다. 공고라의 시와 집시들의 플라멩코 음악, 수르바란의 회화와 투우의 밑바닥에는 언제나 이런 슬픔이 감춰져 있다. 이런 슬픔을 체득한 피카소는 앙드레 말로에게 "우리 에스파냐 사람들은 아침에는 미사, 오후에는 투우, 그리고 밤이면 창녀촌을 찾지요. 이 모든 게 어디에서 섞이는지 아세요? 슬픔이에요. 우스꽝스러운 슬픔입니다"라고 털어놓았다.

에스파냐는 또한 남유럽의 다른 나라들과 달리 화려한 색채로 장식되지 않는 나라다. 하양과 검정, 황금빛과 은빛이 압도적인 색이며, 빨강도 초록도 없다. 여인들은 유채색보다는 검은색 옷을 입고, 땅은 메마르고 금빛이 나며, 하늘은 푸르거나 검은빛 또는 은빛이고, 별이 초롱초롱한 밤은 여전히 검거나 아주 진한 군청색이며, 공기는 청량하다. 피카소는 에스파냐의 이러한 단조로운 색채에 강한 인상을 받았다. 모든 작품의 주조색을 청색으로 그린 피카소의 '청색시대' 1901~1904가 이와 무관하다고 볼 수는 없을 것이다.

피카소가 태어난 곳 말라가, 그가 자란 곳 바르셀로나

피카소가 유년 시절을 보낸 고향 말라가에는 투우장이 있다. 투우장은 전통적으로 에스파냐 모든 도시 민중 오락의 중심이다. 말라가의 투우장은 성채가 있는 남쪽 언덕의 비탈길 바로 옆에 있다. 경기장은 여름 내내 거의 일요일마다 투우사의 묘기를 감상하려는 애호가들로 가득 찬다. 이들이 보러온 것은 스포츠라기보다는 하나의 의식이다. 이 제의적 행사는 지중해의 초기 문명인 크레타 문명으로 거슬러 올라간다. 소를 희생 제물로 바치는 이 의식은 야만적인 힘과 맹목적인 본능에 대한 인간의 승리를 상징한다. 격심한 흥분 속에 폭풍우와 같은 살육의 용기와 기교가 대치된다. 투우사의 화려한 복장은 종교의 사제나 운동선수와 같은 느낌을 준다. 투우사는 자신의 용기를 보임으로써 만인에게 칭찬과 존경을 받는 영웅이 되지만 겁이 많고 무능하다는 것이 조금이라도 드러나면 심한 경멸의 대상이 된다. 기교가 필요하다는 점에서 투우사는 예술가와 다름없다.

피카소는 훌륭한 투우 화가였다. 그는 여느 에스파냐 어린이들처럼 어려서부터 투우에 마음이 사로잡혀 그 장면들을 그림으로 그렸다. 투우 장면에는 인간과 짐승의 극적인 움직임, 화려한 색채, 빛과 그늘의 강한 대비, 흥분에 싸인 투우장의 관중, 좁은 공간과 짧은 시간 안에 펼쳐지는 일상의 행동과 정열, 그리고 공포가 양각을 한 보석세공처럼 담겨져 있다. 「어린 투우사」는 피카소가 여덟 살 때 유화로 그린 투우 장면이다. 그는 어린 시절의 추억이 담긴 이 그림을 평생 소중하게 간직했다. 그리고 프랑스에 있으면서 에스파냐를 다녀올 때마다 황소와 부상당한 말, 투우사의 죽음 등을 화폭에 담아오곤 했다. 투우는 어쩌면 피카소의 가슴에서 한번도 지워진 적이 없는 고국 에스파냐의 모습이었는지도 모른다.

말라가가 피카소의 실제 고향이라면 바르셀로나는 그의 마음의 고향이었다. 소년 시절을 이곳에서 보냈기 때문이다. 바르셀로나는 지중해 연안에 위치한 도시로 옛날부터 교역의 중심지이자 카탈루냐 지방의 중심지였으며, 나아가 프랑스나 유럽과의 접촉이 손쉬운 지중해의 무역항이었다. 또한 정치뿐만 아니라 교육이나 예술로도 마드리드와 맞먹는 곳이었다. 언제나 사람들이 북적거리고 예술가들은 여기저기서 열띤 토론을 벌였다. 피카소가 이러한 대도시의 활기를 즐겼음은 틀림없다.

예술가에게는 하늘이든 땅이든 하찮은 작은 종잇조각이든 지나가는 하나의 형상이든 모든 곳에서 다가오는 감성이 집적된다. 바르셀로나에서의 소년 시절 피카소는 탄복할 정도의 정확성을 가지고 거리 풍경·투우·짐마차·부두의 노동자와 선원·거지·마부 그리고 카바레·댄스 홀·카페·매춘굴 등을 스케치했다. 끊임없이 솟아오르는 스케치 의욕은 아침부터 밤까지 그를 흥분의 도가니로 몰아넣었다.

제대로 먹지도 못한 채 작업에 몰두하느라 심신이 쇠약해진 피카소는 17세 되던 해에 아라곤과의 경계에 위치한 친구의 고향 마을 오르타 데 산후안을 방문해 휴식의 시간을 가졌다. 이 마을은 지중해의 전형적인 풍광이 그림처럼 펼쳐져 있는 곳으로 에브로 계곡을 향해 완만한 경사를 이룬 산비탈은 포도와 올리브 나무로 덮여 있었으며, 그 한 가운데로 불쑥 튀어나온 정상은 고대의 요새처럼 하늘을 향해 치솟아 있었다. 강렬하게 내리비치는 태양빛은 바위를 황금색으로 반짝이게 했다. 뒤로는 산을 등지고 앞으로는 큰 개울이 흐르는 이 마을은 비옥함과 불모의 건조한 땅이 기막힌 대조를 연출해냈다. 10년 후 피카소의 초기 입체파 풍경화의 테마가 되는 마을이 바로 이 마을이다. 그의 작품 「오르타 데 에브로 언덕 위의 집」은 거대하게 쌓아올린 갈색의 입방체 건물들이 밀집해 있는 건조한 풍경을 보여준다.

지중해의 전원에서 영감을 얻다

피카소는 19세가 되던 1900년 파리를 처음 여행한 후 그곳에 정착하여 생의 대부분을 보내지만 휴식이 필요하거나 영감이 필요할 때는 언제나 지중해의 전원을 찾았다.

1906년 여름에는 연인 페르낭드 올리비에와 함께 파리를 떠나 백리향과 실편백나무, 올리브기름과 로즈메리의 향기가 있는, 뜨거운 태양이 빛나는 고솔 마을로 갔다. 고솔은 피레네 산악 지대의 고지에 자리잡은 불가사의한 고대 마을이었다. 고솔에서의 여름휴가는 피카소의 화풍에 중요한 발전을 가져다주었다. 그의 작품 「머리손질」에서 볼 수 있는 둥글고 단순한 형태와 달걀형의 얼굴, 황갈색과 분홍색 계통의 색감이 이때부터 등장하기 시작한다. 파리로 돌아온 그는 고솔로 가기 전 고전을 면치 못하다가 밀쳐둔 「거트루드 스타인의 초상」을 일순간 완성해냈다. 이 작품은 장밋빛이 더러 눈에 띄기는 하지만 흙빛을 많이 쓴, 힘이

「머리손질」. 이 작품은 고솔 시기의 특징을 잘 보여주는 작품으로 둥글고 단순한 형태와 달걀형의 얼굴, 황갈색과 분홍색 계통의 색감이 이때부터 등장하기 시작한다. 1906, 파리

넘치는 단단한 신체의 인물화다. 『피카소의 생애』를 쓴 롤랑 팽로즈는 피카소가 고솔에 체류할 때부터 나체 여인상의 대작을 그릴 마음으로 군상과 단독상의 습작을 그렸다고 소개하고 있는데 그 가운데 마지막 단계의 스케치는 「아비뇽의 아가씨들」에 이르는 과정을 보여준다.

피카소는 이 밖에도 1913년 여름에는 세레에서 타는 듯한 더위와 싸우며 소탈하고 순박한 노인들, 건강하고 체격 좋은 산골 여자들, 험준한 산악 풍경, 마을의 고풍스럽고 견고한 석조 가옥들, 우거진 숲과 맑은 공기를 즐겼고, 1914년에는 프로방스의 아비뇽에서 9개월을 지냈다. 1917년에는 로마로 가 소용돌이 장식으로 꾸며진 바로크 풍의 기념물

「안락의자에 앉아 있는 올가」. 이 작품은 피카소가 입체주의에서 고전주의로 돌아섰음을 알게 해준다. 그러나 그는 이 그림을 의도적으로 미완성인 채 남겨두었다. 1917년.

「바닷가를 달리는 두 여인」. 해변을 달리는 두 여인은 마치 거인과 같고 그들의 발은 지축을 흔드는 것 같다. 1920년대에 바다를 정기적으로 찾았던 피카소는 그곳에서 해수욕하는 여인들의 육체에 매혹되어 그 몸들을 괴이하게 변형된 형태로 표현하였다.

들과 경탄을 자아내는 성당 건물, 고대의 대광장, 미켈란젤로와 라파엘로의 작품들에 빠졌다. 그 결과 이때부터 입체주의 기법이 사라지고 전통에 따른 고전주의 기법이 등장하게 된다. 1917년에 그린 「안락의자에 앉아 있는 올가」를 보면 피카소가 입체주의와 작별하고 고전주의로 돌아섰음을 알 수 있다.

피카소는 1920년대에도 정기적으로 바다를 찾았다. 브르타뉴 지방의 해안에서 보낸 적도 있지만 좀더 자주 간 곳은 어려서부터 낯이 익은 지중해였다. 이 시기를 특징짓는 그림은 풍만하고 거대한 인물이 화면 전체를 압도하는 그림이다. 「낮잠」과 「바닷가를 달리는 두 여인」에서는 마치 조각처럼 입체감이 넘치는 인물을 볼 수 있다. 이 인물들은 피카소가 로마에서 많이 본 고대의 조각상을 떠올리게 한다. 특히 「바닷가를 달리는 두 여인」에서는 육중한 여인들이 발을 내딛을 때마다 땅이 쿵쿵

울릴 성싶다. 고대 신화에나 나올 법한 이 여인들은 마치 대지의 여신처럼 풍만하고 건강하다. 그리고 춤을 추는 듯한 몸동작은 푸른 하늘과 바다와 어울려 거대한 몸에 활기를 불어넣는다. 이러한 동작은 고전주의 회화에서 흔히 볼 수 있는 자세다.

1947년에는 부인 프랑수아즈와 함께 프랑스 남부의 작은 마을 발로리스로 내려가 1955년까지 머물렀다. 바닷가에 자리잡은 발로리스는 라벤더와 올리브나무, 포도밭이 펼쳐진 아름다운 마을이었다. 이곳은 특히 향수와 도자기 제조로 유명한 고장이어서 피카소의 마음에 들었다. 그는 여기서 굳기 전의 축축하고 유연한 상태의 도자기를 손으로 조몰락조몰락해서 나름대로 변형시킨 뒤 그 위에 그림을 그리기도 했다.

이것은 환경의 변화가 회화의 양식에 곧잘 변화를 가져온다는 것을 보여준다. 피카소 자신도 말년에 칸에서 목신牧神을 닮은 생물이 뿔장식을 달고 턱수염을 기른 두부頭部의 옆에서 하늘을 향해 피리를 불며 고대의 영을 깨우는 것과 같은 스케치를 완성한 후에 "참 이상한 일이야. 파리에서 나는 이런 목신이나 켄타우로스와 같은 신화 속의 인물을 절대로 그리질 않아. 그들은 언제나 이 근처에 살고 있는 것 같은 생각이 든단 말이야"라고 말한 적이 있다. 그래서 그가 지중해 연안을 즐겨 찾았는지도 모른다.

피카소의 예리한 감수성에 포착된 지중해 연안 각 지역의 풍광과 문화가 그의 작품 세계에 투영되어 나타난다. 즉 피카소의 예술 세계에는 지중해의 풍광과 문화가 살아 숨쉰다.

「아비뇽의 아가씨들」에 나타난 복합 문화

피카소가 1907년 여름에 완성한 작품 「아비뇽의 아가씨들」은 미술사적으로 획기적인 작품이자 '최초의 진정한 20세기 회화'로 일컬어진다. 앙드레 브르통은 이 작품이 입체주의의 기원이 되는 작품이며 앞으로도

「아비뇽의 아가씨들」. 미술사가들은 이 작품을 모든 현대 예술의 출발점으로 평가한다. 최초로 사실적인 모습과 단절하고 새로운 회화 세계를 창조한 작품이기 때문이다. 피카소는 수많은 소묘를 거쳐 작품의 구성을 연구하고 몇 달 동안 몰두하여 마침내 현대 예술의 걸작을 완성하였다.

계속 높이 평가될 작품임을 다음과 같이 강조했다.

"「아비뇽의 아가씨들」을 통해 우리는 완전하게 피카소의 실험적인 작품 세계로 들어갈 수 있습니다. 이 작품은 얽히고설킨 드라마이며, 피카소를 탄생시키고 그를 영원하게 만든 모든 고뇌의 본질과 맞닿아 있습니다. 저에게는 이 작품이 그림 이상의 무엇을 의미합니다. 이 작품은 50년 동안 일어난 모든 것을 총체적으로 보여주는 무대인 동시에 랭보·로트레아몽·자리·아폴리네르 등 우리가 숭배하는 모든 사람들에게로 다가가기 위해 반드시 통과해야 하는 관문이기도 합니다. 만약 이 작품이 사라진다면, 우리가 간직하고 있는 소중한 것들의 대부분도 사라지는 것입니다."

이 작품의 가치를 매우 적절하게 표현한 말이다. 이 그림에는 고솔의 하늘을 생각나게 하는 한없이 깊고 푸른 커튼을 배경으로 그 앞에 다섯 명의 나체 여인의 색조가 싱싱하게 빛나고 있다. 왼쪽 여인은 나머지 네 명의 자태를 보려고 하는 듯 적갈색의 커튼을 밀어젖히고 있다. 그 자태와 엄숙한 표정의 옆얼굴은 이집트식이다. 중앙에 있는 두 여인은 부드러운 핑크색의 살결이 푸른 커튼에 반사되어 중세 카탈루냐의 프레스코화 같은 느낌을 갖게 한다. 이들 세 여인은 움직임이 없다. 안정되어 있으며 차분하다. 그러나 상하로 겹쳐진 오른쪽 한 쌍의 여인들은 대조적이다. 두 사람의 얼굴은 매우 그로테스크하게 왜곡되어 있으며 마치 다른 세계에서 강제로 데려온 듯하다. 위의 여인은 벽의 감실龕室에 안치된 조각상처럼 커튼 사이에 틀어박혀 있으며, 쪼그리고 앉아 있는 아래 여인은 통으로 구운 새끼 돼지처럼 팽창되어 있고 상반신을 180도로 틀어 앞을 보고 있다.

이 그림이 20세기 최초의 회화로 일컬어지는 이유는 이것이 500년 전 르네상스 시기에 확립된 관습을 깨뜨렸기 때문이다. 현대 미술은 틀에 박힌 생각을 깨는 것과 새로움을 창조하는 것에서 시작했다. 예술가들은 여러 시대 동안 캔버스나 패널 같은 평면 위에 어떻게 3차원적 세계를 재현할 수 있을까 고민해왔다. 15세기 이후부터는 그림에 깊이감을 더하기 위해 앞에 있는 것은 크게 그리고 먼 곳에 있는 것은 작게 그리는 원근법을 따랐다. 그러나 「아비뇽의 아가씨들」은 음영과 원근법 따위의 양감量感 표현을 위한 전통적인 기법을 완전히 파괴했다. 원근법은 이미 19세기부터 인상주의 화가와 특히 세잔의 그림에서 많이 흔들리기 시작했다. 그러다가 이제 피카소에 의해 '박살'이 난 것이다. 이 그림에서 벌거벗은 아가씨들의 배경은 마치 산산 조각난 유리처럼 보인다. 피카소는 이 조각난 배경을 납작한 평면으로 처리했다. 원근법은 하나의 고정된 시점을 잡아 사물을 재배치하는 방법인데 피카소는 인물을 한 가지 시점으로만 보지 않았다. 이 그림에는 앞에서 본 형태와 옆에서 본 형태, 뒤에서 본 형태 등이 섞여 나타난다. 그래서 제일 왼쪽에 위치한 여인에게서 볼 수 있듯이 옆으로 돌린 얼굴에 정면을 보는 눈을 그렸다. 마찬가지로 맨 오른쪽에 앉아 있는 여인은 등과 배가 붙어 있다. 이 여인의 다리와 가랑이를 보면 앞을 보고 있는지 비스듬히 앉아 있는지 종잡을 수가 없다.

자세히 들여다보면 이 그림에는 다양한 문화가 복합되어 있음을 알 수 있다. 첫째는 에스파냐 문화와 풍광의 영향이다. 20세기 초 입체주의와 피카소 예술의 산 증인이자, 탁월한 평론가인 거투르드 스타인은 피카소의 입체주의가 나타나는 사물을 타블로로 제작하려는 하나의 시도로 보았다. 그녀는 이것이 피카소의 탁월한 창조력에서 나온 것이긴 하지만 그 재료는 바로 에스파냐의 풍경과 일상생활임을 강조했다. 그녀는 그 근거로 먼저 '자연은 단지 타블로를 모방할 뿐'이라는 오스카 와일드의 말을 인용하면서 에스파냐의 시골 마을이 타블로이며 입체주의라는 주장을 했다. 그 예로 피카소가 1909년 에스파냐를 여행하며 입체주의의 시초가 된 풍경화들을 그려왔는데 그것들이 놀랍도록 사실적인 것이었음을 들고 있다. 다음으로 그녀는 에스파냐의 건축물에서도 입체주의를 발견할 수 있다고 했다. 이탈리아와 프랑스의 건축물은 늘 풍경이 이루는 선과 이어지는 데 반해 에스파냐의 건축물은 늘 선을 자른다는 것이다. 에스파냐에서는 인간이 하는 일이 풍경과 일치하지 않고 풍경에 맞선다. 이것이 에스파냐 입체주의와 프랑스 입체주의의 본질적인 차이를 이룬다. 그녀는 마지막으로 에스파냐 사람들이 과학의 진보나 사물의 리얼리티 앞에서 전혀 감정의 동요를 받지 않는 민족이라는 점을 들면서 입체주의를 예견한 인물이 에스파냐 사람이었다는 사실은 피할 수 없는 운명이라고까지 이야기했다. 사실 대부분의 경우 사람들은 모자나 옷, 빛이나 어둠에 가려 보이지 않는 부분은 그대로 둔 채 단지 눈에 보이는 인물의 일부만을 본 뒤 기억을 통해 전체의 모습을 보충하는 데 익숙하다. 사람들은 이렇듯 보이는 것을 보며 나머지 부분을 기억으로 재조립하지만 화가들은 절대로 기억으로 재조립하지 못한다. 그들은 오직 보이는 사물과 관계하기 때문이다. 그러나 피카소는 상상력을 동원하여 사물을 보았다.

이 그림에 영향을 미친 두 번째 요소는 고대 이베리아 원시 예술이다. 1906년 여름 고솔과 바르셀로나를 방문하기에 앞서 피카소는 파리에서 공개된 로마 시대 이전 고대 이베리아 조각을 감상한 적이 있다. 1903년 고향 말라가 근교의 오스나에서 발굴된 브론즈류가 루브르 미술관에 소장되어 있었고 「엘체 부인상」의 이름으로 알려진 다채색 흉상도 공개되었다. 이들 조각의 이색적인 양식과 세련에 대한 무관심, 거칠고 품위 없는 박력은 피카소 자신의 피 속에 흐르고 있는 민족적 동질성과 어우러져 당시 새로운 형태를 간절히 찾고 있던 그를 매료시키기에 충분했다. 「거트루드 스타인의 초상」과 굵은 윤곽의 커다란 눈을 한 몇 점의 두부頭部 그림에 조각적 형태가 선명하게 나타나는데, 이는 필시 이들 조각의 영향 때문일 것이다. 조용한 분위기와 고전적인 비율이 원초적인 생명력에 의해 뿌리째 흔들리고 있었으며 인체상에도 변화가 나타났다. 인체상은 일화逸話적인 표정이나 장식을 배제하고 중후하게 살이 붙여진 조각처럼 간결한 엄숙미를 지닌 것으로 표현했다. 그리고 1907년 3월 피카소는 벨기에인 제리 피에라한테서 고대 이베리아 조각품 두 점을 매입한 적이 있는데 「아비뇽의 아가씨들」 작품의 중앙에 등장하는 두 여인의 단순화된 윤곽선과 과장된 큰 귀 등은 아마도 이 조각품에서 힌트를 얻었을 것으로 보인다.

「거트루드 스타인의 초상」. 고솔에서 머물다 돌아온 피카소는 가기 전에 밀쳐두었던 이 그림을 순식간에 완성했다. 이 초상화를 본 거트루드 스타인은 '나의 여러 초상화 중 언제나 나의 모습으로 남아 있는 유일한 것'이라고 말했다.

이 그림에 영향을 준 세 번째 요소는 아프리카 원시 미술이다. 이베리아 반도에서 출토된 고대 조각품에 관심을 기울이던 중 피카소는 아프리카 원시 미술을 접하게 된다. 동료 화가 마티스가 아프리카 원시 미술에는 세련되지 못하고 조악해보이지만 원초적인 생명력이 넘치고, 문명에 때 묻지 않은 사물을 투시하는 본능적인 직관력이 있다며, 오세아니아와 아프리카, 아메리카 원주민 조각품이 대량으로 전시된 트로카데로 궁의 민속박물관을 소개했다. 피카소는 조명 시설이 나쁜 유리상자 속에 잡다하게 진열되어 있는 유물들 중 북아메리카와 아프리카 원시부족이 썼던 생활용구와 인물 조각상과 가면을 발견하곤 일순간 전율했다.

피카소는 이 날의 감격을 회상하며 나중에 "북아메리카 인디언들이 만든 가면과 인형, 먼지 쌓인 마네킹이 있는 무시무시한 박물관에 혼자 있던 바로 그 날 「아비뇽의 아가씨들」이 갑자기 떠올랐음에 틀림없다"고 말하기까지 했다.

아프리카인들은 이미 아름다움의 원형이 원과 직선에 의해 구성된다는 진리를 깨닫고 있었다. 가면은 단순한 기본형을 활달하게, 그리고 정확하게 구사함으로써 원초적인 강렬한 생명력을 뿜어낸다. 피카소는 이러한 원초적 생명력을 상상력과 아이디어를 동원해 자기 것으로 소화해냈다. 피카소가 언제나 아프리카의 가면과 색실로 짠 주단에 둘러싸여 작업을 했다는 얘기로 보아 그가 이를 통해 모종의 영감을 얻어내고자 얼마나 노력했는가를 알 수 있다. 「아비뇽의 아가씨들」에 전통적인 균형미가 가장 많이 파괴된 얼굴이 등장하는데, 이를 두고 매독으로 기형이 된 얼굴을 표현한 콩고의 어느 가면을 똑같이 그려낸 것이라는 주장도 있다.

최근 피카소의 서류철 사이에 감추어져 있던 우편엽서들이 파리에서 발견되었다. 이 엽서들은 모두 식민지 사진작가인 에드몽 포르티에의 작품으로 서아프리카 여인의 가슴이 돋보인다. 이는 피카소가 원시인의 성적인 환상에 흥미를 가졌음을 보여준다. 이 우편엽서들에서 보이는 포장된 이국 취향과 모델들의 '예술적인' 자세는 피카소가 트로카데로 박물관의 부족 가면을 보고 아프리카 미술에서 받은 자극만큼이나 중요하다.

또한 「아비뇽의 아가씨들」에서 적갈색 커튼을 젖히고 있는 왼쪽 여인은 코트디부아르 부족 가면에서 볼 수 있는 양식을 반영하고 있다. 이 여인은 고대 이집트 벽화의 인물상처럼 얼굴은 측면인데 눈은 정면을 보고 있는 사시斜視로 그려져 있다. 그림의 오른쪽에는 두 명의 '아프리카 여인'이 등장하는데 손바닥을 밖으로 돌리듯이 대고 있으면서 쪼그리고 앉아 있는 여인의 머리가 그 뒤에 서 있는 여인의 가랑이 사이에 접목되어 있다. 이러한 병치는 얼굴을 둔부로, 입을 항문이나 질로 만든다.

이 작품에서 마치 블랙홀 같은 상상에 빠져들게 하는 부분이 있다면 오른쪽에 서 있는 여인의 마름모꼴 가슴일 것이다. 이 가슴의 불합리한 명암, 인접하고 있는 겨드랑이, 거의 같은 비율로 그 아래에 나타나는 똑같은 마름모꼴 등이 어우러져 원래 나타내고자 한 것을 어그러뜨려 놓는다. 이는 분열, 즉 정립된 재현 원칙의 혼란을 뜻한다. 「아비뇽의 아가씨들」은 이렇게 기존의 모든 미술 관례를 깨뜨려버렸다.

피카소는 이렇듯 이목구비의 고전적인 비례와 명암을 파괴하고 새로운 형태의 인물을 화면에 등장시킴으로써 입체주의의 서막을 열었다. 아프리카 원시가면이 보여준 강렬한 표현이 '왜곡'을 거쳐 조각적 형태의 새로운 표현 양식으로 등장하게 된 것이다. 이 그림은 인상주의와 후기인상주의, 야수주의에선 시도해본 적이 없는 전혀 새로운 양식을 선보였다. 피카소는 당시 아프리카 원시 미술에 열광했던 일부 화가들과 달리 야생의 생명력 넘치는 세계를 받아들였다. 어느 누구도 찬사만 보냈을 뿐 이 생명력을 작품에 반영하지 못하고 있을 때 피카소는 남보다 한발 앞서 이를 소화해냈다. 여기에 피카소의 천재적인 능력이 있는 것이다.

피카소는 고갱과 마티스, 모딜리아니와 마찬가지로 아프리카와 오세아니아, 아시아의 오래된 예술품에서 영감을 얻었는데 이것은 20세기 예술가들에겐 커다란 계시와도 같았다. 현대 예술은 이러한 교류를 통해서 생겨난 것이며 「아비뇽의 아가씨들」은 이를 잘 드러내준다.

화가, 문인들과 교류를 나누다

피카소가 이베리아 부족의 예술과 아프리카 원시 예술, 아프리카 여인들의 사진 같은 자료에서만이 아니라 엘 그레코와 고야는 물론, 세잔 · 들라크루아 · 앵그르 · 툴루즈 로트레크 · 반 고흐 · 고갱 · 쇠라 · 르누아르 · 드가 · 마네 같은 화가들의 작품 구도에서도 정서적인 감응을 받기도 했다는 사실을 주목해야 한다.

피카소는 특히 엘 그레코의 그림에 깊은 영향을 받았다. 소년 시절 마드리드 프라도 미술관에 소장된 엘 그레코의 그림을 마음껏 감상한 뒤 그의 그림에는 사실주의 경향이 사라지고 엘 그레코의 그림처럼 인간의 몸과 얼굴이 길게 늘어나면서 우수에 찬 듯하면서도 고요해보이는 인물이 등장한다. 엘 그레코의 영향이 가장 뚜렷하게 나타난 그림은 「카사헤마스의 매장」이다. 피카소는 엘 그레코가 그린 「오르가스 백작의 매장」에서 주제뿐만 아니라 그림을 두 부분으로 나누는 구성법과 길게 늘인 인체, 색채를 칠하는 방식까지 빌려왔다.

한편, 피카소가 파리의 현란하고 야한 밤의 세계와 그 이면에 도사린 가난 · 질병 · 슬픔 · 죽음을 날카롭게 주시하며 카페나 카바레의 풍경, 막노동꾼 · 주정꾼 · 건달 · 허풍쟁이 · 거드름쟁이 · 노숙자 · 무희 · 창녀 · 거지 · 병자 · 장애인 · 임산부 · 노인과 순진무구한 어린아이 등을 스케치했는데 이는 인간의 추악한 양태를 낱낱이 해부한 고야의 「로스 카프리초스」를 연상하게 해준다.

피카소의 「아비뇽의 아가씨들」에 큰 영향을 미친 것은 뭐니뭐니 해도 세잔이다. 피카소 연구가들은 이 그림의 착상을 세잔의 「목욕하는 다섯 여자」에서 따온 듯하다고 말한다. 세잔이 시도한 '공간의 파괴'와 '흐리게 지우기' 기법이 피카소에게 큰 감동을 주었을 것이다. 또한 세잔의 「성 앙투안의 유혹」에 등장하는 양팔과 옷 끝을 쳐들고 있는 나체 여인도 피카소에게 어떤 암시를 주었음이 분명하다. 그러나 세잔이 피카소에게 미친 가장 큰 영향은 사물을 바라보는 새로운 관점이었다. 그는 자연풍경을 주의 깊게 관찰하여 집이나 나무, 산 등에서 기하학적 형태 등을 찾아냈지만 그것들을 반드시 하나의 시점에서만 보지 않았다. 그리고 세잔은 이미 전통적 원근법으로는 사물이 지닌 특징을 제대로 파악

「목욕하는 다섯 여자」. 많은 피카소 연구가들은 「아비뇽의 아가씨」들의 착상을 세잔의 이 작품에서 따온 듯하다고 말한다.

할 수 없음을 깨닫고 눈높이를 한 곳에 고정시키지 않고 다양하게 이동하면서 그림을 그렸다. 피카소는 세잔의 이런 가르침을 「아비뇽의 아가씨들」에서 한층 더 발전시켰다.

르누아르는 피카소가 20세기 아방가르드 미술의 지평을 넓히는 문제에 대한 해답을 준 화가다. 피카소는 로젠버그 화랑에 있던 르누아르의 거대한 후기 작품들을 접할 기회가 많았다. 그 중의 한 작품인 「유리디스」는 반라의 여인이 자연을 배경으로 앉아 있는 모습을 그린 작품이다. 몸에 천조각을 두르고 앉아 있는 여인의 포즈는 그녀의 근원이 고대 그리스라는 뉘앙스를 풍기지만, 말아서 올린 머리 모양과 발그스름하게 볼연지를 바른 얼굴은 그녀가 고대 여성이 아니라 동시대 여성이라는 사실을 말해준다. 피카소는 훗날 이 작품을 구입해 세상을 떠날 때까지 간직할 만큼 소중하게 여겼다. 피카소가 1920년대에 시작했던 신고전주의 작품들의 출발점은 르누아르가 인상주의와 고전주의를 결합시켜 유토피아적인 과거를 재창조하려고 했던 작품들이었다. 그 예로 피카소의 1921년 작 「발을 닦고 있는 나부」라는 작품은 르누아르의 「유리디스」와 놀라울 정도로 비슷하다. 앉아 있는 방향이 반대일 뿐, 두 여인은 몸에 천조각을 두르고 비슷한 포즈로 앉아 있고, 작품 속의 여인들이 절대적인 균형미를 추구했던 그리스 여인의 조각들과는 상당히 거리가 멀다. 뿐만 아니라 두 여인 모두 지중해적인 전원 풍경을 배경으로 앉아 있다.

피카소는 또한 페르낭드 이후의 여인들뿐만 아니라 오랜 작품 활동을 하면서 가깝게 지낸 수많은 사람들에게서도 영감을 얻었다. 자신의 영감의 원천이 친구들과 사랑하는 사람들이라고 말하기도 했던 그는 주변 사람들에게서 본 것, 생각한 것, 느낀 것을 초상화에 표현했으며 항상 자기 옆에 있는 사람들과 사물들을 그렸다.

피카소는 파리에 정착한 날부터 생애 마지막 날까지 20세기의 가장 위대한 작가들, 즉 막스 자코브 · 기욤 아폴리네르 · 장 콕토 · 폴 엘뤼아르 · 앙드레 브르통 등과 끊임없이 깊은 우정을 나누었고, 이들과 지적 교류를 하면서 예술적 깊이를 더하고 영감을 얻었다.

피카소가 교유한 사람들은 이 밖에도 입체주의를 함께 연 브라크, 초현실주의 화가 겸 비평가인 루이 아라공, 피카소 그림의 열렬한 옹호자였던 미술비평가 겸 시인인 피에르 르베르디와 제르보스, 미셸 레리스, 작가 앙드레 말로, 음악가 에릭 사티, 스트라빈스키, 바르셀로나 시절에 만난 하이메 사바르테스, 화가 마티스, 후안 그리스, 모딜리아니, 앙드레 드랭, 루소, 레제, 수틴, 피카소의 후원자가 된 미국인 수집가 리오 스타인 · 거트루드 스타인 남매와 볼라르, 독일인 수집가 칸바일러, 우데 등이 있다.

피카소의 여자 관계는 특히 그의 작품 세계를 이해하기 위해 지나칠 수 없는 중요한 요소다. 왜냐면 새로운 여자들을 만날 때마다 그의 생활 태도와 그림이 바뀌었기 때문이다. "나는 다른 이들이 자서전을 쓰듯이 그림을 그린다. 나의 그림은 내 일기장과 같다"고 한 피카소의 말마따나 피카소의 작품과 삶은 분리해서 생각할 수 없다.

지중해 영감의 대표 화가, 피카소

피카소는 지중해의 영감을 받은 대표적인 인물이자, 지중해의 영감을 유감없이 표현해낸 20세기 최고의 천재 화가였다. 그의 의식의 저변에는 에스파냐의 민속과 풍광이 짙게 깔려 있고 우리는 이것이 그의 작품들 속에 다양한 형태로 표현되어 있음을 발견할 수 있다.

뿐만 아니라 그의 작품 세계에는 또한 다양한 문화가 복합적으로 나타난다. 고대 이베리아의 원시예술과 아프리카의 문화, 에스파냐의 현대문화가 예술가의 손길을 거쳐 창조적인 형태로 공존한다. 지중해의 복합문화가 피카소의 상상력을 자극하여 20세기 미술의 새로운 지평을 연 것이다. 물론 피카소가 만난 다양한 화가들과 문인들의 역할도 빼놓을 수 없다.

황보영조 서울대학교 서양사학과에서 학사와 석사학위를 받고 박사과정을 수료한 뒤 에스파냐 마드리드 콤플루텐세 대학교에서 「스페인 제2공화국 토지개혁을 둘러싼 각 정당과 사회단체」라는 제목의 논문으로 박사학위를 받았다. 현재 경북대학교 사학과 교수로 재직 중이며, 에스파냐 근현대사, 특히 에스파냐 내전과 프랑코 체제 연구에 몰두하고 있다. 주요 논문으로 「스페인 왕정복고기 통치엘리트의 민주화 시도와 한계」「스페인 내전 연구의 흐름과 전망」「스페인 내전의 전쟁 이념 분석」 등이 있으며 『히스패닉 세계』(공역) 『대중의 반역』을 번역하였고, 공저로 『대중독재』 『대중독재의 영웅 만들기』 등이 있다.

카뮈의 어둠, 그 삶과 창작에서 배어나오는 부조리의 어둠은 지중해 태양의 그림자였다. 태양은 강렬한 만큼 그림자도 진하다. 카뮈는 태양을 사랑했지만, 그것은 빛과 어둠의 근원이었다. 빛만이 아니라 어둠도 구원의 계기로 끌어안는 카뮈의 타고난 감각은 지중해의 오래된 흔적일 것이다. 이 흔적은 삶과 행복인 동시에 죽음과 불행으로 이루어지지만, 언제나 현재진행형으로 우리 곁에 있어왔다. 그래서 지중해는 과거나 미래가 아닌 현재의 모습으로 언제나 고스란히 자신을 드러낸다.

태양과 바다, 빛과 어둠의 이중주

카뮈의 지중해

알베르 카뮈는 1960년 1월 4일 마흔일곱의 한창 나이에 불의의 교통사고로 타계했다. 사람들은 입을 모아 '부조리한 죽음'이라고 탄식했다. 『시지프의 신화』에서 "부조리한 인간에게 때 이른 죽음은 돌이킬 수 없는 것"이라고 한탄했던 그가 바로 부조리한 죽음의 장본인이 된 것이다. 부조리를 완성한 죽음이었는지 혹은 부조리의 화신化身을 탄생시킨 죽음이었는지 모르지만, 오늘날까지도 카뮈가 부조리 작가로 널리 알려져 있는 것은 사실이고, 부조리는 분명 그의 첫 번째 화두였다.

이 부조리를 화두로 삼고 있는 작품들이 『이인』과 『시지프의 신화』를 비롯한 초기 작품들이다. 카뮈는 이 시기의 작품들을 묶어 '부조리기'로 분류하면서, 『페스트』와 『반항인』으로 대표되는 '반항기'와 구분하고 있다.

이 글에서 '부조리기'에 속한 초기 작품들에 관심을 두는 것은 이 시기의 작품들에서 카뮈와 지중해의 만남이 가장 밀도 있게 이루어지고 있기 때문이다. 그가 1943년 파리에 정착하기 이전인 지중해 시절에 발표된 이 작품들은 지중해인 카뮈의 감각과 감수성을 가장 잘 드러내주고 있는 작품들이기도 하다. 이 중에서도 특히 『안과 겉』과 『결혼』은 지중해를 배경과 주제로 삼고 있을 뿐만 아니라 지중해적 영감의 산물이라는 점에서 집중적인 조명의 대상이 될 만하다.

카뮈는 자신의 문학적 출발점인 지중해 시절을 뒤돌아보면서, "가난은 내게 결코 불행이 아니었다. 빛이 풍성하게 넘쳐흐르고 있었다"라고 고백한 바 있다. 이 고백에서도 짐작할 수 있듯이, '가난'과 '빛'은 카뮈의 지중해 시절을 상징하는 열쇠말이다. 이 두 낱말은 작가의 어린 시절을 묘사하는 단순한 수사학적인 언어가 아니라, 그의 사고 체계와 정신세계의 단면을 표상하는 존재론적이고 형이상학적 언어라고 할 수 있다. 다시 말해서, 카뮈에게 '가난'은 실존의 어려운 상황을 기술하는 데 그치지 않고 존재와 세계의 어둠을 상징하는 언어이고, 마찬가지로 '빛'도 지중해의 찬란한 태양을 지칭하는 데 그치지 않고 삶의 희망과 열정을 안겨주는 영적인 힘을 상징한다.

달리 표현하자면, 카뮈 세계에서 가난과 빛의 만남은 디오니소스와 아폴로의 만남을 함의하고 있다. 니체가 『비극의 탄생』에서 '아폴로적인 것'과 '디오니소스적인 것'의 만남이 예술의 발전을 이끌어왔다고 지적했듯이, 카뮈는 지중해의 빛과 어둠의 만남에서 창조적 상상력의 샘을 찾아냈던 것이었다. 작가 로제 그르니에는 카뮈의 삶과 작품을 해설한 책을 내면서 『알베르 카뮈, 빛과 어둠』이라는 제목을 달았다. 아마도 카뮈에 관한 책의 경우, 이보다 더 적절한 제목을 찾아내기도 그리 쉽지 않을 것이다. 빛과 어둠의 이중주. 이것이 바로 작가 카뮈가 창조한, 화려하면서도 단조로운 세계이다.

가난과 어둠의 아들, 카뮈

카뮈는 1913년 11월 7일 알제리에서 가난한 가정의 둘째 아들로 태어났다. 그가 태어난 지 몇 달 만에 제1차 세계대전이 일어났고, 전쟁터에 나간 아버지는 마른느 전투에서 총상을 입고 병원으로 후송되었으나 곧 사망했다. 카뮈의 어머니는 문맹에다 청각장애인이었고 거의 말이 없는 조용한 여인이었다. 남편이 전사하자, 아무런 재산도 없던 그녀는 두 아

카뮈가 어린 시절을 보낸 알제. 알제리의 가난한 집 둘째아들로 태어난 카뮈는 아버지가 제1차 세계대전의 전쟁터에서 세상을 떠나자 어머니와 함께 알제의 달동네 외가에 얹혀 살면서 어린 시절을 보내야 했다.

들과 함께 알제리의 수도인 알제의 달동네에 사는 친정어머니의 집에 얹혀 살 수밖에 없었다. 그녀는 공장의 허드레 일꾼으로 혹은 가정부로 일하면서 생계를 꾸려나가야만 했다. 그런 어머니가 카뮈에게 베풀어줄 수 있는 것은 지독한 가난뿐이었다. 그렇게 소년 카뮈는 알제의 대표적인 빈민가 벨쿠르에 사는 '어둠의 자식들' 중 한 명으로 자라났다. 게다가 열일곱 살 되던 해, 그는 폐결핵에 걸렸고, 당시만 해도 치명적인 병이던 폐결핵은 그에게 죽음의 공포와 사투를 벌이도록 했다. 이때 그는 삶의 모든 신맛을 맛보아야 했고, 존재와 세계의 어두운 이면을 엿보게 되었다.

그러나 실존의 고통은 그에게 상처를 안겨주기보다는 '최초의 인간'으로 다시 태어날 수 있는 생명력을 길러주었다. 그가 빈곤의 밑바닥으로부터 채취해낸 것은, 무릇 빈자들이 가질 수 있는 탐욕이나 원망의 감정이 아니라, 금욕과 청빈, 초연超然과 무심無心의 정신이었다. 일상화된 빈곤을 외면하는 것이 아니라 그 빈곤의 이끼마저 '지상의 양식'으로

카뮈의 어머니. 문맹에 청각장애인이었던, 말이 거의 없는 조용한 여인이었던 카뮈의 어머니는 공장의 허드레 일꾼으로, 혹은 가정부로 일하면서 생계를 꾸려가야 했다. 그녀가 카뮈에게 줄 수 있는 것은 지독한 가난밖에 없었다.

삶을 수 있는 단순함과 순수함이 그에게 한발 비켜서서 삶을 관조할 수 있는 눈을 뜨게 해주었다. 그가 스물셋의 어린 나이에도 "삶의 절망없이는 삶의 사랑도 없다"라거나 "신고辛苦를 지니고 있지 않은 진리란 없다"라고 말할 수 있었던 것은 결코 우연의 산물이나 사변의 유희가 아니었다. 어둠이 있기에 빛이 빛나고 빛은 어둠을 몰아낸다는 단순한 진리를 카뮈는 실존을 통해서 체득할 수 있었던 것이다. 그러기에 그의 담백하고 꾸밈없는 언어가 허공에 맴돌지 않고 독자의 가슴속으로 파고드는 것일지도 모른다.

문학을 접하다, 빈곤의 복음을 발견하다

카뮈가 문학에 입문하게 된 것은 열여섯 살 무렵이었다. 그에게는 정육점을 경영하는 귀스타브 아코라는 외삼촌이 있었는데 아주 특이한 인물이었다. 그는 지독한 독서광이었고 아나톨 프랑스를 숭배하는 무정부주의자였고, 친구들과 카페에서 이념 논쟁에 몰두하는 일요일의 사상가이기도 했다. 어느 날 외삼촌은 조카에게 책 한 권을 내밀었다. 앙드레 지드의 『지상의 양식』이었다. 알제의 바닷가에서 친구들과 놀거나 축구에 미쳐 있던 소년은 스스로의 표현에 의하면 이 책에서 "빈곤의 복음"을 발견했다. 그리고 이듬해, 그가 다니던 고등학교의 철학교사로 부임한 장 그르니에는 제자에게 앙드레 드 리쇼의 소설 『고통』을 내밀었다. 가난과 아름다운 밤하늘, 그리고 무엇보다도 한 어머니에 대해 이야기하는 이 소설은 또 하나의 발견이자 충격이었다. 왜냐하면 이 작품은 그가 너무나 잘 알고 있는 빈곤의 세계를 그리고 있었고, 자기에게도 글로 쓸거리가 있다는 생각을 불어넣어주었기 때문이었다.

이 무렵 카뮈는 또 한 명의 작가를 발견했는데, 그가 "빈곤의 시인"이라 명명한 장 뢰튀스였다. 무명 시인에 불과한 장 뢰튀스가 그의 관심을 끈 것은 이 시인이 『빈자의 독백』이라는 시집에서 한 빈자의 일상을 투박하면서도 생생한 언어로 거침없이 토로해내고 있기 때문이었다. 그리고 장 그르니에의 『섬』은 카뮈에게 글쓰기 예술이 무엇인지를 결정적으로 깨우쳐준 작품이었다. 공허와 무관심 그리고 세계의 허무를 서정적인 언어로 그려내고 있는 『섬』을 읽고 나서, 카뮈는 마침내 작가가 되기로 결심하였다. 훗날 카뮈 자신이 고백했듯이, 『지상의 양식』과 『섬』은 그로 하여금 문학에 눈을 뜨게 해준 작품이었다. "무지한 미개인"에 불과했던 청년 카뮈에게 앙드레 지드는 "예술가의 모델"이었고, 장 그르니에는 "예술의 정원으로 인도해준 안내자"였다.

카뮈의 스승 장 그르니에. 카뮈가 다니던 고등학교 철학교사였던 장 그르니에가 건네준 한 권의 소설은 카뮈에게 발견이자 충격이었고 자신에게도 글로 쓸 무언가가 있다는 것을 깨닫게 해주었다.

빈곤과 태양의 중도中途에서

작가가 되고자 마음먹은 카뮈는 1935년 5월부터 '작가 수첩'에 사고의 단편들을 기록하기 시작했다. 이 수첩의 첫 페이지에는 다음과 같은 메모가 적혀 있다.

작품은 고백이다. 나를 증언해야 한다. 삶의 진정한 의미로 보이는 것을 가장 확실하게 접촉한 것은 이 가난한 삶과 이 미천한 사람들 사이에서였다.

카뮈가 언급한 '가난한 삶'과 '미천한 사람들'을 그리고 있는 책이 바로 『안과 겉』이다.

카뮈. 지중해 지역에서 가난한 어린 시절을 보내야 했던 카뮈에게 가난의 어둠과 지중해의 빛은 창조적 상상력의 샘이 되었다. 빛과 어둠. 이보다 더 적확하게 카뮈를 표현할 수 있는 말을 찾기란 쉬운 일이 아니다.

　이 책의 첫 번째 산문인 「아이러니」는 외로움에 버려진 여인, 주위로 부터 외면당하는 노인, 병에 걸려 죽어가는 할머니 등 소외당한 세 인물 들에 관한 이야기이다. 두 번째 글인 「예와 아니오 사이」는 "이상한 어 머니의 무관심"과 "동물적인 침묵" 앞에서 낯섦과 외로움을 느끼는 아 이의 괴로운 심정을 감동적인 언어로 그리고 있는데, 이 작품은 작가 자 신의 이야기를 형상화한 것이기도 하다. 세 번째 산문인 「눈물을 머금고」 는 카뮈가 암울한 도시 프라하에서 지중해의 태양을 그리워하며 '어쩔 수 없이' 외로움과 죽음의 맛을 느꼈던 여행기이다. 그리고 네 번째 「삶 의 사랑」에서는 에스파냐의 도시 팔마의 한 카페에서 마주친 '비곗덩어 리' 무희의 천박함을 보면서 자신의 삶을 뒤돌아보는 내용이다. 마지막 으로 「안과 겉」은 자신이 묻힐 무덤을 사놓고 그 무덤에 병적으로 집착하 는 늙은 여인의 이야기이다. 이와 같이 『안과 겉』의 등장인물들은 하나같이 어두운 삶을 살아가는 주변인이거나 미천한 사람들이고, 전체적인 분위기 역시 상실과 소외, 고독과 고통에 젖어 있다.

산문집 『안과 겉』은 1937년에 알제의 샤를로 출판사에서 펴낸 카뮈의 첫 번째 작품이다. 소위 '데뷔' 작인 셈이다. 그런데 초판이 출간된 뒤 20년이 지난 1958년 갈리마르 출판사에서 재판이 나올 때까지 일반 독자들은 이 책을 손쉽게 접할 수 없었다. 작가 자신이 재판 발간을 몹시 꺼렸기 때문이다. 그 이유는 단순했다. "서툰" 글쓰기 때문이었다. 하지만 오늘날 이 처녀작은 카뮈의 세계를 이해하는 초석으로 인정받고 있고, 심지어 작가이자 언어철학자인 브리스 파랭은 이 작은 책 속에 카뮈의 가장 뛰어난 글쓰기가 담겨 있다고 주장하기까지 했다. 카뮈의 친구이자 열독자였던 브리스 파랭은 다른 어떤 글보다도 『안과 겉』의 풋내나는 산문들 속에 더욱더 "진정한 사랑"이 깃들어 있다고 생각하기 때문이었다. 아무튼 주위의 끈질긴 권유를 못 이긴 카뮈는 재판을 출간하기로 결심했고, 오랫동안 숙고하고 가다듬은 끝에 재판에 부칠 서문을 완성했다.

마치 자신의 속살을 드러내는 듯한 이 서문에서, "모든 예술가는 살아가는 동안 자신의 존재와 글에 양식을 대주는 유일한 샘을 폐부 깊숙한 곳에 간직하고 있다"고 지적하면서 카뮈는 다음과 같이 고백하고 있다.

나는 나의 샘이 『안과 겉』, 즉 내가 오랫동안 몸소 겪었던 이 가난과 빛의 세계에 있다는 것을 알고 있다.

작가의 말대로, '가난과 빛의 세계'를 그리고 있는 『안과 겉』은 카뮈 문학의 시원始原이다. 다시 말해서 카뮈에게 '가난과 빛의 세계'는 창조적 상상력의 마르지 않는 샘이다. 또한 『안과 겉』의 저자는 "천성적인 무관심을 교정하기 위해서 나는 빈곤과 태양의 중도中途에 있었다"라고도 했다. "빈곤과 태양의 중도에" 서서, 어둠에 휩쓸리지도 빛속으로 함몰되어 버리지도 않으려는 처절한 투쟁, 이것이 청년 카뮈의 실존이었다. 또한 『시지프의 신화』에서 "부조리란 나에게 있는 것도 세계에 있는 것도 아니라, 나와 세계의 중간에 있는 것이고, 현재로서는 나와 세계를 이어주는 유일한 끈이다"라고 한 말을 상기한다면, 카뮈의 실존 자체를 부조리라 지칭할 수도 있을 것이다. 그리고 이 실존의 모습에서 "행복한 시지프"를 상상할 수도 있을 것이다.

지중해를 예찬하는 태양의 아우

앞에서도 이미 인용한 바 있지만 카뮈는 "가난은 내게 결코 불행이 아니었다. 빛이 너무나 풍성하게 넘쳐흐르고 있었다"라고 했다. 아마도 빛의 미덕을 이보다 더 찬양한 이도 그리 쉽게 찾지 못할 것이다. 지중해의 작열하는 태양과 푸른 바다. '어둠의 자식'인 카뮈에게 태양과 바다는 "자연이 준 최고의 선물"이었다. 이 "풍성한 자연의 재산들" 덕분에 그는 어둠에 묻혀버리지 않고 빛을 볼 수 있었다. 프랑수아 부스케가 『지중해인 카뮈와 고대인 카뮈』라는 책에서 잘 지적했듯이, 카뮈는 본능적으로 태양과 바다를 한없이 사랑한 지중해인ㅅ이었다. 이런 점에서 그는 『이인』의 뫼르소를 닮았다고 할 수 있다. 뫼르소처럼 지중해의 자연을 향유할 수 있는 타고난 감각과 감수성을 가지고 있었다. 카뮈의 지중해 예찬은 다음의 인용문에서도 진솔하게 드러난다.

> 내 어린 시절을 지배했던 태양의 찬란한 열기는 나에게서 모든 원망의 감정을 앗아갔다. 나는 물질적인 빈곤 속에서 살았지만, 또한 일종의 쾌락 속에서도 살고 있었다.

지중해의 풍성한 자연, 곧 태양과 바다는 빈곤의 아픔을 치유하고 영혼마저도 정화시키는 신비로운 힘이었고, 카뮈는 그 신비의 힘에 이끌

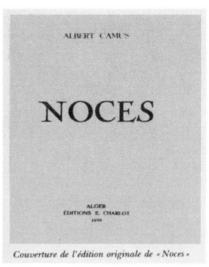

카뮈의 작품 『이인』(왼쪽)과 『결혼』(오른쪽)의 표지. 『이인』은 이야기 구성 자체의 열쇠가 태양과 바다이며 『결혼』은 '태양의 아우'인 카뮈의 감성과 정열을 있는 그대로 드러내는 작품이다.

리는 본능에 충실했다. 지중해 시인이라 불리는 폴 발레리 못지않게, 그는 태양과 바다를 온몸으로 느끼고 사랑했다. 스무 살의 청년 카뮈는 「지중해에 관한 시」라는 습작시에서 "해변의 묘지에는 영원만이 존재한다. (······) 빛이여! 빛이여! 인간이 완성되는 곳은 바로 그대의 품안이다"라고 발레리를 모방하면서 지중해의 태양을 예찬했다. 「해변의 묘지」의 시인이 정오의 태양을 절대자라고 했듯이, 카뮈의 태양도 절대적 존재였다. 카뮈 자신의 표현을 빌리자면, 그는 "태양을 사랑하는 동물"이었고, "태양과 바다에서 태어난 족속"이었다. 그래서 그의 어깨 동무였던 작가 엠마뉘엘 로블레스는 카뮈를 "태양의 아우"라고 부르기도 했다.

1939년에 출간된 두 번째 산문집 『결혼』은 '태양의 아우'의 감성과 정열을 있는 그대로 드러내는 작품이다. 『안과 겉』이 어둠의 세계를 그리고 있다면, 『결혼』은 빛의 세계를 형상화하고 있다. 또한, 전자가 투박하고 사변적인 언어로 쓰였다고 한다면, 후자는 작가의 서정성이 가장 돋보이는 관능적이고 육감적인 시어詩語들로 채워져 있다. 『결혼』에는 네 편의 산문 「티파사의 결혼」「제밀라의 바람」「알제의 여름」「사막」이 실려 있는데, 모두 지중해의 화려한 빛과 푸른 바다를 노래하고 있다. 한마디로, 태양과 바다의 찬가라고 할 수 있다.

"자연과 바다의 그지없는 방탕"이 눈부시게 펼쳐지는 티파사에서는 "태양이 없다면 입맞춤도 야생의 그윽한 향기들도 모두 무의미하게 보인다." 몸을 달구는 태양 아래 서서, 하늘에서 내려오는 찬란한 빛과 새하얀 이를 드러내고 웃는 바다의 미소를 물끄러미 응시하다 보면, "세계와의 결혼식 날에 맛보는 행복한 피로"에 잠기기도 한다. "태양의 심벌즈" 소리에 눈을 뜨면, "하늘에서 바다로 내려오는 기이한 기쁨"이 스며들고, "절제 없이 사랑할 권리"와 "행복해야 할 의무"가 있음을 깨닫게 된다. 그러니, "행복하다고 해서 부끄러울 게 없다." 어느 순간엔가는 태양 때문에 들판이 온통 까맣게 되어버린다. 야생초들의 강렬한 향기와 풀벌레들의 합창에 취한 몸은 "채워진 사랑으로부터 빚어진 내면의 침묵"을 음미한다. 열기로 가득한 하늘을 향해 가슴이 열리고, 태양 아래 크나큰 행복이 노닌다. 그리고 벌거벗은 채 바다 속으로 뛰어들기만 하면 세계와 하나가 된다. 몸에 그득히 배어 있는 땅의 냄새를 바닷물이 씻어내고, 싱그러운 살 위에선 땅과 바다의 입맞춤이 이루어진다.

제밀라에서는 "빛과 폐허를 뒤섞는 바람과 태양이 대혼란"을 벌인다. "이 태양과 바람의 격렬한 멱감기"에 "나를 망각해버린 나"는 나 자신으로부터 떨어져나와 세계의 일원이 된다.

모든 길이 바다로 나 있고 태양의 너그러운 축복에 젖어 있는 알제는 자연의 선물이 넘쳐흐르는 도시이다. 여름 날 지중해의 해변으로 달려가는 알제의 젊은이들은 "델로스 신전에 있는 육상선수들의 멋진 몸짓"을 연상케 한다. 몸과 더불어 몸으로 살다보니, 몸에도 "뉘앙스와 삶"이 있고, 또한 "몸의 고유한 심리"가 있음을 깨닫는다. 햇볕에 그을린 피부색의 변화가 아름다움을 연출한다. 순수하다는 것도 "혈관의 박동이 오후 두 시의 태양의 격렬한 박동과 합일하는" 것을 의미한다. 이렇듯 알제 사람들은 "정신에는 무관심한 반면에 몸을 숭배하고 예찬한다." 하지만 "몸은 희망을 모른다." 몸은 오로지 현재밖에 알지 못하기 때문이다. "지고의 도취에 이르면 몸은 의식을 갖게 되고 검은 피로 상징되는 거룩한 신비와의 영성체 의식을 올린다." 이러한 몸의 신비와 심리를 가장 잘 표현한 예가 피에로 델라 프란체스카와 지오토를 비롯한 이탈리아의 화가들이다. 그들은 "몸의 소설가들"이다. 자연의 결혼, 태양과 바다의 결혼, 하늘과 대지의 포옹, 아폴로와 디오니소스의 만남을 축복하는 노래들이 『결혼』의 산문들이다.

태양의 어두운 얼굴

바다와 태양에 대한 숭배는 『결혼』에서뿐만 아니라 희곡 『오해』에서도 나타난다.

시골에 사는 여주인공 마르타는 오로지 태양과 바다만을 꿈꾸며 살아간다. 그녀에게 태양과 바다는 곧 진정한 삶을 의미한다. 그녀는 꿈을 실현하기 위해 급기야는 살인을 저지른다. 어릴 적 집을 떠나 많은 돈을 모은 후 20여 년 만에 돌아온 오라버니를 알아보지 못하고 살해한다. 다음 날 아침 자신이 죽인 사람이 자기 오라비라는 사실을 알게 된 그녀는 결국 자살하고 만다. 이처럼 『결혼』에서와는 달리 『오해』의 태양과 바다는 삶과 행복에의 초대가 아니라 죽음과 불행을 부르는 운명의 여신으로 등장한다. 이것은 『행복한 죽음』의 뫼르소와 『페스트』의 타루가 바다에서 수영을 한 직후 죽음을 맞이하게 되는 것과도 연관지을 수 있다. 카뮈는 "태양에도 어두운 얼굴이 있다"라고 했다.

그러나 다른 어느 작품들에서보다도 태양과 바다가 이야기 구성 자체의 열쇠가 되는 것은 역시 『이인』에서이다. 어머니의 장례식 날, 뫼르소

『오해』 시연 때의 카뮈와 마리아 카자레스. 『오해』 역시 바다와 태양을 숭배한 작품이기는 하지만 『오해』의 태양과 바다는 삶과 행복에의 초대가 아닌 죽음과 불행을 부르는 운명의 여신으로 등장한다.

의 모든 감각은 슬픔을 느끼고 표현하는 것이 아니라, 내리쬐는 태양의 눈부신 햇살과 소금기 머금은 바다 냄새를 맡는 데로 쏠린다. 장례식 다음 날, 그는 작열하는 태양 아래 바다 속에서 마리를 만나고, 이 만남은 그의 비극적 운명의 시초가 된다. 게다가 "불행의 문을 네 번 두드리는" 날, 그가 아랍인을 살해하게 되는 곳도 오후 두 시의 태양이 수직으로 쏟아지는 해변에서이다. 그는 재판장의 "왜 아랍인을 죽였는가?"라는 질문에 더듬거리며 "태양 때문에"라고 짤막하게 대답한다. 아무도 그의 대답을 이해하지 못하는 것은 너무나 당연한 일이다. 아마도 카뮈의 언어 중에서 이 '태양 때문에'라는 말보다 더 부조리한 언어도 없을 것이다. 하지만 살인 장면을 자세히 들여다보면 뫼르소가 다른 대답을 할 수 없다는 사실을 이해할 수 있다. 더 나아가 이 장면을 묘사하고 있는 텍스트를 해석학적 관점에서 분석해보면 더욱 흥미로운 사실을 발견할 수도 있다.

나는 이마 위에 닿는 태양의 심벌즈밖에 느끼지 못했다. 그리고 흐릿하게나마, 여전히 내 앞에는 찌를 듯이 빛을 내뿜는 칼날이 있음을 느꼈다. 이 불 붙은 칼이 내 눈썹을 쏠고 고통스러운 두 눈을 쑤셔대고 있었다. 바로 그때 모든 게 흔들렸다. 바다는 뜨거운 입김을 한껏 토해냈다. 하늘 전체가 불비를 뿌리려고 열려 있는 것 같았다. 온몸과 온 정신이 팽팽하게 긴장했고, 내 손은 권총을 꽉 쥐었다. 방아쇠가 당겨졌고, 손잡이의 미끈한 복부가 만져졌다. 바로 그때 고막을 후벼대는 둔탁한 소리와 함께 모든 게 시작되었다. 나는 땀과 태양을 흔들었다. 나는 낮의 균형을 파괴했고, 내가 행복했던 해변의 이례적인 침묵을 파괴했다는 걸 알아차렸다.

아랍인을 쓰러뜨린 권총의 첫발이 발사되는 장면을 묘사한 텍스트다. 그런데 이 텍스트를 꼼꼼히 읽어보면, 뫼르소가 아랍인에게 총을 겨누었다거나 총알이 아랍인을 관통했다는 표현은 찾아볼 수 없다. 그와는 반대로, 엄밀하게 텍스트 상으로만 볼 때, 뫼르소가 겨냥한 과녁은 바로 태양이었다는 해석을 내릴 수 있다.

화자 뫼르소는 너무나 치밀하게도 "태양을 흔들었다"는 아주 애매한 표현으로 아랍인을 살해한 첫발의 발사 장면을 마무리해버리고 있다. 하기야 이미 두 시간 전부터 뜨거운 열기를 쏟아붓는 한낮의 태양과 씨름하던 뫼르소의 모든 감각은 오로지 "태양을 이기고자" 하는 데만 집중되어 있었다. 눈부신 빛과 열기에 취해 몽롱해진 정신은 오로지 "태양으로부터 벗어나고자' 하는 생각밖에 없었다. 게다가 아랍인의 칼날에 반사된 태양은 더욱더 살인적으로 그의 두 눈을 파고들었다. 뫼르소는 바로 그 살인적인 빛을 향해 방아쇠를 당겼던 것이다. 태양을 '살해'하자, 낮의 균형과 해변에서의 행복도 파괴되어 버린 것이었다. 태양을 살해한 뫼르소가 치러야 할 대가는 감옥의 어두운 독방에 갇혀 영원히 빛으로부터 차단당하는 것이었다. 이것은 그토록 태양을 사랑하는 뫼르소에게는 더없이 참혹한 형벌이었다. 이제 그는 "매장된 태양"을 가슴에 품은 채 기억을 더듬어 떠올린 생기 없는 빛에 의지하며 살아가야만 하는 신세로 전락한 것이었다.

뫼르소가 태양을 살해한 이후, 태양은 카뮈의 작품 세계에서 빛을 잃는다. 대신 유럽의 우울한 도시들이 주로 작품의 배경을 이루게 된다. 이것은 『이인』을 발표한 직후인 1943년 카뮈가 지중해를 떠나 파리에 정착하게 된 것과도 무관하지 않다고 볼 수 있을 것이다. 이를테면, 1956년에 발표한 『전락』은 지중해 분위기와 대척점에 있는 대표적인 작품이다. 『전락』의 무대는 태양이 가득한 지중해에서 멀리 떨어진 도시, 즉 미로와 같은 운하들에 에워싸여 있는 안개의 도시 암스테르담이다. 게다가 주인공 장-바티스트 클라망스가 얼굴 없는 청자에게 고백을 늘어놓는 장소는 어두침침한 술집이다.

그렇다고 해서 카뮈가 지중해의 태양과 바다를 잊어버린 것은 아니었다. 단지 이제 그의 글에 등장하는 지중해는 옛날의 화려했던 모습이 아니라 잃어버린 낙원과도 같은 것이다. 그 한 예로, 1952년에 발표한 산문 「다시 찾은 티파사」는 다음과 같이 시작되고 있다.

닷새 전부터 쉬지 않고 알제에 비가 내리고 있다. 비는 마침내 바다 자체를 촉촉이 적시고 말았다.

이제 지중해는 예전에 「티파사의 결혼」에서 노래했던 햇살 가득한 푸른 바다가 아니라 "거대한 스펀지처럼 물렁물렁한 잿빛 바다"이다.

1953년에 발표한 산문 「바다를 지척에 두고」에서도 카뮈는 잃어버린 낙원을 더욱 사실적으로 묘사한다.

　　나는 바다에서 자라났다. 가난은 내게 화려했다. 이어 나는 바다를 잃어버렸다. 그러자 모든 화려함이 내겐 우중충하게 보였고, 빈곤이 받아들일 수 없는 것처럼 보였다.

　　지중해를 떠나 도시인이 된 카뮈의 슬픔과 불행이었다. 역설적으로 보면, 지중해인으로 태어난 카뮈에게 태양과 바다는 행복의 어머니이자 생명의 원천이었음을 말해주고 있다.

어둠 없는 빛은 없다

　　알제리에서 태어난 카뮈에게 지중해는 삶의 터전이었고 창조적 영감의 산실이었다. 그런데 그의 삶과 작품에서 알제리 시절의 지중해와 파리 시절의 지중해 사이에는 연속성이 있으면서도 어떤 단절이 있다. 빛과 어둠의 관계라고나 할까. 말하자면, 지중해 시절의 카뮈는 물질적으로는 가난했지만 빛이 있기에 행복했다. 이와 반대로, 우울의 도시 파리 시절의 카뮈는 가난을 벗어난 대신에 빛을 잃어버렸다.

　　이와 같은 현상은 작품 『이인』에서도 찾아볼 수 있다. 『이인』은 2부로 구성되어 있는데, 1부의 뫼르소가 빛의 세계에서 살아가는 자연인이라면, 2부의 뫼르소는 어둠의 세계에 갇혀 있는 죄인이다. 이처럼 『이인』에는 두 뫼르소, 즉 빛의 뫼르소와 어둠의 뫼르소가 공존하고 있다. 이 두 뫼르소는 동일인이면서 동일인이 아니다. 이 "불가해한 모순"은 부조리의 대표적인 단면이다. 단절 속의 공존, 바로 이것이 부조리의 근원적 특질이다. 그리고 이 공존 현상의 본질은 "팽팽한 긴장 관계", 즉 "어려운 균형"에 있다. 카뮈 사상의 역동성은 바로 이러한 긴장과 균형에

카뮈의 서재에 걸려 있던 니체 사진. 카뮈가 헬레니즘을 발견한 것은 니체의 『비극의 탄생』을 읽고 나서였다. 그리스 비극에 대한 니체의 해석에 카뮈는 전적으로 동감했고, 이후 열렬한 니체인이 된 그는 헬레니즘을 찬양하고 고대 그리스에 대한 동경을 직설적으로 표현했다.

근거하고 있다.

『이인』에 빛의 세계와 어둠의 세계가 공존하듯이, 카뮈의 사고 체계에는 안과 겉, 낮과 밤, 빛과 어둠, 현전과 부재, 충만과 공허 혹은 채움과 비움 등 무수한 세계의 '두 얼굴'이 긴장과 균형 속에서 공존한다. 수평 상태의 천칭처럼 긴장과 균형을 유지하는 양면적 사고, 이것이 카뮈 사상의 핵심이며 특질이다.

카뮈는 이러한 긴장과 균형의 사고를 "지중해적 사고"라 불렀다. 주지하다시피 지중해적 사고의 원류는 헬레니즘이다. 니체의 표현을 빌리자면, '아폴로적인 것'과 '디오니소스적인 것'의 조화로운 긴장이 그리스 사상의 본질이다.

카뮈가 헬레니즘을 발견한 것은 대학 시절 니체의 『비극의 탄생』을 읽고서였다. 태양의 신 아폴로와 대지의 신 디오니소스, 이성의 화신인 아폴로와 명정酩酊의 화신인 디오니소스의 만남이 그리스 비극을 아름다움의 극치로 발전시켰다는 니체의 해석에 카뮈는 전적으로 동감했다.

더욱이 니체의 해석에 너무 심취한 나머지, 그는 「음악에 관한 에세이」라는 제목으로 『비극의 탄생』에 관한 장문의 글을 써서 잡지 「남쪽」에 기고하기도 했다.

이후 열렬한 니체인ㅅ이 된 그는 많은 글들에서 헬레니즘을 찬양했고 고대 그리스에 대한 동경을 직설적으로 표현했다. 그 중에서도 산문집 『여름』에 실린 「지옥의 프로메테우스」와 「헬렌의 추방」은 헬레니스트 카뮈를 보여주는 대표적인 글이다. 그는 현대 유럽 문명의 탈선과 위선을 신랄하게 비판하면서, "빛으로 어둠을 상쇄하는" 그리스인의 지혜를 배워야 한다고, 넘어서지 말아야 할 것을 넘어서지 않는 "한계의 사고"를 실천해야 한다고, "절도節度의 여신 네메시스"의 가르침을 따라야 한다고 역설했다.

특히, 양차대전으로 얼룩진 20세기 유럽 문명과 마르크시스트 혁명 이념을 비판한 책 『반항인』에서, 카뮈는 그가 "절도의 사상" 혹은 "정오正午의 사상"이라 부르는 지중해 사상의 부활만이 유럽의 미래에 환한 빛을 비춰줄 것이라고 진단했다. 그가 말하는 지중해 사상이란 곧 빛과 어둠의 두 얼굴을 가진 그리스 사상을 지칭한다.

그는 한 인터뷰에서 "그리스인들은 빛의 몫이 있고 어둠의 몫이 있다는 것을 알고 있었어요. 오늘날 우리는 어둠밖에 보지 못하고 있어요. 절망하지 않으려는 사람들이 해야 할 일은 빛을 되살리고 정오의 삶들을 회복하는 것이에요"라고 했다. 이어 그의 사상이 어디에 토대를 두고 있느냐는 질문에, "나는 행복한 하늘 아래에서 가난하게 태어났어요. 적대감이 아니라 화의를 느끼는 자연에서 태어났지요. 그러니까 나는 분열이 아니라 충만에서 출발했던 것이지요"라고 대답하고는 잠시 멈추었다가 "내 안에서는 그리스인의 마음이 느껴져요"라고 덧붙였다.

지중해인ㅅ 카뮈는 곧 그리스인 카뮈였다. 그가 이런 말을 했다.

"어둠 없는 빛은 없다."

* 독자들에게 이해를 구한다. 이 글에서 『이인』은 우리나라에 널리 알려진 『이방인』과 동일한 작품이다.

필자는 여러 글을 통해서 『이방인』이라는 제목의 부적절함을 지적한 바 있다. 간단하게 설명하자면, 뫼르소는 결코 '이방인'이 아니다. 그는 알제에 살고 있는 토박이 알제인이기 때문에, 그에게는 이방인이 될 자격조차 아예 없다. 물론 사전적 의미가 아닌 형상화된 의미의 '이방인'이라는 논리를 내세울 수도 있다. 하지만 이 논리는 작품의 제목 자체가 지니고 있는 풍부한 의미를 담기에는 너무나도 모자라다.

우선, 뫼르소는 '자기 자신과 사회에 대해 낯설게 느끼는 자' 혹은 '사회가 이상한 사람으로 치부하는 자'이고, 보통 사람들과 다르게 생각하고 다르게 행동하는 '괴팍한 인간'이다. 이런 의미에서 뫼르소는 '이상한 사람'이거나 '낯선 사람' 혹은 '기인'畸人이다.

또한 소설 구조상으로 볼 때, 1부의 뫼르소와 2부의 뫼르소가 있는데, 독자의 입장에서 보면 2부에서 판검사가 보는 '사악한 뫼르소'는 1부의 '순진한 뫼르소'는 전혀 다른 사람이다. 이런 의미에서 뫼르소는 '이인'異人이고 '이인'二人이다. 그리고 '등장인물로서의 뫼르소'와 '화자로서의 뫼르소'가 있는데, 서술기법 상으로 볼 때, 후자는 전자를 마치 '타인'他人처럼 묘사하고 있다. 이 경우 역시, 뫼르소는 '이인'異人이거나 '이인'二人이다. 이처럼 카뮈의 소설 제목은 위에 제시한 여러 가지 의미들을 동시에 내포하고 있다. 따라서, 우리말 표기의 장점을 최대한으로 살려 번역하자면 '이방인'이 아닌 '이인'이 적절하다.

이기언 카뮈·블랑쇼·해석학을 연구하고 파리 소르본 대학에서 문학박사학위를 받았다. 현재 연세대학교와 인천대학교에서 강의하고 있으며 가다머와 리쾨르의 해석학에 기초한 문화해석학 이론을 세우는 데 관심을 기울이고 있다. 저서로는 『Les Détours de l'ambiguïté』『문학과 비평 다른 눈으로』 역서로는 『말꾼』『누더기』『지식인의 죄와 벌』 등이 있고, 「L'énigme de Meursault ou la dissimulation du langage」「La Chute, oeuvre de mauvaise foi」 등의 논문을 발표했다.

지중해는 무엇보다 인류의 문명들이 교차한 시공이다. 고대 아프리카와 오리엔트 문명부터 시작하여 헬레니즘과 헤브라이즘, 그리고 중세 유럽과 비잔티움, 이슬람의 문명까지 동양과 서양의 문명들이 가로지르는 문명 교류의 현장이다. 그리스인이 그리도 뜨겁게 사랑했다던 신들은 지중해 전체에서 수입되었고 또 수출되었다. 그리스가 소아시아뿐만 아니라 프랑스와 에스파냐, 북아프리카, 그리고 흑해까지 진출하여 후에 마그나그라이키아Magna Graecia, 위대한 그리스라 불렸던 것은 지중해를 아우르는 그리스인들의 사고와 활동 때문이었다. 그리스의 지중해는 과연 헬레니즘과 더불어 코즈모폴리턴을 이루었고 로마와 그 이후에도 그리스의 문화는 살아 지속되었으며, 지중해의 푸른 물결과 함께 인류 전체의 정신 속에서 숨쉬고 있다. **"**

지중해를 아우른 위대한 문명

그리스의 지중해

　그리스 신화의 열풍이 우리 사회를 한바탕 휩쓸고 지나갔지만 아직도 그 관심은 여전히 사그러들지 않았다. 그러나 대개는 그리스 문화로 확산되지 않고 신화에만 국한되어 있다. 그리스 신화를 사랑하는 많은 사람들은 그것이 그리스라는 지역의 역사와 문화 및 사상의 뿌리로부터 꽃피워진 것이라는 사실을 잊고 있는 듯하다. 나아가 그리스의 정신적 유산들 가운데 그리스 신화만 따로 떼어내어 즐길 수 있다고 생각한다. 그러나 그리스 신화는 그리스라는 거대한 바다에서 홀로 떨어져 있는 섬이 아니다. 그리스 신화라는 '섬'을 잘 알기 위해서는 그리스라는 바다 전체의 역동적인 힘을 알아야 한다.

　그리스는 단순히 신화의 발생지만은 아니다. 서구의 문학과 철학, 예술 등 모든 정신적 유산이 그리스에서 비롯되었다. 물론 그리스만이 서구 정신의 유일한 원천이라고 말할 수는 없지만 서구의 정신적 근원을 이해하려 할 때 일차적으로 그리스를 통하지 않으면 안 된다. 고대의 모든 정신적 유산이 그리스로 흘러들어가 그리스로부터 흘러나왔기 때문이다. 모든 길이 로마로 통할지는 몰라도 모든 사상은 그리스를 통한다고 할 수 있다. 때문에 도대체 그리스는 어떤 곳이고, 그리스인은 어떤 사람들인가를 살펴볼 필요가 있다.

　먼저 우리가 잘 아는 신화 속으로 들어가보자. 우리는 그리스 신화 속에서 그리스인들이 자신들을 어떻게 생각했는지에 대한 단초를 발견할 수 있으며, 나아가 인간과 세계를 이해했던 그들 나름의 방식과 그리스 철학의 기원을 살펴볼 수 있다. 그리스 신화는 20세기 초까지만 해도 아주 독특한 신화로 평가되어 왔다. 그러나 근동 문화와 미노아 문명에 대한 새로운 발견은 그리스 신화가 근동으로부터 많은 영향을 받았으며 매우 유사한 특징을 가지고 있다는 사실을 확인시켜 주었다. 그리스 신화를 자세히 살펴보면 그리스인들이 지중해 일대를 자유롭게 왕래했다는 것을 알 수 있고, 실제로 지중해를 중심으로 그리스와 소아시아와 북아프리카 사이에는 활발한 교류가 이루어지고 있었다.

헬레네인, 그들은 누구인가

흔히 그리스인은 헬레네인이라 불린다. 일반적으로 그리스 역사를 크게 세 시기로 구분하는데 마케도니아의 알렉산드로스 대왕이 죽었던 기원전 323년부터 30년까지의 그리스와 근동 지역 역사를 일컬어 '헬레니즘 시대'라고 한다. 그렇다면 이 헬레니즘 시대를 선도하였던 헬레네인은 누구이고, 왜 그리스인들은 헬레네인으로 불려졌던 것일까? 그리스 신화에서 그 기원을 살펴볼 수 있는데 헬레네인이라는 명칭은 헬렌Hellen이라는 선조로부터 비롯되었다.

헬렌의 탄생 배경은 판도라Pandora 신화와 밀접한 연관이 있다. 일반적으로 판도라는 인간을 위해 불을 훔친 프로메테우스를 처벌하기 위해 제우스가 보낸 재앙으로 알려져 있다. '모든 선물을 받은 자' 혹은 '모든 선물을 주는 자'라는 이중적 의미를 가지고 있는 판도라는 자신의 이름과는 달리 인류에게 최초로 재앙을 가져다준 것으로 '유명'하다. 그러나 인류에게 재앙을 초래한 것을 단순히 판도라만의 책임이라고 할 수는 없다. 처음부터 인류에게 악 혹은 재앙은 이미 존재했었고 판도라는 인간의 본성적인 호기심 혹은 '알고자 하는 욕구' 때문에 상자를 열

프로메테우스. '먼저 생각하는 자'라는 뜻을 지닌 프로메테우스가 거꾸로 매달린 채 고통의 신음을 내뱉으며 인간에게 불을 전해준 대가를 온몸으로 치르고 있다.

어보았을 뿐이다. 그리스인들이 판도라의 후손이라는 것은 의미심장하다. 서구인들은 그리스인들로부터 수많은 선물을 받았다. 역사적으로 그리스인들이 서구 문학과 철학 및 예술 등에 미친 영향은 엄청나다. 그렇다면 과연 그들은 인류에게 '지식'이라는 불온한 상자를 건네주었는가?

그리스인들의 시조라 불릴 수 있는 헬렌이란 인물은 판도라의 계보 어디쯤 서성이고 있는가? 에피메테우스는 프로메테우스로부터 제우스의 선물을 조심하라는 경고를 받았었지만 아름다운 판도라를 거부할 수 없었다. 결국 판도라는 에피메테우스와 결혼하게 되고 딸 피라를 낳았다. 프로메테우스도 클리메네 혹은 켈라이노와 결혼하여 데우칼리온이라는 아들을 낳는다.

데우칼리온과 피라가 그리스 신화에서 중요한 것은 홍수 신화 때문이다. 청동기 시대 바빌로니아의 길가메시 서사시에 나오는 홍수 신화와 기독교 노아의 홍수 신화가 매우 유사한 구조를 가지고 있다는 사실은 잘 알려져 있다. 당시 다른 근동 신화와 마찬가지로 기후가 건조한 편인 그리스에도 홍수 신화가 등장한다. 제우스는 인간들이 너무나 사악해지자 홍수로 모두 없애버리려고 하였다. 그러나 프로메테우스는 이 사실을 미리 알고 홍수가 오기 전에 데우칼리온에게 배를 만들어 대비하라고 충고하였다. 그리하여 데우칼리온과 피라는 제우스가 홍수로 쓸어버린 세계 속에서도 살아남을 수 있었다.

홍수 이후에 데우칼리온과 피라는 자식들을 낳게 되는데 바로 여기에 '헬렌'이라는 이름이 등장한다. 헬렌은 그들의 맏아들이었고, 헬레네 민족은 바로 헬렌이라는 인물로부터 시작된다. 헬렌은 님프 오르세이스와 결혼하여 그리스의 주요 민족의 시조가 되는 자식들 즉, 도로스·크수토스·아이올로스 등 세 명의 아들을 낳는다.

도로스는 도리아 민족의 시조로 크레타·펠로폰네소스·북부 그리스와 소아시아의 남부, 로도스 섬까지 그 후손들이 퍼져나갔다. 크수토스의 후손들은 아티카 · 에보이아Euboea · 키클라데스 · 그리스 동부로 퍼져나갔고 마지막으로 아이올로스는 아이올리스인의 시조로 보이오티아와 그리스 북동쪽으로 소아시아의 북부와 레스보스 섬까지 그 후손들이 퍼져 나갔다.

그리스 신화에는 헬렌과 관련된 신화 외에도 다른 민족의 기원과 관련된 이야기가 많이 등장하는데 아프리카의 이집트인과 리비아인도 그리스인들로부터 비롯되는 걸로 나온다.

우리가 잘 알고 있는 이오와 관련된 신화를 보면 이집트 민족은 제우스와 이오의 아들인 에파포스에서 비롯된다. 제우스에 의해 암소의 모습으로 오랜 세월을 방랑하던 이오는 이집트에서 인간의 모습을 회복하여 '제우스의 손길'을 의미하는 에파포스를 낳게 된다. 에파포스는 나일 강의 신, 닐루스의 딸인 멤피스Mephis와 결혼하여 리시아나사와 리비아를 낳는다. 이 이름들은 이집트 주요 도시의 이름들이다.

에파포스의 자식들 가운데 리비아는 벨로스라는 아들을 낳고, 그는 다나오스와 아이기프토스라는 유명한 아들들을 낳는다. 여기서 아이기프토스의 이름이 바로 이집트의 어원이 된다. 훗날 다나오스의 50명의 딸들은 반강제적으로 아이기프토스의 50명의 아들들과 결혼하는데, 신혼 첫날밤 아버지의 명령에 따라 남편들을 살해한다. 아이스킬로스의 『탄원하는 여인들』에서 이들은 모두 '검게 햇볕에 그을린 피부'를 가진 것으로 묘사되지만 이집트의 선조인 다나오스인이 아프리카 흑인처럼 새까만 피부를 가졌는지를 확인할 수는 없다.

그리스 영웅 신화에 따르면 그리스인들은 그리스 본토뿐만 아니라 크레타를 비롯한 에게 해의 여러 섬들은 물론이고 소아시아에 사는 종족들도 자신들의 혈족으로 설명하고 있다. 나아가 그들은 이집트를 비롯한 북부 아프리카 쪽의 민족조차도 자신들의 종족으로 생각하고 있다는 것을 알 수 있다. 그리스인들은 백인이며 보통 금발이나 갈색머리로 표현된다. 호메로스는 『일리아스』에서 트로이를 공격한 그리스 동맹군들

호메로스. 유럽 문학 최대 서사시 『일리
아스』와 『오디세이아』의 작자. 두 서사시
는 고대 그리스의 국민적 서사시로, 문학
·교육 ·사고에 큰 영향을 끼쳤고, 로마
제국과 그 후 서사시의 규범이 되었다.

가운데 아카이오스족들은 갈색머리를 가지고 있고, 미르미돈족인 아킬
레우스는 금발이었다고 말한다. 이에 비해 이집트인들은 검거나 검붉은
피부에 곱슬머리를 가진 것으로 보인다. 또한 대부분 크레타인들도 미
노아 문명의 유적을 통해 볼 때 북아프리카에 기원을 둔 날씬하고 피부
색이 검은 흑발의 지중해 혈통이라는 것을 알 수 있다. 크레타인들은 그
리스인들보다는 오히려 검은 피부를 가진 이집트인들과 비슷해보인다.

 그렇지만 그리스인들은 기원 신화를 통해 지중해 근방 주요 국가의
민족들을 모두 헬레네 민족으로 설명하고 있다. 그것은 그리스인들이
자신들을 지중해 국가의 다른 민족들과 별로 다르지 않다고 생각한 근
거가 될 수 있다. 그리스인들은 자신들을 헬레네인Helenes이라 부르고 타
민족들을 바르바로이Barbaroi라 불렀다.

 페르시아 전쟁 이후에 다른 민족에 대한 적대적 감정을 부추기는 아
리스토파네스Aristophanes와 이소크라테스Isocrates의 글이 등장하고, 당시 아
테네 대부분 노예가 바르바로이였다는 사실 등 아테네 제국주의 시대에

이르러 본격적으로 그리스인들이 바르바로이를 차별했다는 것을 알 수 있는 증거들이 나타난다. 그러나 그것은 처음부터 자민족 우월주의적인 발상은 아니다. '바르바로이'는 그저 이상하고 낯선 말을 표현한 것으로 우리가 잘 모르는 외국어를 '어버버'나 '쌀라쌀라'라고 표현하는 것과 비슷하다.

신들은 어디에 머물렀는가

그리스 신화는 근동 지역의 신화에 의해 많은 영향을 받았으며 기독교 신화와도 밀접한 연관이 있다. 가령 근동 지역의 우주생성 신화나 홍수 신화 등은 그리스 신화와 유사한 구조를 가지고 있으며, 또한 농경 문화와 관련 있는 대지모 여신과 인도유럽 어족의 기후의 신 숭배 등이 많이 잔재해 있다. 특히 그리스 신화는 크레타 신들의 영향을 많이 받은 걸로 알려져 있다.

이것은 역사적인 미노아 · 미케네 문명의 발굴을 통해 밝혀지게 되었다. 호메로스가 노래한 그리스 청동기 시대의 문명인 미케네 문명 발굴은 1871년 하인리히 슐리만Heinrich Schliemann에 의해 최초로 착수되었다.

또한 슐리만보다 약간 늦기는 하지만 1900년 아서 에번스Arthur Evans는 크레타의 크노소스Knossos에서 미케네 문명보다 훨씬 앞선 문명을 발굴하였다. 앞서 슐리만은 '미케네' 문명을 미케네라는 고대 국가의 이름에서 따왔다. 그러나 에번스는 자신이 발견한 문명의 이름을 섬 이름을 따라서 크노소스 문명이라 부르지 않고 크레타 섬의 전설적인 왕인 미노스Minos의 이름을 따라서 '미노아'Minoa 문명이라 불렀다. 크레타 섬을 중심으로 번영했던 미노아 문명기원전 2000~1400은 그리스와 동방 문화의 연결 고리가 되었고 동부 지중해 교역을 거의 독점하다시피 했으며 정치 · 경제 · 문화의 중심지가 되었다. 그러나 미노아 문명은 멸망하였고 에게 문명의 중심은 그리스 본토로 옮겨가게 되었다. 이후 그리스 본토는 미

위 | 제우스와 헤라. 아래 | 포세이돈과 아폴론과 아르테미스. 그리스 미케네 문명과 크레타
의 미노아 문명은 서로 많은 영향을 주고 받았다. 그 대표적인 예로 제우스·헤라·포세이
돈 등 서로의 신화에 같은 이름이 등장한다는 것이다.

케네 문명을 중심으로 그 영역을 확장해나간다.

흔히 말하는 '그리스인'들이 그리스 지역에 등장한 것은 기원전 2000년경으로 추정된다. 그들은 그리스 본토에 침략하면서 궁전을 파괴하고 약탈을 일삼으면서 그리스 전역을 혼란에 빠뜨렸다. 그러나 그들은 아직 크레타 섬에는 영향을 미치지 못했다. 초기 미노아 문명이 크레타 주변의 섬들과 그리스 본토에 이르기까지 광범위한 영향을 미친 것과는 다른 양상이었다.

미케네 문명은 그리스 청동기 시대 중기가 끝나기 전인 기원전 1600년경부터 시작된다. 크레타의 미노아 문명이 쇠퇴해 갈 즈음에 그리스에서 영역을 확장하고 있던 미케네는 그리스 본토 · 에게 해의 섬들 · 소아시아 · 키프로스 등에 진출하였고, 기원전 1500년에서 1375년 사이에 크레타의 크노소스를 침공하여 정복하였다.

그리스 미케네 문명과 크레타의 미노아 문명은 서로 많은 영향을 주고받았다. 당시의 수많은 유물들과 유적들을 살펴보면 미노아 문명과 미케네 문명이 서로 아주 유사하다는 것을 알 수 있다. 실제로 그리스 신화에는 크레타와 연관된 이야기가 상당수 있고 크레타의 신들의 이름 중에는 이후 그리스 신화에 등장하는 제우스 · 헤라 · 포세이돈 등 같은 이름이 다수 포함되어 있다.

모든 곳에 존재하는 신

그리스인들은 신을 사랑했다. 신화 속에 등장하는 그리스 신들이 너무나 인간적이기 때문에 신화 자체가 허구처럼 느껴지기도 하지만 고대 그리스인들은 신에 대한 경외가 각별했다. 만일 그들이 진정으로 신을 믿지 않았다면 어떻게 그토록 많은 종교적인 축제가 1년 내내 계속 될 수 있었겠는가? 또한 특정한 종교를 가지고 있는 사람들은 다른 종교에 대해 배타적인 태도를 취하게 마련인데 그리스인들은 자기 나라의 신들

왼쪽 | 소크라테스. 오른쪽 | 플라톤.

뿐만 다른 나라의 신들도 믿었다.

때문에 그들은 자신들의 수많은 신상은 물론 이교도의 신상도 일반 가정에 모셔놓고 숭배하였고 이교도 신들의 종교 축제까지 각 도시국가에서 공식적으로 즐겼다. 가령 프리지아Phrygia의 키벨레Cybele나 트라케의 벤디스Bendis 같은 다른 나라의 여신들을 숭배하는 종교 축제가 공식적으로 열리기도 했는데 플라톤의 『국가』에 등장하는 소크라테스의 대화는 피레우스 항에서 열리고 있는 트라케의 벤디스 여신의 축제를 배경으로 하고 있다.

그리스인들의 이러한 종교적 성향은 타 종교에 대한 그들의 태도를 짐작하게 해준다. 헤로도토스에 따르면 그리스인들은 이집트 신들과 그리스 신들이 별로 다르지 않다고 생각한 것 같다. 한마디로 신은 단지 그 이름만 다를 뿐 어디의 신이나 마찬가지라는 것이다. 그래서 그리스의 디오니소스와 이집트의 오시리스Osiris가 같은 신이고, 그리스의 아폴론이 이집트의 호루스Horus와 같다고 헤로도토스는 생각하였다.

그렇지만 고전기에 들어서면서 그리스인들은 신들의 본성에 대해 비판적인 의식을 갖기 시작했다. 그리스 서사시에 등장하는 신들이 지나치게 너무 인간적이고 때로는 비도덕적으로 표현되기 때문이었다. 그들은 인간들처럼 서로 속이고 도둑질하고 간통하는 것이 비일비재했다. 어떻게 신이 인간과 똑같을 수 있단 말인가?

크세노파네스Xenophanes는 이런 이야기가 허무맹랑하고 터무니없다고 주장하였다. 실제로 신들의 본성은 그렇지 않으며 신화 속의 이야기는 호메로스Homeros나 헤시오도스Hesiodos 같은 시인들이 만들어낸 모습일 뿐이라는 것이다. 그는 당시 그리스인들이 가지고 있던 신관과 그리스 신화를 신랄하게 비판하면서 신이 인간과 같은 본성을 가지고 있지 않다는 것을 역설하였다.

그리스 신화에 대해 비판적인 입장을 갖기는 플라톤도 마찬가지였다. 플라톤은 자신의 스승인 소크라테스가 다른 신들을 믿는다는 이유로 사형당한 것을 지켜보았다. 그는 크세노파네스와 마찬가지로 신들을 비도덕적으로 묘사한 호메로스와 헤시오도스를 비판하였고 심지어 호메로스의 이야기를 들으며 어린 시절을 보내는 그리스의 아이들이 나쁜 영향을 받기 때문에 자신의 이상 국가에서 시인들을 추방해야 한다고까지 주장하였다. 그렇지만 그는 시인들에 의해 왜곡된 신의 모습을 담고 있는 신화는 비판하되 신들 자체는 부정하지 않았다.

소아시아로부터 시작된 그리스 철학

서구 철학의 기원이 그리스로부터 시작되었다는 것은 상식처럼 알려진 내용이다. 그러나 엄밀히 말해 그리스 철학은 그리스에서 시작되지 않았다.

그리스 최초의 철학자들은 밀레토스 학파이다. 이 학파의 중심인물은 탈레스Thales · 아낙시만드로스Anaximandros · 아낙시메네스Anaximenes인데,

밀레토스 지방. 소아시아, 지금의 터키 남부 지방에 있는 이 작은 도시가 그리스 철학의 가장 오래된 학파인 밀레토스 학파의 근원지이다.

밀레토스 학파라는 이름은 그들이 모두 밀레토스 지방 출신이기 때문에 붙여진 이름이다. 그렇다면 밀레토스는 어디인가? 막연히 그리스의 어느 한 마을 같지만 밀레토스는 소아시아, 지금의 터키 남부 지방에 있는 작은 도시이다.

또한 소크라테스 이전 대부분의 자연철학자들은 소아시아나 에게 해의 섬 지방 출신이었다. 헤라클레이토스는 밀레토스 위쪽에 있는, 아르테미스 여신 숭배지로 유명한 에페소스Ephesus 지방 출신이며, 아낙사고라스는 에페소스 좀더 위쪽에 있는 클라조메나이Clazomenae 지방 출신이다.

그렇다면 왜 그리스 철학이 소아시아로부터 시작되었다고 말하지 않을까? 그리스 철학이 아닌 소아시아 철학이 맞는 말인 듯한데 무슨 이유로 '그리스' 철학이라고 불리는 것일까.

그 답은 그리스 초기 역사와 밀접하게 관련되어 있다. 그리스인들은 기원전 9세기 무렵부터 그리스 본토에서 동쪽으로 이주하여 에게 해 너머 이오니아에 정착했다. 그 이후로 그리스인들은 소아시아 지역뿐만 아니라 지금의 프랑스 남부·에스파냐·시칠리아·남부 이탈리아·북아프리카 연안과 흑해 연안에도 식민지를 개척하였다. 이것은 그리스 신화에 나타난 헬레네인들의 이동 경로와도 비슷하다. 실제로 그리스 본토 이외의 지역 80여 군데에서 발굴된 도자기는 기원전 8세기에 그리스인들이 얼마나 활발하게 해외 진출을 했는가를 알 수 있게 해준다.

이런 맥락으로 소아시아의 밀레토스를 비롯한 많은 지역들이 그리스인들에 의해 개척되었다. 그런데 그리스인들은 전쟁을 통해 식민지를 개척한 것이 아니라 진정한 개척자의 정신으로 새로운 곳에 독립적인 도시국가를 건설하였다. 때문에 식민지의 사람들은 자신들의 도시를 그리스의 한 도시로, 자신들을 그리스인으로 생각하였다. 때문에 소아시아의 밀레토스나 에페소스, 클라조메나이 등 그리스 밖에 있는 지방 출신의 철학자들을 당연히 그리스인으로 생각했고 그들의 철학까지도 그리스 철학으로 통칭하게 된 것이다.

현전하는 단편들을 통해 기원전 5세기 경, 자연철학자들의 생애를 살펴볼 때 많은 철학자들이 그리스 본토는 물론이고 이집트·소아시아·에게 해의 여러 섬을 돌아다녔다는 것을 알 수 있다. 가령 탈레스가 피라미드의 높이를 쟀다는 이야기를 통해 그가 이집트 여행을 했다는 것을 알 수 있고, 아낙시만드로스가 최초로 지도를 제작한 것으로 보아 그가 많은 곳을 여행한 것을 미루어 짐작할 수 있다. 피타고라스는 소아시아 쪽의 사모스 섬에서 태어났지만 정치적·종교적 이유로 남부 이탈리아에 있는 크로톤으로 가서 종교 집단을 형성하였다.

이렇듯 실제로 그리스 초기 철학자들이 활동한 무대를 중심으로 동선을 그어보면 그들이 지중해 근방을 상당히 자유롭고 활발하게 이동해 다닌 것을 알 수 있다. 말하자면 그들은 지중해 연안을 자유로이 왕래하며 당시의 새로운 철학적 입장을 확립하였다고 할 수 있다.

그리스 철학은 그리스 신화와 완전히 분리시켜 생각하기 어렵다. 신화는 비합리적이고 철학은 합리적이라는 구분법은 이미 많은 비판을 받았다. 물론 신화와 철학이 단절되는 측면도 있지만 연속되는 측면이 많이 발견된다. 예를 들어 그리스 철학에는 신화 속에 함축되어 있는 인간관과 세계관이 반영되어 있다. 그리스 신화는 크게 올림포스Olympos 신화와 크토니오스Chthonios 신화로 구분된다. 올림포스 신화는 주로 하늘신들을 숭배하며 선형적 세계관을 가지고 있고, 크토니오스 신화는 주로 땅의 신들을 숭배하며 순환적 세계관을 가지고 있다.

그리스 철학은 크게 과학적 전통과 신비주의적 전통으로 나누어진다. 콘포드F. M. Conford에 따르면 그리스의 과학적 전통은 밀레토스 학파의 아낙사고라스와 아나시메네스에서 시작하여 레우키포스와 데모크리토스로 이어진다. 이 전통은 모든 것에 초자연적 힘을 제거하여 신들은 물론이고 영혼도 한줌의 먼지로 사라지게 만들었다. 반면에 신비주의적 전통은 오르페우스 종교의 전통에서 비롯되어 피타고라스와 헤라클레이토스 및 플라톤으로 이어진다. 이 전통은 신과 인간의 운명에 대한 관심에 근본적으로 뿌리를 두면서 기존의 신앙을 정당화하려는 이성적인 시도와 더불어 과학과 화해하려는 측면을 보여준다.

물론 그리스 철학의 이 두 가지 전통은 각 철학자들에 따라 명확하게 구분되는 것은 아니다. 가령 엠페도클레스 같은 경우 과학적 전통의 측면과 신비주의적 전통의 측면이 혼재되어 있다. 그렇지만 이러한 상반적 전통과 특징은 그리스 철학 전반에 드러나고 있다. 훗날 플라톤은 자

디오니소스 축제에서 춤추는 여인들을 그린 도자기 그림. 디오니소스는 수액·즙·자연 속의 생명수를 상징하는 존재로 간주되었으므로 그를 기려 잔치를 벌이는 의식이 성행했다. 이러한 디오니소스 축제는 여인들을 위한 해방의 축제였고 미케네 문명 이후 여자들 사이에서 성행했으나 남자들은 그에 대해 반감을 보였다.

신 이전의 철학적 전통을 '거인족의 전쟁'에 비유하며 유물론과 관념론의 전쟁으로 정리하기도 했지만 그의 철학에도 이러한 과학적 전통과 신비적 전통은 여실히 드러난다. 특히 『향연』 『파이돈』 『파이드로스』 등의 작품에서는 영혼의 운명과 윤회에 관한 신비주의적 특징이 강하게 나타난다.

이러한 그리스 신화나 철학의 양극화 현상은 아마도 그리스인들의 성향과도 밀접한 연관이 있는 듯하다. 최초의 철학의 기원과 관련하여 그리스인들의 합리적이고 이성적인 성향은 이미 우리에게 잘 알려져 있다. 그러나 그리스 문화 전반을 들여다보면 아주 특이한 측면이 발견된다. 그것은 디오니소스 종교로부터 비롯되는 비합리적이고 신비적인 성향이다. 가령 그리스의 민간 신앙과 종교 축제들인 엘레우시스 신비의식이나 디오니소스 축제에 나타난 무아지경과 광란의 모습은 그리스인들에 대한 믿음을 산산조각나게 할 만큼 충격적이다. 과연 이들이 서구

오늘날의 아테네 아크로폴리스와 아크로폴리스 에렉테이온 신전의 모습. 기원전 490년, 480년 두 차례에 걸쳐 아테네는 자신들보다 압도적으로 우세한 페르시아를 극적으로 물리치고 이후 페르시아에 대항하기 위해 결성된 그리스 동맹을 아테네 제국을 확립하는 수단으로 삼았다.

정신의 원천이 되는 문학과 철학을 일구어낸, 가장 이성적이라 불리는 민족이었던가, 하는 의문을 갖게 한다. 이렇듯 니체가 말한 아폴론적인 것과 디오니소스적인 것은 서로 경계를 넘나들며 그리스의 독특한 정신 세계를 형성하였다.

모든 민족은 나름의 고유한 정신적 유산을 가지고 있다. 그럼에도 유난히 그리스인들이 문화적 민족으로 동경을 받는 것은 그들이 인간 정신의 보편적인 특징을 가장 탁월한 방식으로 표현할 줄 알았기 때문일 것이다.

오! 헬레네, 헬레니즘

그리스인들은 자신들의 세계가 영원할 줄 알았을 것이다. 그러나 그리스 비극과 철학이 한창 꽃 피고 있을 때 이미 그리스 세계는 분열과 해체의 불운한 조짐을 보이고 있었다. 어찌보면 그리스 고전기의 비극과 철학은 흙탕물 속에서 핀 연꽃과 같다. 당시 그리스는 지중해 인근의 강대국인 페르시아와 두 차례의 전쟁기원전 490, 480~79을 치렀다. 아테네는 자신들보다 압도적으로 많은 페르시아에 대해 극적으로 승리하였고 이후 페르시아에 대항하기 위해 결성된 그리스 동맹을 아테네 제국을 확립하는 수단으로 삼았다. 이미 페르시아에 승리하여 수많은 전리품을 확보하였을 뿐만 아니라 그리스 동맹국으로부터 전쟁 준비를 위해 많은 재물을 차입하였기 때문에 아테네는 날로 부강해졌다.

그러나 이러한 아테네의 제국주의적 특성은 국가의 재산은 증식시켰지만 국민들의 정신은 타락시켰다. 또한 다시 치른 페르시아와의 전쟁 이후에 새로운 정치 지도가 그려지면서 그리스의 도시국가들은 제각기 패권을 잡기 위해 충돌하였다.

특히 아테네와 스파르타를 주축으로 하여 일어난 펠로폰네소스 전쟁은 그리스를 혼란에 빠뜨리고 만다. 아테네는 전쟁을 치르는 동안에 수

마케도니아의 왕 필리포스 2세. 마케도니아의 제18대 왕. 국내의 평화를 회복하고 기원전 339년에 군사·외교 수단을 동원하여 그리스 전역에 대한 지배권을 확립함으로써 아들 알렉산드로스 3세 대왕이 대제국을 이룰 수 있는 토대를 마련했다.

많은 사람들이 죽어나가고 또한 전염병이 돌아 엄청난 인구 감소와 재산 피해를 입었다. 이러한 혼란의 가장 큰 희생물은 펠로폰네소스 전쟁이 끝난 직후 기원전 399년에 불경죄로 사형을 당한 소크라테스였다. 그의 죽음은 전쟁으로 인한 정치적, 사회적 혼란에서 비롯된 것이다.

펠로폰네소스 전쟁이 끝난 후 50년 동안 스파르타·아테네·테베 등이 군사적 패권을 놓고 서로 싸웠지만 누구도 승자가 될 수 없었다. 그동안 그리스 북부에서 급부상한 마케도니아 왕국의 필리포스 2세는 세력을 동쪽과 남쪽으로 확대하여 그리스 본토까지 진출했고 피살된 그의 뒤를 이어 왕위에 오른 알렉산드로스 대왕은 대 페르시아 제국을 정복하여 지중해 일대를 놀라게 하였다. 알렉산드로스는 그리스뿐만 아니라 페르시아와 인도에 이르기까지 정복을 계속해나갔다. 그러나 알렉산드로스가 정복한 세계는 후계자 없이 죽은 후에 휘하에 있던 장군들에 의해 분열되어 지배되었다.

기원전 323년부터 알렉산드로스가 돌연히 죽음을 맞은 기원전 30년까지의 시기를 헬레니즘 시대라고 한다. 헬레니즘 시대의 왕들은 그리스 문화를 선호하였기 때문에 그리스의 전통과 문화를 앞다투어 수입하였다. 따라서 그리스 문화와 예술 및 사상이 알렉산드로스가 정복했던

마케도니아의 알렉산드로스 3세. 필리포스 2세의 아들로 페르시아 제국을 무너뜨리고 마케도니아 군사력을 인도까지 진출시켰으며 지역 왕국들로 이루어진 헬레니즘 세계의 토대를 쌓았다.

세계 저편까지 골고루 전파되고 많은 영향력을 미치게 되었다. 결과적으로 소위 '헬레니즘'에 의해 지중해를 중심으로 한 인접 국가들이 하나의 코즈모폴리턴을 이루게 된 것이다. 이것은 훗날 로마에 의해 다시 한번 세계가 정복된 후에도 그리스 문화에 열광한 로마인들로 인해 여전히 지속되었다. 비록 그리스는 로마에 의해 정복된 후 서서히 세계 무대에서 사라져갔지만 그리스의 문화와 정신은 현대에 이르기까지 아직도 서구 문화 전반에 걸쳐 막대한 영향을 미치며 살아 움직이고 있다.

장영란 그리스 철학 전공으로 한국외국어대학에서 박사학위를 받고 같은 대학의 연구교수로 있다. 현재는 그리스와 관련하여 신화·철학·문화·예술 등 다양한 분야에 관심을 가지고 학제간의 통합적 글쓰기를 시도하고 있다. 이제까지 『위대한 어머니 여신』 『신화속의 여성, 여성속의 신화』 『아리스토텔레스의 인식론』 『여성의 몸에 관한 철학적 성찰』 등의 책을 썼으며, 『그리스 신화: 신들의 시대』 『형이상학』 『아리스토텔레스의 윤리학』 등을 번역하였다.

 **공존의** 성격은 지중해 건축에서도
고스란히 드러난다. 지중해 건축을 구성하는 것은 헬레니즘과
동방성, 그리고 토속성이다. 헬레니즘은 그리스와 로마의
문명으로 빚어졌고 동방성은 서부 오리엔트에서 나왔다. 이는
동서양의 구분이 없던 시절에 지중해 건축의 모태가 만들어졌음을
의미한다. 동서양의 공존은 지중해 고유의 토속성을 빚어냈다.
지중해 건축의 토속성은 서양 중심의 우월주의에 의해 동방성을
억압했던 지리적 팽창주의에 대한 저항으로 시작되었다. 서양식
일방주의에 저항하는 문화적 충동이 내면으로부터 솟아나와 생활
건축물로 구체화되었던 것이다. 이는 서양 근대 기계 문명의
한계를 일깨우고 새로운 길을 제시해주었다. 르 코르뷔지에의
지중해주의mediterraneanism나 아르 누보, 뉴 브루털리즘 따위가 그
예들이다. 결국 헬레니즘과 동방성, 토속성은 단계에 따라서 혹은
지역별로 일어난 것이 아니라 지중해의 시간과 공간에 두루 걸쳐
아우러지면서 지중해성을 빚어냈다. 그 본질은 역시 시공을
가로지르는 문명의 교류에 있는 것 같다. **"**

지중해성, 서양 건축의 모태가 되다

지중해 건축이 갖는 의미

지중해 지역은 서양 건축에서 지리 · 역사 · 양식 등 모든 면에서 가장 많은 부분을 차지하는 중요한 곳이다. 건축에서 지중해란 남유럽-그리스-소아시아-아라비아 반도-이집트-북아프리카에 이르는 광대한 지역을 의미한다. 나라별로는 대표적인 예만 들어도 에스파냐 · 이탈리아 · 그리스 · 터키 · 시리아 · 요르단 · 이스라엘 · 이집트 · 튀니지 · 알제리 등이 이 지역에 속한다.

역사적으로 보았을 때 지중해 건축은 곧 서양 건축 자체일 정도로 장구한 전통을 자랑하고, 서양 건축의 전 역사에 걸쳐 한 번도 단절되지 않고 양식과 내용을 바꿔가며 이어졌다. 양식적으로 보았을 때 그리스 · 로마 · 초기 기독교 · 비잔티움 · 르네상스 · 바로크 등이 직접적으로 지중해 지역에 속하는 건축이었으며, 이외에도 로마네스크 건축은 지중해 건축에 강한 뿌리를 두고 있었고 심지어 고딕 건축마저도 지중해의 영향을 빼고는 온전하게 이야기되기 힘들 정도이다.

이런 점들은 지중해 건축이 서양 건축에서 포괄성과 당연성을 갖고 있음을 잘 말해준다. 반면 포괄성과 당연성은 거꾸로 지중해 건축을 명확하게 정의하기 어렵게 만드는 요인이기도 하다. 건축을 떠나 좀더 보편적인 의미에서 지중해는 서양 사람들의 인식 속에 항존하며 매우 큰 덩어리를 차지하고 있지만 그 내용과 범위를 정확하게 한정짓기 어려운 것과 같은 현상이다. 그렇다고 지중해 건축을 서양 건축 전체와 동일시하는 것 또한 부정확하고 위험하다. 지중해란 일차적으로는 지리 단위이며 더 좁힌다고 해도 문명 단위일 수는 있어도 건축 단위로 보기에는 너무 넓고 모호하기 때문이다. 이런 양면적 상황들로 인해 그 동안 지중해 건축을 다룬 연구나 소개는 매우 드문 편이었다.

그럼에도 불구하고 지중해 건축은 분명 그것만의 독특한 내용과 의미, 가치를 갖는다. 물론 모범답안이나 통설 같은 것은 없다. 이것을 찾아내 정의하는 일은 보는 사람의 문화관과 역사관에 따라 다를 수 있기 때문이다. 그렇지만 '지중해' 라는 관점에서 서양 건축을 재정의하는 일은 서양 건축에 대한 기존의 통상적 분류와 분석을 새롭게 재해석하는 작업이 되기 때문에 매우 유용하다. 다시 말해 문화예술 현상에 대한 학문적 재생산이라 할 수 있다.

이상과 같은 배경에서 지중해 건축의 의미를 정의해보고자 한다. 정의는 두 단계로 생각할 수 있다. 첫 번째 단계에서 지중해 건축이 갖는 의미는 '모태' 혹은 '태반' 으로 요약될 수 있다. 구체적 내용으로는 헬레니즘 · 동방성 · 토속성의 세 가지를 들 수 있다. 헬레니즘은 서양 건축의 첫 번째 완성으로서 고대 그리스-마케도니아-로마 건축으로 대표된다. 동방성은 소아시아에서 레반트 연안Levant Coast에 이르는 서부 오리엔트로 대표된다. 토속성은 특별한 시기나 지역에 국한되지 않고 지중해 연안 전체에 걸쳐 형성된 지역주의 건축이다.

두 번째 단계에서는 서양 건축, 나아가 서양 문명의 또 다른 핵심 개념인 기독교와 중세와의 관계를 정의해야 한다. 앞서 말한 헬레니즘, 동방성, 토속성의 세 가지 측면은 서양 건축의 '뿌리' 로 이해될 수 있다. 이런 점에서, 서양 문명을 말할 때에는 기독교나 중세가 위의 세 측면들에 비해 상위 개념들이지만, 지중해 건축을 말할 때에는 그 세 측면들을 상위 개념으로 놓을 수 있다. 헬레니즘 아래 기독교 건축과 중세 건축이 있었고 동방성 아래에서도 같았다는 의미이다. 여기에서는 이해를 돕기

이탈리아 파이스톰Paestum의 헤라 신전 IITemple of Hera II. 기원전 460년경에 지어졌다. 로마의 그리스 식민지에 지어진 이 건물은 그리스 헬레니즘을 대표하는 건물이다.

위해 그 개념들 사이의 위계를 따지지 않고 병렬적으로 풀어 살펴보고 자 한다.

지중해 건축의 의미 하나, 헬레니즘

헬레니즘 건축은 양식사적으로는 고전주의로 요약된다. 가장 처음 나 타난 것은 그리스 고전주의로서 이것은 서양 역사상 최초로 완성된 철 기문명이라는 의미를 갖는다. 신전은 그리스 고전주의를 대표하는 건물 유형으로서 오더order에 의한 가구식架構式 합리주의로 구성되었고 기능적 으로는 옥외 활동을 위한 배경을 제공했다.

이에 비해 로마 고전주의는 벽체 구조를 대표 방식으로 가졌으며 실 내 공간이 최초로 형성되었고, 공공성·시민정신·기념비주의 등으로 요약되는 사회성을 주요 특징으로 가졌다. 포룸과 바실리카 등이 이것 을 뒷받침하는 건물유형이었다. 다리·도로·수로·병영·창고 등의 토목 인프라들도 중요한 유형이었으며 무엇보다 가장 밑바탕에 있던 조적 시공술은 이 모든 것을 가능하게 했다. 이런 것들이 어우러져 로마 고전주의에서는 이후 서양 문명 전반에서 중요한 역할을 하는 '시민정신에 의한 공공성'의 가치가 형성되었다.

고전주의가 갖는 뿌리는 항시성이다. 서양 건축에서 고전주의는 항시성을 유지하며 전 시대에 걸쳐 늘 존재해왔다. 로마 건축 이후의 기독교 건축에서도 고전주의는 가장 중요한 양식적 정신적 공급처 역할을 했다. 고대 기독교 건축, 즉 로마 가톨릭의 초기 기독교 건축은 말할 필요도 없고 서북유럽 중심의 중세 기독교 건축에서도 고전주의는 항시적으로 존재했다.

15~16세기 르네상스에 들어서자 고전주의는 전면적으로 부활했다. 이때 고전주의는 로마 건축을 말하는데 르네상스 건축가들은 로마에 남아 있던 고전주의 유적을 연구하면서 거기에서 자신들의 건축 모티프를 찾아냈다. 라파엘을 비롯하여 이 시기 왕성하게 활동했던 르네상스 건축가들은 유적의 스케치를 주요 업적으로 남겼다.

17세기 바로크 건축은 역종교혁명 이후 다시 전면에 등장한 가톨릭이 이끌었는데 그 내용은 여전히 로마 고전주의의 재창조에 머물렀다. 로마 고전주의를 주요 소재로 삼아 표현성이 강한 기법을 사용하여 기독교적 열정을 고취시켰던 것이다.

18세기 계몽주의와 19세기 제국주의에서도 고전주의는 시대 상황을 담아내는 가장 대표적인 건축 매개였다. 계몽주의 시대에는 각국 왕실에서 운영하는 아카데미가 설립되었다. 아카데미의 교육 내용에는 로마와 그리스 답사 여행이 주요 부분을 차지했다. 지중해 고전주의는 합리주의·낭만주의·신고전주의 등 당시 문화 예술을 주도하던 여러 양식으로 다양하게 재해석되었다. 19세기 제국주의 시대에는 지중해 고전주의가 각국의 민족적 정체성을 정의하는 선례 역할을 했다. 영국과 프랑스, 독일로 대표되는 각국은 자국에 맞는 고전주의를 정의함으로써

그리스 아테네의 올림포스 제우스 신전Temple of Olympus Zeus. 기원전 170년경에 지어졌다. 이 신전은 고대 오리엔트의 거석구조로부터 영향을 받아 지어졌지만 궁극적으로는 로마 건축의 모태가 되기도 했다.

팽창하는 제국주의의 욕망을 만족시킬 수 있었다.

헬레니즘의 전통은 모더니즘에서도 이어졌다. 모더니즘을 완성시킨 두 거장 르 코르뷔지에1887~1965와 미스 반 데어 로에1886~1969는 자신들의 건축 전략 가운데 고전적 비례감을 중요한 요소로 끝까지 지켰다. 이 가운데 특히 두드러진 것이 르 코르뷔지에였다. 그는 누구보다도 기계문명 예찬론자였지만 현대 기계문명의 정신을 지중해 헬레니즘의 틀 안에서 해석하려 했다. 르 코르뷔지에가 기계문명 시대를 대표하는 건축 방식으로 완성시킨 백색 빌라에는 지중해 헬레니즘이 추구했던 수평선이 가장 중요한 조형 요소로 차용되어 지켜졌다. 르 코르뷔지에는 이것을 백색 빌라의 수평창으로 표현했다. 수평창뿐 아니라 건물 전체의 비례감과 실내의 퓨리즘적 구성 개념에서도 헬레니즘의 수평적 비례감은 핵심 요소로 작용했다.

이상과 같은 이유로 고전주의는 각 시대에 따르는 수식어를 접두어로 가지며 서양 건축사의 전 과정에 걸쳐 다양한 세부양식으로 발전해왔다. 기독교 고전주의 · 중세 고전주의 · 고딕 고전주의 · 르네상스 고전주의 · 바로크 고전주의 · 계몽 고전주의 · 신고전주의 · 낭만적 고전주의 · 근대 고전주의 · 현대 고전주의 등 그 수는 헤아릴 수 없을 정도로 많다. 지역에 따라서도 서양 문명을 이끌어 온 주요 국가 및 지역의 이름을 접두어로 갖는 다양한 고전주의들이 있었다. '그리스-' · '로마-' · '이탈리아-'는 물론이고 '프랑스-' · '독일-' · '영국-' · '미국-' 등의 국가 단위, 그리고 롬바르디아 · 토스카나 · 베네토 · 파리 · 프로이센 · 바이에른 · 더블린 등 각국 내 지역 단위 등을 접두어로 가졌다.

지중해 건축의 의미 둘, 동방성

동방성이 갖는 뿌리의 의미는 헬레니즘 건축이 완성되는 데 중요한 밑바탕이 되었다는 점이다. 그리스 건축에 대한 동방의 영향은 이오니아 지역의 장식성, 서아시아-소아시아의 메가론megaron, 이집트의 가구식구조 등으로 요약될 수 있다. 이오니아 민족은 도리아 민족과 함께 그리스 문명을 완성시킨 장본인으로서 그 뿌리를 소아시아의 서쪽 해안에 두고 있는데 이 지역은 장식 전통이 강한 지역이었다. 이들은 이런 전통을 그리스 반도로 가지고 들어와 도리아 민족의 합리성과 합쳐냄으로써 그리스 고전주의를 완성시킬 수 있었다.

마케도니아 건축에 대한 동방의 영향은 서아시아-소아시아-이집트의 고대 거석성과 기념비주의로 요약될 수 있다. 자신의 위상에 맞는 거대건축을 원했던 알렉산드로스는 그리스 반도를 뛰쳐나와 동방으로 향했다. 이 과정에서 오리엔트 문명의 고대 거석건축을 접한 그는 이것을 모델로 삼고 그리스 건축을 소재로 삼아 자신만의 헬레니즘 거석문화를 완성시켰다. 알렉산드로스 자신이 일찍 죽었기 때문에 그의 건축이 크게 꽃을 피우지는 않았지만 그의 건축은 로마 건축의 주요 모델이 되면서 이탈리아 반도에서 뒤늦게 재현되었다.

그리스 티라Thira. 지중해를 대표하는 토속성의 전형적 모습이다.

　로마 건축에 대한 동방의 영향은 중앙집중형 공간구조, 아치–볼트–
돔 축조술 · 장식성 · 쾌락성 · 신비주의 등이다. 로마 문명은 여러 이민
족을 통합한 종합 문명이었는데 이 가운데 동방성은 핵심 요소로 작용
했다. 당시 로마에 문명을 전수할 만큼 발달된 선례를 가지고 있던 지역
은 그리스와 오리엔트밖에 없었기 때문이었다. 로마 건축의 전개 과정
은 오리엔트의 선례들을 받아들여 완성시켜나간 과정으로 이해될 수도
있다. 중앙집중형 · 아치 · 볼트 · 돔 등 로마 건축을 대표하는 대부분의
구성요소들은 모두 오리엔트에서 처음 시작된 것들로서, 오리엔트에서
는 불완전한 상태로 남아 있던 것을 로마 문명이 받아들여 정교하게 다
듬어 완성시킨 것이다.

　이후에도 동방성은 서양 건축의 전 흐름에 걸쳐 그 영향력이 끊이지 않
고 이어졌다. 특히 한 문명 양식이 한계에 다다랐을 때 동방 건축은 대안
적 돌파구를 제시하는 원천 역할을 했다. 비잔티움 건축은 대안적 돌파
구라기보다는 그 자체가 로마 건축을 포괄하는 우위적 개념으로서 독립
양식을 이루었다. 알프스 이북의 서북유럽 중세건축의 시작이라고 할 수

로마 체스티우스의 피라미드Pyramid of Cestius. 로마 건축에 배어 있는 동방주의 혹은 북아프리카 지역양식을 보여준다.

있는 카롤링거 건축이 성립되는 데에도 동방 건축은 중요한 선례 가운데 하나였다. 로마네스크 건축과 고딕 건축은 비잔티움 건축과 동시대 양식이었다. 이 두 양식은 비잔티움 건축으로부터 주로 중앙집중형 공간 · 조적 축조술 · 도상학 등의 측면에서 일정한 자양분을 공급받았다.

르네상스 건축은 표면적으로는 로마 고전주의의 부활이었지만 그 내면은 비잔티움 건축의 부활로 볼 수 있을 정도였다. 로마 고전주의 자체가 동방성과의 연관 없이는 생각할 수 없는 것이거니와 르네상스 건축의 핵심이라고 할 수 있는 중앙집중형 공간은 비잔티움 건축을 직접적 선례로 삼은 것이었다. 중앙형 교회는 중세 가톨릭의 선형 교회에 대비되는 프로테스탄트만의 정체성이 담긴 교회 유형이었는데 그 모델은 비잔티움 건축의 그릭 크로스와 펜던티브 돔에서 찾은 것이었다.

바로크 건축은 이슬람 건축의 기하주의와 비정형성을 창작 모티프로 차용했다. 바로크 교회는 타원형 공간을 주요 유형으로 추구했는데 이것의 모델이 된 것은 중세 지중해의 이슬람 건축으로서, 바로크 교회의

로마의 트라야누스 시장Tarjanus' Market. 서기 100~112년 사이에 지어졌다. 로마의 실용주의를 대표하는 건물이다.

타원형 실내와 복층 천장을 구성하는 복잡한 기하작도는 이슬람 건축의 기하주의를 차용한 것이었다.

계몽주의 이후 서양이 겪은 지리적 확장은 동방성에도 변화를 가져왔다. 변화는 두 방향으로 나타났다. 한 가지는 오리엔트를 넘어서 서남아시아·중앙아시아·동북아시아로까지 범위·대상·내용 등을 넓히는 확장적 경향이었다. 이것은 지중해성의 범위를 벗어나는 주제이다. 다른 한 가지는 토속성의 등장이었다. 지중해성은 토속성이라는 새로운 개념으로 대치되며 이 한 가지에 집중되는 변화를 보였다. 이런 변화는 동양에 대한 서양의 입장이 변화한 데서 찾을 수 있다. 산업 기계문명으로 무장한 서양은 이때부터 동양을 침탈과 지배의 대상으로 삼으면서 건축에서의 영향 관계도 복잡한 다면성을 형성해간 것이다. 동방으로부터의 영향을 지우려는 우월적 일방주의는 가장 대표적인 경향이었다. 그 자리를 매운 것이 바로 토속성 개념이었다.

콘스탄티노플Constantinople, 지금의 이스탄불Istanbul의 성 소피아Hagia Sophia 성당. 532~537년 사이에 지어졌다. 동방 기독교의 신비주의와 중앙집중형 공간을 대표하는 건물이다.

지중해 건축의 의미 셋, 토속성

　토속성은 중앙의 대표 양식에 대비되는 특수성과 지역성의 의미를 갖는다. 지중해 건축에서 나타난 최초의 토속성은 로마 시대 북아프리카의 지역주의였다. 로마 건축은 로마 문명이 그러했던 것처럼 여러 정복 지역의 건축을 합친 종합 건축이었다. 그런데 아라비아 반도-이집트-북아프리카로 이어지는 지역의 건축은 눈여겨 볼 만하다. 나머지 지역의 건축이 로마의 중앙표준 양식에 흡수되거나 동화되었던 데 반해 이 세 지역의 건축은 자신들의 토속전통 건축의 특징을 끝까지 지킨 것이다. 이 지역의 건축은 고대 바로크라는 로마 건축 내의 중요한 한 분파를 이루었다. 고대 바로크를 토속성의 관점에서 보면 북아프리카 지역 양식이 된다.

　토속성의 의미로서 지중해성은 특히 산업혁명 이후 기계문명이 한계에 처할 때마다 서양 건축에서 중요한 역할을 했다. 역할의 내용은 때묻지 않은 원시성으로 요약될 수 있다. 가장 먼저 산업화의 폐해를 겪은 19세기 영국 건축에서는 치유책으로 여러 정신 운동들이 시도되었다. 기독교 사회주의는 대표적인 예였다. 이 운동의 한 축을 담당했던 존 러스킨은 산업 문명의 대안으로 베네치아의 중세 장식주의를 찾았는데 이것에 담긴 건축적 가치는 다름아닌 기독교 정신과 공예적 장식성이었다. 공예적 장식성은 베네치아의 대표적인 건축적 전통이었다. 거꾸로 베네치아는 이탈리아 반도 내, 나아가 서양 건축 전체를 통틀어 공예적 장식성을 대표하는 지역이었다. 이는 동방으로 향하는 길목이라는 베네치아의 지리적 위치에서 기인한 것이었다.

　근대 건축으로 접어드는 세기말 서양 건축에서는 기계성의 정도를 받아들이는 문제를 놓고 힘든 고민을 했다. 이 문제는 일상 생활과 밀접한 연관을 갖는 공예 논쟁의 형식으로 나타났다. 20세기에 들어오면서 대세는 점차 기계성으로 기울었다. 그러나 19세기 미술공예 운동의 정신

이탈리아 라벤나Ravenna의 산 비탈레San Vitale. 526년에 시작되어 약 30여 년에 걸쳐 지어졌다. 이탈리아에서 융성했던 비잔티움 건축 혹은 동방 기독교의 영향을 대표하는 건물이다.

을 이어받은 일단의 근대 건축가들은 기계성이 가져올 생활조형 환경 전반의 질적 타락을 경계했다. 경계는 여러 방식으로 나타났는데 지중 해주의Mediterraneanism가 핵심 내용으로 부각되었다. 지중해주의란 한마디 로 기계문명의 삭막함에 대한 대안을 '때묻지 않은 원시성'을 가진 지 중해 토속 건축에서 찾으려는 운동이었다. 20세기 초 지중해주의가 찾 은 토속성은 '자연과의 일체를 전제로 환경-건물-실내-가구-일상용 품에 이르는 생활조형 환경 전체가 통일성을 유지함으로써 포근한 가정 의 가치를 지키려는' 것으로 요약될 수 있다. 그 모델을 지중해의 토속 건축에서 찾은 것이었으며 그들은 이를 통해서 일정한 수준 이상의 건 축적 가치를 획득할 수 있다고 믿었다.

지중해주의를 표출한 구체적 양식은 미술공예 운동과 아르 누보였다. 두 양식 모두 19세기에 본격적으로 등장한 산업생산 방식을 수용하는 문제로 고민한 운동이었다. 산업생산 방식을 받아들이되 이것이 가져올 정신적 가치의 몰락을 경계했던 두 양식이 그 대안으로 찾은 것이 지중

독일의 힐데스하임 성당Hildesheim Cathedral. 872년에 지어졌다. 로마네스크 건축을 대표하는 이 건물은 로마네스크 건축이 수평적 비례감·벽의 2단 구성·목조 평천장 등 로마 고전주의 전통을 종합화한 양식임을 보여준다.

해의 주거 방식이었다. 건물은 자연과 하나가 되고, 실내조형 환경은 다시 자연 환경 및 건물과 하나가 되는 모범적 예를 지중해의 오래된 주거 방식에서 찾은 것이다. 올브리히1867~1908와 호프만1870~1956 등은 이것을 서북유럽의 산업화된 생산 방식과 하나로 결합시키며 20세기 초반의 모더니즘 건축을 이끌었다.

지중해주의는 20세기 근대 건축의 거장 르 코르뷔지에에 의해 반복되었다. 르 코르뷔지에는 1920년대 추상 아방가르드 건축을 완성시킨 장본인 가운데 하나였으며 백색 빌라는 이것의 대표적 결과물이었다. 르 코르뷔지에의 백색 빌라는 구조 방식·공간 구성·색채 처리·논리 체계 등 여러 면에서 기계문명의 산물이었다. 그러나 그는 여기에 헬레니즘의 수평선과 고전주의의 조화 개념을 더함으로써 비로소 백색 빌라를 완성시킬 수 있었고, 30년대에 들어서는 직접 지중해주의로 변화했다.

기계문명의 한계를 느낀 르 코르뷔지에는 1년여의 지중해 여행을 떠났다. 마드리드로 돌아오는 배 위에서 그는 백색 빌라 이후의 자신의 건축관을 몇 가지로 정리했다. 이 가운데에는 기계문명의 연속선에 놓이는 것도 있었지만, 표현주의로의 변신은 이 시기 그의 가장 중요한 변화라고 할 수 있다. 그는 지중해 토속 건축에서 원시성의 조형적 힘을 발견했고, 이것을 대표적 근대산업 재료인 콘크리트로 표현했다. 그의 표현주의는 '검은 낭만주의' Black Romanticism라는 별명으로도 불리며 표현주의 건축 내에서도 독특한 위치를 차지했다.

2차대전 이후의 현대 건축에서도 지중해주의는 하나의 선례로 중요한 역할을 했다. 현대 건축의 큰 흐름이 근대 기계문명에 대한 저항적 대안이라는 점을 생각할 때 이것은 당연한 현상이기도 했다. 가장 먼저 문을 연 것은 뉴 브루털리즘New Brutalism이었다. 뉴 브루털리즘에서 추구했던 지중해성은 일상성의 가치였다. 이것은 현실 세계를 편견적 각색 없이 객관적으로 받아들이겠다는 건축관을 의미하며 그 대표적 예를 농가 같은 토속 건축에서 찾았다. 때문에 뉴 브루털리즘에서 새롭게 시도되었던 여러 중요한 건축적 실험에 대한 가장 유사한 실례는 과거의 고급 건축이 아니라 농가에서 볼 수 있다.

뉴 브루털리즘 건축가들은 농가 가운데에서도 특히 지중해 지방의 농가를 자신들의 건축적 실험 내용이 농축되어 있는 이상적 모델로 받아들였다. 소위 지중해 연안mediterranean basin은 헬레니즘 문명의 발상지로서 서양 건축의 뿌리에 해당되는 상징성을 갖는 지역이다. 뉴 브루털리즘 건축가들이 자신들의 건축 모델을 이처럼 뿌리의 지역에서 찾았다는 것은 일상성의 가치를 좀더 근원적인 차원에서 정의하겠다는 의도이다. 그들이 지중해의 농가로부터 찾아낸 건축적 미덕은 단순 육면체, 마감없이 사용된 토속 재료, 혹은 마감을 하더라도 가장 기본적 무채색인 흰색을 사용한 색채 처리, 대지 및 자연 환경에 편안히 순응한 일체감 등과 같은 가식 없는 솔직성이었다.

뉴 브루털리즘 건축가들에게 단순한 건축적 처리가 갖는 솔직성의 가치는 모더니즘 건축의 어떠한 고급 예술 건물도 줄 수 없는 근원적 가치의 중요성을 가진 것이었다. 솔직성의 가치는 뉴 브루털리즘 건축가들이 추구하던 일상성의 가치와 동의어로 받아들여지면서 이들의 작업에 중요한 선례 역할을 하였다.

기독교 중세 건축의 의미

지중해 건축에 포함되는 기독교와 중세의 의미는 두 가지로 정리될 수 있다. 한 가지는 초기 기독교-비잔티움-로마네스크-고딕으로 이어지는 기독교 중세 건축 각각의 양식사적 의미이다. 이것은 지중해 건축에 직접 속했던 앞의 두 양식에서 특히 두드러졌으며, 알프스 이북의 서북유럽을 기반으로 했던 뒤의 두 양식에서도 일정 부분 이어졌다. 다른 한 가지는 각 양식 내에서 지중해성이 갖는 의미 · 영향 · 역할 등이다.

앞의 두 양식에서 기독교와 중세를 포괄하는 더 넓은 개념으로 작용했던 지중해성은 뒤의 두 양식으로 오면서 기독교와 중세의 하위 개념이 되지만 그럼에도 여전히 서북유럽의 기독교 중세 건축이 형성되는 데 일정한 역할을 했다.

초기 기독교 건축은 로마 가톨릭 건축이었으며, 이 점에서 지중해 건축의 범위 내에 머물렀다. 지리적 기반은 오리엔트와 로마 제국 두 곳이었고, 건축적 내용에서도 당시 유행하던 로마 건축을 대거 차용하며 형성되었다. 가정교회는 로마의 주거 방식을, 카타콤은 로마의 지하무덤 방식을, 바실리카 교회는 로마의 바실리카, 교회의 앱스apse는 로마 신전의 앱스를 각각 차용했다. 초기 기독교 건축을 꾸미는 표현 어휘도 로마 고전주의가 주종을 이루었다. 초기 기독교 건축은 기독교 중세 건축이 가장 처음 시작된 양식이었지만 구체적 내용에서는 지중해 로마 건축의 범위 내에 머물렀다.

비잔티움 건축이 갖는 중세적 의미는 세 가지로 정리될 수 있다. 첫 번째는 그 자체가 독립 양식으로 갖는 의미이다. 비잔티움 건축은 초기·중기·말기로 구분된다. 구체적 내용에서는 펜던티브 돔pendentive dome과 그릭 크로스로 구성되는 중앙집중형을 대표적 특징으로 가졌다. 6세기에 시작되어 15세기까지 계속된 비잔티움 건축은 중세 전반을 관통하며 독자적이고 찬란한 건축 역사를 이루었다. 두 번째는 기독교 건축 내에서의 위치이다. 이런 의미를 갖는 것은 비잔티움 건축에서도 초기에 해당된다. 초기 비잔티움 건축은 초기 기독교 건축과 함께 고대 가톨릭을 구성했고, 이와 동시에 동방 기독교를 기반으로 삼아 로마 가톨릭 건축과 구별되는 독창적 내용을 이루었다. 신비주의는 이것을 대표하는 내용이다. 세 번째는 서양의 중세가 성립되는 기준의 역할이다. 서양의 중세는 건축적으로는 2차 서양화라는 의미로 정의될 수 있다. 동방성은 이것을 결정하는 데 중요한 기준 역할을 했는데 비잔티움 건축은 다시 그 한 가운데에 있었다.

알베르티Alberti의 설계로 이탈리아 리미니Rimini에 지어진 성 프란체스코S. Francesco 성당. 1446~50년 사이에 지어진 이 건물은 르네상스의 문을 연 건물 가운데 하나이다. 로마 고전 주의의 전면 부활을 잘 보여주고 있다.

로마네스크 건축은 지리적 중심지가 알프스 이북의 서북유럽으로 넘어간 첫 번째 양식이었으며 기독교 중세 건축이 본격적으로 시작된 양식이었다. 그러나 로마네스크라는 단어가 '로마다움'이라는 점에서도 알 수 있듯이 로마네스크 건축은 로마적 전통을 총집대성한 위에 게르만 전통을 해석한 건축이었다. 로마네스크 건축으로 이어진 로마 건축의 구체적 내용으로 석조 시공술 · 아치와 볼트 축조술 · 기둥체계 · 땅의 물성 · 고전적 비례감 · 조화정신 등을 들 수 있다.

시작부터 로마 기독교 건축을 모델로 삼아 시작된 로마네스크 건축에서는 선형 교회와 중앙집중형 교회의 두 가지 유형이 모두 활발하게 사용되었는데 이것의 모체는 로마 기독교 건축과 비잔티움 건축의 모델들이었다. 실제로 로마네스크 교회를 지을 때 로마 기독교 교회를 참고했다는 기록은 많이 남아 있다.

이런 현상은 로마네스크 건축의 문을 연 카롤링거 건축에서부터 두드러지게 나타났다. 샤를마뉴 대제는 뒤늦게 서로마 황제로 등극했으며 자신의 왕궁 단지를 초기 기독교와 비잔티움 건축을 선례로 삼아 지었다. 샤를마뉴의 시기를 긍정적으로 정의하는 '카롤링거 르네상스' 라는 말의 요체는 이처럼 로마적 종합화를 핵심 내용으로 했다. '르네상스' 라는 단어에서 알 수 있듯이 카롤링거 시기 때 이룩되었던 많은 문화 발전은 새로운 것이라기보다는 이전의 로마 기독교 시대 때 완성된 내용들을 서북유럽 상황에 맞게 변형시킨 것에 가까운 측면이 많았고, '서로마 제국의 부활' 의 의미에서 크게 벗어나지 못한 측면이 적지 않았다.

지중해성이 서북유럽의 기독교 중세 건축에 영향을 끼친 내용은 고딕 건축에서도 끊이지 않고 이어졌다. 고딕 건축은 기독교 중세 건축의 절정이자 서북유럽을 대표하는 양식이었다. 고딕 건축은 게르만 정신의 수직성과 유목성으로 대표되지만 그 속에는 지중해의 고전주의 전통이 함께 했다. '파리 노트르담-샤르트르-랭스-아미앵' 으로 이어지는 예들이 게르만 정신을 대표하는 족보였다면 '누아용-랑-부르주' 로 이어지는 예들은 지중해 고전주의의 안정적 비례감을 추구한 족보였다. 이 외에도 지중해를 기반으로 형성된 중세 수도회는 극기주의의 건축적 모델로 지중해 전통의 고전적 비례감을 선택했다.

고딕 건축은 통상적으로 고전주의와 완전히 반대되는 양식으로 인식되어 있다. 그러나 구체적 내용을 보면 고전성의 영향이 일정 부분 남아 있는 것도 사실이었다. 고전의 영향이 남아 있는 정도에 따라 고딕 건축은 고딕적 고딕과 고전적 고딕의 대별되는 두 경향으로 크게 나눌 수 있다. 고딕성과 고전성의 대별 상황은 지리적 분류와도 대체적으로 일치한다. 고딕적 고딕의 경향은 파리와 일드프랑스를 중심으로 한 프랑스 북동부 지방에 주로 지어졌다. 반면 고전적 고딕의 경향은 르망을 경계선으로 삼아 남부 지방에 주로 지어졌다.

지리적 분류는 정치적 상황 및 건축적 상황에 따른 결과로 볼 수 있다. 파리를 중심으로 한 일드프랑스 지역은 프랑스 왕실과 프랑스 가톨릭의 연합 세력의 본거지였다. 이 세력은 당시 유럽에서 가장 강력했으며 이것을 표출해줄 예술·건축 활동을 적극 후원했다. 샤르트르 스쿨로 대표되는 장인 학교는 이것의 대표적인 예였다. 연합 세력은 수많은 장인들을 거느리며 이들에게 새로운 건축술을 실험할 대형성당 공사를 지속적으로 발주할 수 있는 유일한 곳이었다. 장인들에게 요구된 과시적 경향은 정치 지도자와 기독교 지도자 양쪽 집단 모두에게 공통된 이해였다. 이런 상황에서 첨단 양식에 의한 고딕적 수직성을 추구한 것은 당연한 현상이었다.

반면 부르고뉴를 중심으로 한 중남부 지방은 로마네스크의 향수에 머물러 있었다. 11~12세기를 이끌었던 이 지방은 13세기에 들어오면서 주도권을 북부 지방에 내주고 뒤처지기 시작했다. 새로운 세력권과 경쟁할 의욕을 상실한 이 지역은 자신들의 과거 전성기를 대표했던 로마네스크적 세계관 안에 안주했다. 이에 따라 건축도 로마네스크 공간을 이루었던 고전 비례의 안정감을 주요 경향으로 추구했다.

임석재 서울대학교 건축학과를 졸업하고 미국 앤아버의 미시간 대학교에서 건축학 석사를, 펜실베이니아 대학교에서 프랑스 계몽주의 건축 연구로 건축역사학 박사를 각각 받았다. 현재 이화여대 건축학과 교수이다. 대표 저서로는 『추상과 감흥: 비엔나 아르누보 건축 1&2』 『한국현대건축 비평』 『미니멀리즘과 상대주의 공간』 『신추상과 네오 코르뷔지안 건축』 『한국적 추상논의』 『현대건축과 뉴 휴머니즘』 『기독교와 인간: 서양건축사 2』 『한국 전통건축과 동양사상』 『한국의 돌·담·길』 등이 있다.

지중해의 어느 언저리에도 이슬람의 흔적이 남아 있지 않은 곳은 없다. 그럼에도 불구하고 지중해는 19세기 유럽의 패권주의의 일환으로 그리스와 로마만의 지중해인 것으로 발굴되고 창조되었다. 그러나 우리가 재현해야 할 지중해는 그런 모습이 아니다. 지중해는 중세의 천 년 동안 이슬람의 바다였다. 이슬람 문명은 그리스와 로마의 문명뿐만 아니라 비잔티움 문명과 나중에는 유럽 문명까지도 광범위하게 수용하고 발전시킨 하나의 복합 문명이었다. 폭력과 전쟁의 문명으로 이슬람을 보는 오해와 무지를 깨고 지중해를 무대로 교류의 문명을 일군 이슬람의 참모습을 바라보는 것은 지중해를 이해하는 하나의 열쇠다. 이슬람의 지중해는 온전한 지중해의 모습을 되찾고 서구 역사의 참된 내면을 조망하게 해준다.

지중해 천 년 역사의 주인

이슬람의 지중해

북아프리카 튀니지의 함마메트 해변은 지중해의 파라다이스이다. 혁명과 반미의 소용돌이가 거리를 휩쓸고, 경제제재로 궁핍한 도심을 감싸는 트리폴리 앞바다도 역시 지중해다.

한없이 평온하고 크리스털처럼 깨끗한 바다. 하얀 백사장에서 밀려온 미역 다발 사이로 하얀 차도르를 단정하게 걸친 소녀가 조개껍질을 줍는 이슬람의 지중해이다.

북아프리카 지중해에서 느끼는 첫 인상은 그곳 사람들이 밝고 쾌활하며, 자기와 다른 것을 받아들이는 그릇이 유난히 크다는 사실이다. 그리고 그들 대부분은 프랑스나 영국의 뼈아픈 지배를 받았지만, 사무친 미움보다는 공존하면서 협력하는 분위기가 어느 다른 아랍 지역보다 강하다. 이것이 이슬람 지중해의 힘이다.

터키에서 이집트의 알렉산드리아로 이어지는 동부 지중해는 인류 문명의 요람이다. 유럽인이 발을 내디딜 생각조차 못할 때부터 엄청난 문명의 맥박이 태동을 시작한 곳이며, 이집트와 페니키아가 유럽 문명의 스승으로 자리한 곳이고, 아직도 그 태고의 숨소리가 이어져 살아 있는 현장이다.

서부 지중해의 안달루시아는 또 어떤가. 세비야-코르도바-그라나다라는 문화삼각지에 담겨 있는 역사와 문화의 향기는 너무나 현란하여,

지중해 문화의 진주라 해도 조금도 지나치지 않는다. 800년 이슬람의 토양 위에 꽃 피운 기독교 문화. 인종청소와 추방에 의해 그 땅의 이교도들은 모두 떠나버렸지만, 중세 최고 수준의 이슬람이 이베리아 반도에 남겨놓았던 문화와 예술의 경지는 무데하르 양식이라는 독특한 카테고리로 여전히 화려한 빛을 발하고 있다.

가장 유럽적이고 가장 라틴화한 삶이 집약되어 있는 남부 유럽의 지중해에도 바다 건너 남쪽, 아프리카 지중해의 모습을 많이 담고 있다. 나폴리와 시칠리아, 마르세유, 에스파냐의 안달루시아 등 북아프리카 대륙에 가까운 도시일수록 아랍의 정서와 이슬람의 영향은 더욱 강하게 묻어난다. 시칠리아에서는 자고 나면 바다 건너온 사하라의 먼지바람 캄신이 자동차 색깔을 바꾼다. 무엇보다 마음의 담을 쌓지 않는 자유분방함에다 옆에 앉은 누구와도 쉽게 친구가 되는 남부 유럽인들의 정서는 아랍인의 그것과 조금도 다르지 않다. 빵과 치즈에 검은 올리브와 따뜻한 홍차로 밤을 벗삼아 이어지는 소탈한 대화도 지중해만이 갖는 매력이다.

잊혀진 지중해의 또다른 얼굴을 찾아서

이제는 문명의 호수, 지중해를 하나의 문화적 총체로서 다루어야 한다. 우리의 머릿속에 그려지는 지중해는 남부 유럽의 하얀 지중해이다. 늘씬한 유럽의 미녀들이 비키니나 누드 차림으로 원색 파라솔의 해변에 몸을 내맡기는 장면에만 익숙해 있다. 지중해 주변을 까만 아프리카인이나 시커먼 수염을 기른 채 터번을 휘날리는 아랍인들이 서성거린다면 어떻게 될까? 도무지 어울리지 않을 것 같은, 지중해의 낭만과 신화의 신비감을 앗아갈 것 같은 불안감이 먼저 떠오르지는 않는지. 우리는 지금까지 지중해의 한쪽 얼굴만 보고 전부로 착각해왔거나 알면서도 드러내고 싶어하지 않았던 것은 아닐지.

19세기 말. 대영제국을 중심으로 유럽은 지금의 미국과 같은 절대 강자의 위치에 있었다. 막강한 군사력으로 오리엔트와 아프리카, 멀리 인도에까지 식민지를 두고 부를 독점했다. 그들의 세계 지배를 지탱해주는 인식의 세 기둥은 진화론과 백인우월주의, 그리고 기독교 중심 사상이었다. 모든 것을 차지한 유럽인들은 이제 진지하게 자신들의 역사와 문화의 뿌리를 찾고자 했다. 랑케를 중심으로 한 서양사학자들은 그 뿌리를 그리스와 로마에서 찾았다. 그것은 바로 지중해 문화였다.

그리스 문명을 일깨워준 지중해의 중심 문명은 크레타의 미노아였다. 미노아 문명은 바닷길로 지척에 있는 이집트와 오리엔트 문명을 받아들여 화려한 해양 문화로 꽃피울 수 있었다. 유럽 문화의 뿌리가 검은 아프리카 대륙이나 미개한 오리엔트의 자양분을 먹고 자랐다는 사실은 19세기 말 유럽 사회에서 도저히 받아들일 수 없는 망발이었다. 따라서 문명의 호수로서의 지중해는 인위적으로 변질되었다. 이제 모든 길은 로마로 통할 뿐이었고 이렇게 하여 지난 100년, 아프리카와 이슬람의 바다는 지중해에서 설 자리를 잃어버렸다.

지중해는 3,720킬로미터를 동서로 잇고, 300만 제곱킬로미터의 넓이를 돌고돌아 고대에는 이집트와 크레타, 페니키아를 품어 안았으며, 그리스와 로마라는 유럽 문명의 화려한 무대를 장식해주었다. 로마의 바다에서 이슬람의 바다로, 나아가 콘스탄티노플이 함락된 15세기 이후에는 제노아와 베네치아와 경쟁하면서 오스만의 바다로 그 위상을 바꾸기도 했다.

지중해는 아무리 예찬을 늘어놓아도 싫증나지 않고, 사랑이 식지 않는 곳이다. 지중해는 묘사가 필요 없다. 있는 그대로가 역사이고 예술이기 때문이다. 지중해는 결코 누구에게 독점된 적이 없으며, 공존과 화해의 산실로서 문화는 섞일수록 아름답고 발전한다는 문화법칙을 확인시켜준 생생한 현장으로 영원히 남아 있을 것이다.

콘스탄티노플 앞에 도착한 메흐메드 2세. 1453년 5월 29일 오스만의 젊은 술탄 메흐메드 2세가 이끄는 터키 군대가 드디어 콘스탄티노플에 입성하였다. 동로마 제국은 최후의 일전을 벌였으나 도시는 더 이상 동로마 제국의 찬란한 수도가 아니었다. 이제 지중해는 로마의 바다에서 이슬람의 바다로, 나아가 오스만의 바다로 그 위상을 바꾸기 시작했다.

복합문명, 이슬람

이슬람은 알려진 바와 같이 610년 아라비아 반도의 중심지 메카에서 마호메트라는 한 평범한 인간에 의해 완성되었다. 비잔티움과 사산조 페르시아의 300년에 걸친 오랜 전쟁으로 민심이 떠나버린 공백 상태에서 당시 이슬람은 새로운 희망이었다. 교역상인과 외국인은 물론 오랜 경제적 착취에 시달린 난민과 이주자들이 아라비아 반도로 몰려들었다. 새로운 기술과 물품, 종교와 이념도 함께 전달되었다. 특히, 유대교와 비잔티움의 기독교, 페르시아의 조로아스터교라는 세 일신교가 이슬람에 끼친 영향은 그 어떤 제도나 이념적 영향을 뛰어넘는 것이었다.

아라비아라는 척박한 문화 환경에서 발아한 이슬람은 활짝 열린 용광로를 통해 주변 문화를 적극적으로 수용하고 그것을 자기화함으로써 급속한 발전을 거듭하였다. 다른 문화에 대한 포용력과 융화력이야말로 이슬람 문화의 가장 큰 특징이라 할 수 있다. 페르시아로부터 주로 행정 체계와 제도를 도입하고, 그리스-로마의 지중해 문화로부터는 광범위한 철학과 사상을 받아들였다.

무엇보다 9세기에 고대 그리스 아카데미를 본따 바그다드에 설립된 '바이틀 히크마'Bait al-Hikma, 지혜의 집가 중요한 역할을 하였다. 그리스의 학문과 사상이 번역을 통해 광범위하게 수용되고 전승되었기 때문이다. 신학과 역사학과 시문학 분야를 제외한 실용적인 분야에서 그리스의 영향은 절대적이었다. 수학·천문학·물리학·화학·약학·약리학·지리학·농경학 등과 철학 분야의 그리스 서적들이 아랍어로 번역되어 획기적인 학문의 발전을 이루면서 아랍 르네상스라는 황금 시대를 열었다. 이론적인 그리스 과학에 비해 이슬람 과학은 훨씬 실용적이고 끊임없는 실험과 관찰에 의해 정교하게 다듬어졌다. 예를 들면 이슬람 기하학은 그리스 수학 이론에 기초했지만, 측량·건축·무기류 제작에 요긴한 실천 과학으로 거듭났고, 나아가 삼각법과 대수학으로 발전해 나갔다. 그리스 학문의 번역과 계승, 이슬람 사회의 과학·의학·건축 분야의 성과는 후일 라틴어로 번역되어 유럽으로 전해지면서 유럽 르네상스와 근대적 도약의 밑거름이 되었다.

아랍 문학에도 그리스-로마는 물론 동로마의 비잔티움 문화의 영향이 깊이 스며들었다. 가장 널리 알려진 아랍 문학인 『아라비안 나이트』는 내용에서 이집트·바빌로니아·인도·페르시아·유대 문화 요소를 종합적으로 받아들였고, 감정이입의 기법과 형식에선 그리스 고전문학의 전형을 따랐다. 문맹률이 높은 아랍에서 구전으로 전해지는 시의 사회적 기능이 중시되면서 방랑시인과 궁정시인들이 등장했고, 시의 정치선전화 경향이 나타났다. 이는 고대 로마 황제 아우구스투스 시대의 궁정시인에 기인한 것으로 국가의 안녕과 황제 찬미를 노래하던 기능이었다.

언어에서는 시리아와 히브리어로부터 신학 용어가, 그리스어로부터 과학과 철학 용어가, 라틴어로부터 법률 및 행정 용어가, 중세 페르시아어로부터 광범위한 사회-문화적 용어가 코란을 비롯하여 이슬람 사회에 유입되었다. 킴야kimya, 화학, 팔사파falsafa, 철학는 그리스어에서, 슈르타shurta, 경찰부대와 아스카르askar, 군인는 라틴어에서 유래되었고, 코란 첫 장에 나오는 알 시라트 무스타킴Al-Sirat al-Mustaqim, 올바른 길의 '시라트'도 로마의 스트라타strata에 해당된다. 토지세를 일컫는 이슬람 법률 용어인 카라지kharaj는 고대 그리스 세금 코레기아khoregia에서 파생되었고 코란에 메카를 지칭하는 '도시의 어머니'Umm al-Qura는 그리스어 '메트로폴리탄' metropolitan의 의미 차용이 분명하다.

• 이슬람권에서 유래되어 유럽에 소개된 일상용어

식품 관련	설탕sugar, 캔디candy, 오렌지orange, 레몬lemon, 캐비아caviar, 시럽syrup, 커피coffee, 사프론saffron, 셔벗sherbet 등

섬유 관련	면화cotton, 다마스크damask, 무슬린muslin, 거즈gauze, 모헤어mohair, 사틴satin, 타페타affeta, 파자마pajama 등
화초 관련	튤립Tulip, 재스민jasmine, 라일락lilac 등
학문 관련	천문학, 화학, 점성학, 연금술, 대수학, 물리학, 철학 등
생활 관련	알코올alcohol, 알칼리alkali, 관세tariff, 수표check, 카라반caravan, 갈라gala, 해저드hazard, 잡지magazine, 루트lute, 파라다이스paradise, 0zero 등

이슬람, 지중해로 진출하다

아라비아 반도에서 출발한 이슬람은 지중해를 만나면서 보편성과 세계 종교의 꿈을 이룰 수 있었다. 무슬림들은 633~640년 사이에 팔레스타인과 시리아를 점령함으로써 처음 지중해를 만났다. 이어 7세기 중엽에는 이집트에 상륙하여 북아프리카 지중해 연안의 이슬람화에 박차를 가했다. 이슬람 세력의 확장에 바다의 중요성을 깨우쳐 준 사람들은 해양 문화의 전통을 이어받은 시리아와 이집트의 선원들이었다. 7세기 후반부터는 유럽 지중해와의 본격적인 접촉과 충돌도 빈번하게 일어났다. 비잔티움의 콘스탄티노플이 아유브 안사리가 이끄는 아랍군에 의해 수차례 공격을 받았고674~678, 사이프러스와 비잔티움 제국의 지배하의 시칠리아가 공략당했다. 711년 타리크 이븐 지야드 장군이 이끄는 1만의 아랍 군대는 에스파냐의 알헤시라스에 상륙한 이후 세비야·코르도바·톨레도, 나아가 카탈루냐와 셉티마니아까지 단숨에 장악해버렸다. 당시 내전과 경제적 어려움에 시달리던 서고트 왕국의 에스파냐 주민들은 거의 무저항으로 아랍군을 맞았으며, 기대감으로 새 통치 체제를 선호한 것으로 전해진다. 이후 무어Moor라 불리는 북아프리카 무슬림들이 주도하는 이슬람 왕조는 1492년 그라나다의 함락으로 이어지는 800년간 안달루시아라 불리는 찬연한 이슬람 문화를 이베리아 반도에 남겨놓았다.

유럽 본토의 이슬람화는 732년 프아티에 전투에서 카를 마르텔이 이
끄는 유럽 연합군의 선전으로 일단 방어막을 칠 수 있었지만, 이제 지중
해를 사이에 둔 유럽과 중동, 북아프리카는 역사상 전례 없는 충돌과 접
촉의 시대로 접어들었다. 734년에는 이슬람군이 프랑스 남부의 아비뇽
으로 들어가 점령하고, 아를과 프로방스 지방이 약탈당했다. 737년에는
부르고뉴까지 북상해 수많은 포로를 노예로 잡아 에스파냐로 되돌아갔
다. 그러나 8세기 중엽부터는 유럽과 이슬람 세계 사이에 어느 정도 경
계와 통치권역이 정해지면서 충돌과 동시에 협력이 병행되었다.

9세기 말에 들어서도 이슬람의 지중해 제해권 우위는 계속되었다.
890년경 이슬람 함대는 프로방스 지방에 기지를 구축하여, 마르세유와
니스 등을 장악하였고, 서부 알프스까지 진격하여 순례자들과 교역 상
인들을 공격하기도 했다. 그러나 9세기 중엽부터는 노르만 왕국이 세력
을 확장하면서 남부 유럽 해안 지대와 지중해 내륙을 유린하기 시작했
다. 이후 2세기 동안의 침략과 약탈은 이슬람 세력보다는 노르만을 비
롯한 유럽의 신흥 변방 세력에 의해 주도되는 경우가 많았다. 그럼에도
서유럽 역사는 기독교 세계의 피해를 이슬람군의 약탈에 초점을 맞추고
이를 문학과 영웅담을 통해 극화시키고 반복하여 과장함으로써 비난과
적대감을 증폭시켰다. 이는 결국 11세기 이슬람에 대항한 기독교 세계
의 십자군 결성의 감성적 토대가 되었다.

동부 지중해는 중앙아시아에서 출발한 무슬림 터키족들이 11세기 아
나톨리아 반도로 입성한 후, 1453년 비잔티움 제국의 수도 콘스탄티노
플이 오스만 제국에 의해 함락됨으로써 이슬람의 바다로 바뀌었다.

유럽 남부 지중해와 에게 해의 섬과 해안 지대도 9세기 이후부터는
이슬람의 영향을 받게 되었는데 827년 이베리아 반도를 장악하고 있던
이슬람 왕조의 장군 지야하드 알라 1세Ziyahad Allah I의 시칠리아 침공이 서
막이 되었다. 시라쿠사에 이어 902년 타오르미나가 점령됨으로써 시칠

예루살렘 성지회복을 위해 행군하는 십자군 전사들. 지중해를 둘러싼 이슬람과 기독교 세력 간의 대립으로 시작된 전쟁은 후일 기독교 세계 내의 약탈과 침략전쟁으로 변질되어버렸다.

리아 전역은 지중해의 이슬람의 섬으로 새로운 문화와 이념을 경험하였다. 이어 지중해 중심의 교역 요충지 몰타가 아랍에 의해 점령되었다. 그후 1090년 시칠리아의 노르만 왕 로저에 의해 아랍 세력이 축출당할 때까지 이슬람은 몰타에서 단단한 뿌리를 내렸고 이 기간 동안 몰타는 문화적 번성기를 이루었다. 당시 이슬람 세력은 토착 기독교 주민들을 포용하였고, 시트러스 열매·면화 등 새로운 작물을 이식해 농업 발전에도 크게 기여했다. 지금도 몰타의 언어와 지명, 관습에는 아랍의 잔재가 많이 남아 있다. 이렇듯 9~11세기의 200여 년 동안 지중해 전역은 이슬람의 바다라 불릴 정도였다.

에게 해의 그리스 연안 도서를 중심으로 하는 동부 지중해는 대부분 오스만 제국 시대에 본격적인 이슬람의 영향을 받았다. 1453년 콘스탄티노플 함락 이후 1456년경에는 서양 문명의 정신적 구심점인 아테네를 비롯한 거의 대부분의 그리스 영토가 오스만의 수중에 들어갔다.

아드리아 해를 끼고 있는 발칸 반도의 지중해에도 군데군데 이슬람

공동체가 숨어 있다. 42퍼센트의 무슬림, 37퍼센트의 세르비아 정교, 15퍼센트의 가톨릭이 불안한 동거를 하는 보스니아는 동부 유럽에서 기독교와 이슬람 두 문명이 충돌하는 비극의 현장이기도 했다. 주변 국가의 끊임없는 공격에 시달리던 보스니아는 1383년 터키군의 공격을 받아 1463년까지 사라예보를 수도로 하는 오스만 제국의 속주가 되었다. 그 뒤 400년간 보스니아는 오스만 터키 제국의 점령 아래에서 많은 주민들이 이슬람화되었고, 이슬람 문화가 두텁게 뿌리를 내렸다. 그러나, 19세기 중엽부터 발칸 반도의 민족주의 투쟁이 본격화되면서 세르비아에 의한 보스니아 무슬림 인종 청소와 문화 말살이라는 지울 수 없는 상처를 남겼다. 공존과 화해라는 지중해의 메시지가 다시 한번 절실하게 와닿는 곳이 발칸의 보스니아 헤르체고비나이다.

이슬람과 르네상스의 만남

십자군 전쟁은 외관상으로는 이슬람과 기독교 세계의 충돌로 보일지 모르지만, 실상은 서구와 동방이 전방위적으로 만나면서 낙후된 서구가 동방의 선진문화에 커다란 자극을 받는 계기가 되었다. 향료와 진귀한 상품들은 물론, 오렌지·레몬·커피·설탕·면화 등과 그 재배법이 유럽에 소개되었고, 비잔티움과 소아시아, 무슬림 에스파냐 등지의 의복과 패션, 일상 생활 방식까지 중세 유럽 사회에 깊숙이 침투했다. 이슬람 문화와 학문적 성과가 유럽 사회에 범람하던 것도 이 시기였는데 대학자이자 토마스 아퀴나스의 스승이기도 한 알베르투스가 1245년 아랍 복장을 입고 파리에 도착하는 해프닝이 있을 정도였다. 당시 아랍 복장은 이교도의 상징이나 유행이 아니라, 학자의 품위와 신분을 상징하는 표현이었고 유럽 지식인 사회에서 무슬림들은 철학자와 동의어로 여겨질 정도였다.

아랍 복장에 대한 수요가 늘어나면서 수입된 직물에 생산지의 이름을 붙이면서 그것이 그대로 직물의 명칭이 되어 버렸다. 모술에서 모슬린muslin,

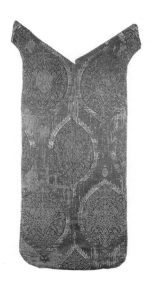

오스만 제국의 직물은 유럽에서 대단히 높이 평가되었다.
많은 직물이 교회의 성의를 만드는 데 쓰였다.

바그다드에서 발다친baldachin, 이탈리아어 표기, 다마스쿠스에서 다마스크damask
등이 그것이다. 지중해 연안 도시를 중심으로 유럽 상층부는 이집트·
시리아·페르시아·투르키스탄·카프카스 지역에서 카펫, 코르도바와
모로코에서 금박 직물과 채색 가죽 제품, 알메리아에서 은수예 섬유, 무
르시아와 말라가에서 실크 등을 수입하면서 이슬람 열풍에 휘말리고 있
었다. 단순한 직물뿐만 아니고 아랍 이슬람 세계의 정교한 실내장식과
화초와 아랍어 서체를 활용한 아라베스크 문양이 15세기까지 유럽 건축
과 예술 부분에 커다란 영향을 끼쳤다. 특히 튀니지, 모로코를 거쳐 무슬
림 에스파냐에서 독특한 형태로 발전된 무데하르 양식은 유럽 고딕 양
식에 새로운 장르를 열어주었다.

　이슬람 문화를 유럽에 전달하는 과정에서 이베리아 반도는 중요한 지
식의 산실이 되었다. 톨레도를 중심으로 유대인과 무슬림으로 구성된
번역전문 집단이 결성되어 체계적인 번역 사업이 추진되었다. 더욱이
학문 발전에 원동력이 되었던 중국 제지 기술이 10세기에 이미 이베리
아 반도에 도입되었고, 톨레도에 제지 공장이 설립되어 기록과 보존의
혁명이 일어났다. 이 시기에 아랍어는 필수 언어로 간주되었고, 거의 모

아라베스크 문양으로 장식된 미흐랍과 액세서리판. 아라비아 글자가 아라베스크 무늬와 절묘하게 조화를 이루고 있다. 이슬람 세계의 정교한 실내장식과 화초, 아랍어 서체를 활용한 아라베스크 무늬는 15세기까지 유럽 건축과 예술 부분에 커다란 영향을 끼쳤다.

든 학자들이 아랍어 습득에 많은 노력을 기울였다. 거의 대부분의 고대 그리스 문헌들은 물론 인도와 중국에 관한 지식과 정보가 아랍어로 번역되어 있었을 뿐만 아니라 단순한 번역을 넘어 아랍 학자들의 주해와 탁월한 재해석을 놓칠 수 없었기 때문이었다.

그렇지만 역설적이게도 1492년 그라나다 이슬람 왕국의 패망으로 무슬림과 유대인들에 대한 대대적인 추방과 학살이 이어졌고, 1502년 살아남은 무슬림과 유대인들에 대한 집단 강제 개종으로 800년간 축적된 찬연한 지적 기반이 상실되어 이베리아 반도는 문화의 빛을 잃었다. 에스파냐는 뒤이은 신대륙 식민물자의 유입으로 일시 회복하는 듯했으나, 곧 쇠망의 길을 재촉하고 말았다.

이슬람 문화의 이해를 위한 필수적인 단계인 코란과 이슬람 신학 체계가 먼저 연구되고 번역된 것도 특이하다. 루트렌드의 로버트Robert가 코란을 번역한 것도 이 시기였다. 비록 로버트의 코란 번역은 불완전하고 많은 오류를 갖고 있지만, 향후 이슬람 문헌 번역 사업의 중요한 시

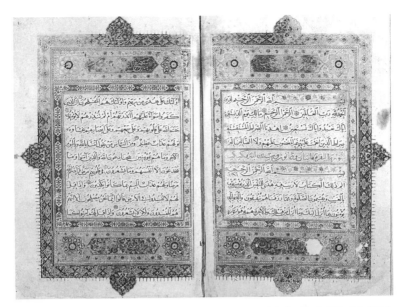

16세기 아랍어 필사본 『코란』. 이슬람의 경전인 『코란』은 이슬람교를 완성한 마호메트가 610년경부터 632년 그가 죽을 때까지 유일신 알라의 계시를 집대성한 이슬람교의 경전이다. 예언자 마호메트가 40세경 사우디아라비아의 메카 근교의 히라산 동굴에서 천사 가브리엘을 통해 첫계시를 받았다고 한다. '코란'은 아랍어로 '읽혀야 할 것'이라는 뜻이다.

금석이 되었다. 그러나, 대부분 서구 학자들의 이슬람 연구는 근본적으로 이슬람 속에서 모순을 찾아 이를 비판하고 기독교 신앙의 우수성을 확증해보이려는 의도로 진행되었기 때문에, 이슬람의 본질이 상당 부분 훼손된 경우가 많았다.

이러한 경향은 토마스 아퀴나스의 견해에서 잘 나타난다. 이슬람에 대한 해박한 지식을 갖추었던 그는 이슬람의 네 가지 해악에 대해 주창하기도 했다. 즉, 이슬람은 진리를 왜곡했으며, 폭력과 전쟁의 종교이며, 무분별한 성적 접촉을 허용하는 종교이며, 마호메트는 거짓 예언자라는 것이다. 그의 이슬람에 대한 견해는 그 뒤 유럽 지성 사회에 그대로 전달되어 서구 사회의 이슬람 오해와 적대감 형성에 부정적인 영향을 끼쳤다.

구체적인 학문 성과를 보면, 프톨레마이오스의 대작 『알마게스트』,

카와리즈미의 대수학, 아불 압바스 알 파르가니의 천문학과 점성학, 아부 마샤르알부마사르의 천문학 개설 등이 번역, 정리되었다. 특히 수학의 개념에 혁명적 전환점을 마련한 '0'의 개념이 유럽에 소개된 것은 주목할 만한 부분이다.

의학에서는 11세기 들어 히포크라테스와 갈레노스 등 소아시아 페르가뭄 출신 그리스 의사들의 의학서가 번역되었고, 의학 연구의 산실로는 살레르노가 유명하였다. 중세 유럽 의학 번역에서 가장 중요한 업적은 이븐 시나의 연구와 번역으로, 유럽에서 아비켄나로 널리 알려진 이븐 시나는 알 라지와 함께 유럽에서 가장 잘 알려진 의학자였다. 이븐 시나의 방대한 의학 종합백과사전인 『의학정전』은 13세기 이후 라틴어로 번역되어 수백 년 동안 유럽 의과대학의 기본 텍스트로 사용되면서 근대의학의 기초를 밝혀주었다. 또한 920년에 사망한 이란 출신의 이븐 자카리야 알 라지는 천연두에 관한 기념비적인 저술을 남겼는데, 그는 중세 유럽에서도 가장 위대한 내과의사로 평가되었다.

수학과 의학이 실용적인 관심에서 출발했다면, 서구 학자들에게 철학은 신학적 이론틀을 마련하는 근거로서 중요한 의미를 지니고 있었다. 아리스토텔레스의 신플라톤 철학적 이론을 정리한 아랍학자 알 킨디와 알 파라비의 주해가 번역되어 소개되었고, 무엇보다 의학자로서도 유명했던 이븐 시나의 철학 사상은 13~14세기 유럽 대학의 철학 연구의 표본이 되었으며, 그의 저술이 없었다면 토마스 아퀴나스나 보나벤투라 같은 중세 신학자들의 탁월한 업적이 빛을 발하지 못했을 정도였다.

서구 사상에 지대한 영향을 끼친 이븐 시나에 필적하는 또 한 사람의 이슬람 철학자는 코르도바의 이븐 루슈드였다. 그는 일부 신학자들에 의해 무신론자와 기독교의 적으로 매도당하기도 했지만, 토마스 아퀴나스의 스승이었던 알베르투스 마그누스를 비롯한 당대 서구학계에서 최고의 아리스토텔레스 권위자로 평가받았다.

중세의 전반적인 반이슬람 분위기 속에서도 객관적 방법론과 학문적

아리스토텔레스. 알렉산드로스 대왕을 가르치는 등 여러 곳에서 연구와 교수를 거쳐 기원전 335년에 직접 학원을 열었다. 지금 남아 있는 그의 저작의 대부분은 이때의 강의노트이다.

태도를 가지고 이슬람을 있는 그대로 바라보고, 기독교와의 유사성을 통해 공존과 화해를 도모하려는 시도도 있었다. 그 대표적인 학자가 굴랑 포스텔Guillaume Postel이었다. 비교언어와 아랍어에 정통한 포스텔은 종래의 코란 오역과 무지에서 비롯된 이슬람에 대한 오해를 바로잡고 일신교로서의 기독교와 이슬람의 유사성을 설파했다. 물론 교회 성직자와 당대의 보수적인 학자들로부터 심한 비난을 받았지만, 그의 저술들은 이슬람을 바로 알리는 데 긍정적인 역할을 했다.

근대화와 이슬람의 서구 배우기

중세 문명의 주도권은 이슬람 세계에 있었고, 사상과 물자의 주된 흐름도 이슬람 세계에서 지중해를 통해 유럽으로 향하고 있었다. 그 중에는 유럽에서 이슬람 세계로 역류한 것도 있었는데 주로 실생활에 유용한 물품과 기술들이었다. 알람이 달린 벽시계와 손목시계, 안경이나 망

11세기의 비잔티움 공성기. 십자군 전쟁은 외관상 이슬람과 기독교 세계의 충돌로 보이지만 실상은 서구와 동방이 전방위적으로 만나면서 서로의 문화에 커다란 자극을 받는 계기가 되었다. 이 시기에 유럽의 공성포·야전포·권총 등 신무기들이 이슬람 세계로 전해졌다.

원경 같은 새로운 고안품, 완두콩·옥수수·감자·토마토 등 식용 작물들이 이슬람 세계로 이식된 대표적인 것들이다. 특히 십자군 전쟁을 전후하여 이슬람 세계에는 알려져 있지 않던 유럽의 공성포·야전포·권총 등 신무기와 화약 재료·전쟁 기술 등도 유럽으로부터 전해졌다.

그렇지만 유럽에 대한 이슬람의 지적 우위와 정치적 주도권은 여전했으며 그런 경향은 17세기까지 계속되었다. 13세기까지는 바그다드의 압바스 제국이 중심이 되었고, 15세기 안달루시아의 그라나다 왕국이 쇠퇴한 후에는 오스만 제국이 주도권을 이어갔다. 특히 오스만 제국은 지중해 연안을 차지하고 발칸 반도로 진격하여 유럽과 직접 접촉하면서 두 문화가 서로 소통하고 교류하는 통로 역할을 하였다. 그렇지만 동부 유럽을 자신의 영역에 포함시키고 빈까지 진출한 오스만 제국의 팽창은

그라나다 왕국은 에스파냐 안달루시아 지방의 옛 도시 그라나다를 중심으로 한 이슬람교 왕국이다. 알람브라 궁전 등 세련된 이슬람 문화를 이베리아 반도에 꽃피웠으나, 1492년 아르곤–카스티야 통합왕국의 이사벨라 여왕과 페르난도 왕의 리콩키스타(재정복)에 의해 멸망당했다.

1683년 빈 공략의 실패로 정점에서 쇠퇴기로 접어들게 된다. 물론 이슬람 세계가 유럽과의 경쟁에서 밀리는 역사적 사건을 1798년 나폴레옹의 이집트 상륙으로 보는 견해도 있지만, 적어도 빈 공략 실패 이후 이슬람 세계는 팽창에서 수세로, 상대적으로 유럽은 숨죽이는 긴장 속에서 반격의 희망을 갖게 된 것으로 보인다.

지중해 이슬람 세계를 대표하던 오스만 제국의 쇠퇴는 내부 갈등과 내적 혁신의 실패에서도 그 원인을 찾을 수 있겠지만 유럽 본토의 기술 혁신을 따라잡을 수 있는 인식의 변화가 부족했던 것도 쇠퇴의 원인이라 할 수 있다. 그들은 여전히 그리스–로마를 이어받은 지중해 유럽을 제외한 유럽 전체를 배울 것이 없는 미개한 사회로 간주하고 있었다. 한 터키 역사학자의 독백처럼 '형이상학적인 종교적 자만심이 과학과 기술의 물결을 이길 수 없었다.' 그 중 가장 뒤처진 분야는 조선술과 무기였는데 그것은 상업적 질서의 역전과 군사력의 열세를 의미하였다. 그렇게 한 번 주도권을 뺏긴 무슬림들이 유럽을 따라잡기는 힘들게 되었다.

그럼에도 그들은 서구를 배우려는 정책으로 방향을 틀었고, 점진적이기는 하지만 착실히 서구를 받아들였다. 18세기에 들어 이슬람 세계가 서구에 관심을 갖고 가장 심혈을 기울인 분야는 군사 제도와 신무기였다. 연이은 전쟁 패배는 영토와 물자의 유린에 그치지 않고, 중세 천 년을 유지해왔던 문화와 종교적 우월감에 대한 자부심마저 앗아가고 있었기 때문이었다. 18세기에 들어 오스만 제국 내에는 유럽식 전쟁 방식을 가르치기 위한 군사 학교가 설립되었고, 유럽에서 군사 교관이 초빙되었다. 이것은 이슬람 세계로서는 어마어마한 변화였다. 과거에 이교도 야만인으로 경멸하던 유럽인들로부터 교육을 받고 그들의 언어를 배우고, 그들의 지시에 따라야 하는 상황이 벌어진 것이다.

그리고 급기야 19세기에 들어서는 물자와 기술을 비롯한 외관의 모방만이 아닌 제도와 사상에 이르기까지 사회 전체의 변혁으로 서구화의 양상이 이어졌다. 그리고 서구식 개념의 인권과 자유, 의회 제도와 민주주의의 씨앗이 이슬람 세계에 강제되기 시작했고 그 과정은 지금도 진행형이다.

다시 협력의 시대로

지중해는 열린 공간이었고, 시대를 더해갈수록 새로운 문화를 끊임없이 창조해낸 인류 역사의 보물창고였다. 수많은 크고작은 사건과 문명의 용광로 속에 이슬람과 유럽 기독교라는 커다란 두 줄기 이념의 경계가 있었다. 둘은 때로는 경쟁하고 때로는 협력하면서 상호보완적 관계를 맺어왔다. 서로에게 자극을 주어 끊임없는 자기 혁신과 수준 높은 창조적 원동력을 제공해주었다. 5,000년의 긴 역사에서 지중해는 이집트와 오리엔트 시대를 거쳐 그리스-로마로, 중세 이슬람 문화의 전성기를 지나 르네상스와 대항해 시대로, 그리고 다시 오스만 제국 시대를 건너 근대 유럽의 탄생으로 정치 군사력의 주도권과 문명의 물줄기가 수시로 바뀌어 갔다.

그럼에도 지금까지 지중해는 유럽 기독교 문화의 중심영역쯤으로 인식되어 왔다. 그리스-로마 문화와 르네상스에 대한 유럽인들의 집착과 역사 인식이 너무 강했던 탓이다. 따라서 서구 중심의 역사관에서 지중해는 또 다른 중요한 영역인 이슬람의 바다로서의 역할과 역사적 의미가 왜곡되거나 의도적으로 축소되었다. 그렇지만 이슬람의 바다로서의 지중해야말로 오늘의 서양을 있게 한 원동력이었다.

괴타인의 적절한 표현대로 지중해의 이슬람 문명은 시간과 공간 모두에서 '중간적 문명'이었다. 이슬람 문명의 공간적 경계는 남유럽 · 중앙아프리카 · 남아시아 · 동남아시아 · 동아시아였고, 이 지역의 모든 요소들을 받아들여 녹였다. 시간적으로는 고대와 현대 사이에서 헬레니즘과 유대-기독교 유산을 유럽과 공유했고, 외곽의 다양한 문화 요소들을 받아들임으로써 유럽의 암흑 시대를 대신하여 인류 문명을 밝혔다.

이슬람의 역할과 인류사적 기여는 지중해라는 문명의 호수를 갖고 있었기에 가능했고, 또한 지중해라는 젖줄을 통해 유럽을 깨우치고 나아가 근대 이후에는 역으로 이 길을 통해 유럽을 다시 배우게 되었던 것이다. 따라서 이슬람의 지중해를 만나는 것은 온전한 지중해의 모습을 되찾고, 서구 역사의 참된 내면을 조망할 수 있는 길이 될 것이다.

이희수 터키 이스탄불 대학에서 중동역사로 박사학위를 받고 그곳에서 조교수로 재직했다. 현재는 한양대학교 문화인류학과 교수로 있으며, 9·11 이후 중동 지역에서 일고 있는 지적 각성과 토착 민주화, 서구와의 건설적인 관계 모색 등과 같은 새로운 변화의 물결을 예의주시하며 연구하고 있다. 『이슬람 문화』 『터키사』 『한-이슬람 교류사』 『중동의 역사』 『지중해문화기행』 『세계문화기행』 등 20여 권의 저서와 역서가 있다.

"안달루시아는 세상의 끝이라고 여겼던 이베리아 반도에서 이슬람 문명이 유럽 문명과 교류하여 빚어낸 교차문명의 대표적인 예다. 이베리아 반도는 사실상 유럽과 아프리카의 중간에 위치하면서 기독교와 이슬람을 잇고, 고대 및 중세의 지중해와 근대의 대서양을 잇는 문명의 교차로 역할을 했다. 이베리아는 지중해 문화를 아메리카 대륙에 전파하면서 지중해 문명의 범주를 대서양 너머로 확장시키는 역할을 했고, 그러한 모습을 가장 잘 보여주는 곳이 안달루시아다. **"**

안달루시아, 이슬람과 유럽 문명의 교차점

에스파냐의 지중해

　세계에서 가장 광대한 유라시아 대륙의 서쪽 끝에 자리잡고 있는 에스파냐는 이 대륙의 동쪽 끝, 한반도에 살고 있는 우리들에게는 그 거리만큼이나 낯선 미지의 존재이다. 그러나 극단과 극단은 만난다고 했던가? 에스파냐와 한국은 여러 가지 점에서 놀라울 정도의 유사성을 가지고 있다. 우선 유럽에서 러시아를 제외하고 가장 많은 외적의 침략을 받은 나라가 에스파냐라는 점을 상기해보면 궁금함의 실마리가 풀리리라. 다만 한민족이 그 간난의 역사를 겪으면서도 단군 할아버지의 혈통을 이어받은 단일민족의 신화를 고수해왔다면, 건국신화 자체가 없는 에스파냐는 시시각각 변하는 천의 얼굴을 우리에게 보여준다.

　유럽 중심으로 펼쳐지는 고대 세계사는 곧 지중해의 역사였고 이 시기에 에스파냐는 세상의 끝이었다. 그리스 신화에도 이러한 생각이 잘 반영되어 있다. 헤라클레스가 에우리스테우스에게 게리온의 소를 갖다주기 위해 가야만 했던 지구의 끝, 석양이 지는 붉은 색의 땅이 바로 에스파냐였다. 세계의 끝이었던 에스파냐는 미지의 바다mare ignotum 대서양을 개척하여 근대의 막을 올리며 세계사의 중심 무대로 화려하게 등장한다.

　한편 에스파냐는 항상 유럽과 아프리카의 중간자적 존재였다. 유럽과 아프리카 사이의 존재란 곧 유럽 그리스도교와 북부 아프리카의 이슬람교 사이의 완충 역할을 해왔음을 의미한다. 실제로 에스파냐는 이슬람 교도들의 침략과 지배를 받으면서 그리스도교와 이슬람 교도들이 진검 승부를 벌인 성전聖戰의 무대였다. 결국 에스파냐는 그리스도교 문명과 이슬람 문명을 잇는 두 대륙의 수직축과, 고대·중세와 근대를 잇는 두 대양의 수평축이 만나는 심장부에 위치하고 있는 것이다.

에스파냐가 위치한 이베리아 반도의 지형 구조는 매우 독특하다. 거의 사면이 바다로 둘러싸여 있으며 그나마 유럽과의 통로 역할을 하는 지역은 해발 3,000미터의 험준한 봉우리들이 즐비하게 늘어서 있는 피레네 산맥으로 가로막혀 있다. 결국 에스파냐는 지형적으로 고립된 섬과 다름없는 존재로서, 대외 관계에서도 유럽보다는 불과 15킬로미터의 바다를 사이에 두고 있는 아프리카 대륙과 더욱 밀접한 관계를 맺어 왔음을 짐작하게 해준다. '아프리카는 피레네에서 시작한다'라는 농담은 결코 과장된 말이 아니다.

이베리아 반도의 중앙에 펼쳐져 있는 메세타라 불리는 고원 지방에는 예로부터 목축과 농경 문화가 자리잡았고 지중해를 끼고 있는 해안 지방에는 외국과의 교류를 통해 상업이 발달했다. 또한 중앙 고원 지역에는 전통적으로 중앙집권주의적 정치 성향이, 그리고 해안 지방에는 해양 문화를 배경으로 한 지방분권적 성향이 나타나 에스파냐 역사의 방향을 좌우해왔다. 이렇게 대륙권과 지중해권으로 대별되는 반도의 두 성향을 가리켜 전통적으로 '두 개의 이베리아'Dos Iberias라고 불러왔는데 이베리아 반도의 지중해권 문화의 중심이 바로 남부 안달루시아 지방이었다.

안달루시아, 지중해 고대 문명의 각축장

에스파냐 최남단에 위치한 안달루시아는 여러 가지 점에서 에스파냐 문화의 특징을 압축해 보여주는, 에스파냐의 꽃이라 할 수 있다. 에스파

기타 반주와 노래에 맞춰 춤을 추는 플라멩코 무희

냐에 대해 알려져 있는 대부분의 이미지들이 안달루시아 지방을 빼놓을 때 설명되지 않는다. 지중해 연안을 따라 늘어서 있는 순백의 해변과 작열하는 태양, 짙은 눈썹과 그윽한 눈동자를 지닌 에스파냐 처녀들의 정열, 집시 여인의 한을 분출하는 플라멩코 가락, 빛과 그늘이 교차하는 원형의 모래판에서 삶과 죽음의 유희를 벌이는 투우사, 살아 있는 지상 낙원을 보여주는 알람브라 궁전 등 모든 것이 안달루시아에 있다.

이 고장은 또한 우리들에게도 친숙한 「세비야의 이발사」와 「카르멘」, 그리고 세기적인 바람둥이 돈 후안의 활동 무대이자 벨라스케스 · 피카소 · 가르시아 로르카 등 수많은 예술가와 작가들의 고향이기도 하다. 한편 안달루시아는 앞서 언급한 에스파냐의 지정학적 특성을 한몸에 구

그라나다의 알람브라 궁전에서 가장 아름다운 건물로 손꼽히는 파티오 데 로스 아라야네스

현하고 있다. 네덜란드와 벨기에를 합한 것보다 더 넓은 땅을 가진 이곳은 지중해와 대서양을 모두 접하고 있고 그리스도교, 유대교 그리고 이슬람의 문화가 조화롭게 공존하고 있다.

안달루시아는 예로부터 풍부한 광물 자원을 가진 땅으로 널리 알려지면서 고대 시대부터 수많은 외세의 각축장이 되어왔다. 이베리아 반도가 최초로 역사에 부각된 것은 위대한 지중해 문명이었던 페니키아와 그리스인들이 이 땅에서 식민 활동을 벌이면서부터이다. 이베리아 반도의 풍부한 자원과 비옥한 땅에 매료된 그들은 문자·광물제련법·어업 기술·화폐 경제 등을 도입했다. 특히 이베리아 반도를 지중해 무대에 데뷔시킨 페니키아 사람들은 기원전 1100년경 서부 유럽 최초의 도시인 카디스Cadiz를 건설하여 서부 지중해권의 최대 도시로 발전시켰다. 한편 기원전 7세기에는 그리스인이 에스파냐 동부 해안에 식민시를 건설하여 페니키아인들과 경쟁적인 교역 활동을 하였다.

그런데 현재 안달루시아의 저지대인 과달키비르 강 계곡에서 발견되는 유적들은 이 지역에 고도의 문명을 가진 국가가 있었음을 증명해준다. 타르테수스Tartessus라 불리는 이 전설적인 왕국은 반도 최초의 국가 조직이었으며 페니키아와 그리스의 지중해 문명이 원주민 문명과 조우하면서 생겨났을 것으로 추정된다. 타르테수스는 안달루시아의 특산물이었던 주석을 독점하여 무역하면서 번창했고 기원전 7세기경에 전성기를 맞았을 것으로 보인다. 타르테수스의 존재는 이베리아 반도가 고대 지중해 세계에 어떻게 알려지고 있었는지에 대해 많은 시사점을 준다. 이 타르테수스는 구약 성경의 열왕기·에제키엘서·시편·예레미야서 등의 많은 구절에 등장하는 다르싯Tarshish이었을 것으로 추정되며, 요나서에서 요나가 니느웨로 가서 전교하라는 하나님의 명령을 거역하고 향하다가 물고기 밥이 되는 지방이기도 하다.

타르테수스는 고대 그리스의 지리학자인 스트라본이 저술한 『지리지』와 역사가인 헤로도투스의 『역사』에서도 언급된다. 그런데 흥미로운

끝없이 펼쳐진 안달루시아 지방의 올리브 과수원

것은 타르테수스가 거의 예외없이 비옥한 땅과 풍부한 목축과 광물을 가지고 있을 뿐만 아니라 불로장생不老長生하는 지상낙원으로 그려져 있다는 점이다. 이는 동해에 있다는 신선의 섬에 가서 불로초를 구해오도록 지시한 진시황제의 이야기를 떠올리게 한다. 유라시아 대륙의 최극단에서 마주 보고 있는 한반도와 이베리아 반도는 공히 대륙인들에게 신비의 땅이었던 것이다.

타르테수스는 기원전 6세기경 이베리아 반도에 진출하여 지중해변에 오늘날의 바르셀로나와 카르타헤나를 건설한 카르타고에 의해 멸망한다. 이베리아 반도에서 각축을 벌였던 그리스와 페니키아의 대립 구도 역시 기원전 2세기경이 되면서 신흥 지중해 강국으로 부상한 로마와 카르타고의 대립으로 이행한다. 지중해 고대 문명이 이베리아 반도에 끼친 영향은 심대하다. 페니키아와 그리스인들은 이베리아 반도에 그들의 문자를 전파했고 그리스인들은 지중해 문화의 상징이라 할 수 있는 올리브 나무를 전파하였다. 현재 안달루시아는 세계에서 올리브유를 가장 많이 생산하는 지방이다. 또한 카르타고는 아프리카 북부의 과일과 곡물 그리

230

소와 시합을 벌이고 있는 투우사

고 농경술을 전파해 이 지역의 농업 발전에 크게 기여했다. 이 모두는 이
베리아 반도가 지중해 문화권으로 완전히 흡수되는 과정을 보여준다.

이 시대에 이루어진 에스파냐와 지중해 문화의 결합을 상징적으로 보
여주는 것이 바로 에스파냐의 투우이다. 에스파냐 투우의 기원에 대해
서는 여러 가지 설이 있지만 그것이 일찍이 지중해 연안에 형성된 황소
숭배 문화의 일환으로서 지중해 바다 건너의 동쪽에서 유래되었다는 점
은 거의 일치한다. 이와 관련해 멕시코의 소설가인 카를로스 푸엔테스
는 투우의 발상지라 알려진 크레타 섬에서 인간과 황소는 하나로 간주
되는 존재, 즉 인간이면서 황소이고, 또 황소이면서 인간인 미노타우로
스였고 이 반인반수의 괴물을 물리친 테세우스는 인류 최초의 투우사였
다고 이야기한다. 또한 테세우스와 동시대의 헤라클레스는 그리스 황소
신화를 에스파냐로 가져갔는데 그가 귀환한 뒤 에스파냐에는 매년 이
영웅에게 바치는 황소의 희생 제의가 확립되었다는 것이다.

이 이야기는 고대에 이베리아 반도가 이미 지중해 문화권의 한 축을
이루었음을 말해준다. 그리고 헤라클레스는 당시 지중해의 파도를 이기

톨레도 전경. 타호 강이 도시를 감싸며 흐르고 있다.

고 세상의 끝인 에스파냐로 건너갔던 수많은 개척자들을 상징한다.

드넓은 지중해 중간 지점에서 서로 코닿을 듯 마주보며 경쟁적인 해상 활동을 펼치고 있던 로마와 카르타고가 지중해의 패권을 놓고 일전을 벌인 것은 역사의 필연이었다. 그러나 그 무대는 엉뚱하게도 이베리아 반도였다. 이미 1차 포에니 전쟁에서 쓰라린 패전을 맛보았던 카르타고의 한니발은 기원전 219년 로마의 동맹이었던 이베리아 반도의 지중해 도시, 사군토와 엠포리온을 공격했고 이는 제2차 포에니 전쟁기원전 218~201으로 확전되었다. 로마는 기원전 209년 카르타고 세력을 몰아내고 승리를 거둔 뒤 로마의 안녕을 위해 본격적인 이베리아 반도 정벌에 나섰고 마침내 기원전 38년에 이르러 아우구스투스 황제는 정식으로 에스파냐의 로마 제국 편입을 공포했다. 이로 인해 이베리아 반도는 본질적으로 지중해 문화에 기반을 둔 로마 문명에 흡수되면서 향후 히스파니아Hispania로 불리게 되며 결정적으로 서구 역사에 편입된다. 로마는 세비야 · 코르도바 · 톨레도 · 사라고사 · 살라망카 등의 내륙 도시들을 건설한 후

15세기 초 세비야 항구

훌륭한 도로망을 통해 이곳을 지중해 연안의 도시들과 연결시켰다. 이는 농경 문화와 해양 문화로 갈라진 '두 개의 이베리아'를 하나로 묶고자 했던 제국의 의도였다. 이후 로마 본토보다도 더욱 로마화된 히스파니아는 네로 황제의 스승인 세네카 등의 철학자를 비롯해 하드리아누스 · 트라야누스 · 테오도시우스 등의 유능한 황제까지 배출했다.

5세기경에 이르러 이베리아 반도의 운명은 또 다시 외세에 의해 흔들리게 된다. 북부 유럽에서 남하한 여러 게르만 부족들은 별다른 어려움 없이 노쇠한 로마 제국을 유린하여 심각한 위기 상황을 초래했다. 이 가운데 반달족, 수에비족 등을 물리치고 이베리아 반도를 장악한 부족은 서고트족이었다. 이들은 다른 로마 제국의 영토에서와 마찬가지로 커다란 혼란없이 자리잡았고 급속히 로마화되었다. 엄격히 말해 이는 침략이 아니라 이주였다. 그러나 서고트족의 유입으로 인한 사회 · 경제적 혼란은 피할 수 없었고 이 혼란은 문화적으로 히스파니아가 지중해 문화권과 소원해지는 결과를 낳는다.

알 안달루스의 탄생, 유럽 내의 아랍

8세기 초, 서고트 왕국의 왕위 계승을 둘러싸고 선왕인 위티사Witiza파와 현재의 왕인 로드리고파 사이에 내분이 일자 위티사파는 아프리카 북부, 탕헤르Tanger의 군벌이었던 타릭Tarik에게 도움을 청했다. 이에 타릭은 711년 무어족의 일파인 베르베르족 7,000명을 이끌고 지브롤터 해협을 건너 로드리고를 물리치고 내친 김에 서고트 왕국을 멸망시킨 후 불과 7년 만에 이베리아 반도 전역을 점령하였다. 무어족은 더 나아가 피레네 산맥을 넘어 유럽의 그리스도교 공동체를 위협하였으나 732년 프랑스의 푸아티에에서 카를 마르텔에게 패한 뒤 이베리아 반도에 머물게 되었다.

이베리아 반도의 아랍인들이 체계적인 국가 조직을 갖추는 것은 다마스커스의 우마이야 왕조661~750가 압바스 왕조에 의해 멸망하고 잔혹한 살육전에서 살아남은 압델 라만 1세가 코르도바로 피신해 스스로를 에미르Emir라 칭하며 후기 우마이야 왕조를 세우면서부터이다. 아랍인들이 점령한 이베리아의 영토는 이때부터 '반달족의 땅'이라는 뜻으로 알 안달루스Al-Andalus라 불리기 시작했다. 이는 중세를 통틀어 가장 중요한 지중해 문명의 시작을 의미한다. 이후 압델 라만 3세912~961는 스스로를 칼리프라 칭하면서 바그다드의 압바스 왕조에서 완전히 독립한다. 알 안달루스는 코르도바를 수도로 하는 칼리프 체제에서 절정의 영화를 누린다.

그러나 국토수복전을 벌이는 그리스도 교도들의 압박으로 인해 칼리프 왕국은 11세기 초에 와해되고 알 안달루스의 정치적 통일은 다시 찾아오지 않는다. 아랍인들은 약 30여 개의 소국으로 분리되었고 이들은 남진하는 그리스도 교도들의 팽창을 막을 수 없었다. 이에 11세기 중반, 아프리카 북부의 알모라비데almoravide족이, 12세기 중반에는 알모아데almohade족이 침입해 이베리아 반도 내의 아랍 세계를 통일하고 그리스도 교도들에게 맞섰으나 역부족이었다. 1212년 나바스 데 톨로사 전투에서 결정적으로 패배한 이슬람 세력은 점차 그라나다를 중심으로 한 나사리 왕국으로 축소되어 1492년 이사벨 여왕에 의해 함락될 때까지 그 명맥을 잇게 된다.

800년 가까이 이베리아 반도에서 벌어진 국토수복전은 그리스도 교도들에게는 지중해 서쪽에서 벌어진 십자군 전쟁이고 이슬람 교도들에게는 성전, 즉 지하드였다. 유럽의 여러 왕국들이 그리스도교 영토를 지키기 위해 이 전쟁에 참전했고 그 세력은 이후 지중해 동쪽에서 예루살렘의 탈환을 위해 벌어진 또 다른 십자군 전쟁에 뛰어들어야 했다. 그런데 오랜 세월 동안 끊임없는 살육전이 벌어지던 이베리아 반도는 역설적이게도 이 시기에 문화적인 황금기를 맞이한다. 이러한 역설은 과연 어디에서 나오는가? 바로 지중해에서 불어오는 개방과 관용의 바람이 그 원천이다.

지상낙원, 알 안달루스의 영광

아랍인들의 침략과 정착은 이베리아 반도가 게르만족의 침입과 지배로 인해 약화되었던 지중해적 본질을 회복하는 역사적 의미를 가지고 있다. 한때 소외되었던 지중해변의 도시는 다시 활기를 띠기 시작했고 상인들은 옛 교역로를 따라 다시 지중해 세계를 누볐다. 중동 지역에서 쌓아올린 아랍인들의 능수능란한 행정 능력은 서고트 왕국 말기에 도탄에 빠진 이베리아 반도의 난제들을 해결해나갔다. 또한 알 안달루스의 문화와 예술은 수준 높은 아랍 문화의 극치를 보여준다. 일찍이 로마보다도 더욱 로마화된 땅이었던 이베리아 반도는 이제 아랍의 어느 나라보다도 더 아랍화되기에 이르렀다. 오늘날 안달루시아를 방문하는 아랍인들은 이미 자신들의 고향에서는 찾아볼 수 없는 옛 아랍 문화의 정수를 접하고 넋을 잃어버린다.

알 안달루스. 이베리아 반도 안에 있는 무어족 영토를 일컫는 알 안달루스의 영토는 시대에 따라 변했다. 위 지도는 알 안달루스가 가장 넓은 영토를 자랑하던 우마이야 칼리프치하 시기로서 반도의 4분의 3을 차지하고 있었다.

알 안달루스의 문화는 본질적으로 이중언어 정책을 구사하는 이종 혼합의 문화였다. 아랍인들은 법률과 종교에서 정통 아랍어를 구사했으나 일상 생활에서는 아랍어 방언과 라틴 속어를 쓰도록 허용했다. 지중해 고전주의와 오리엔탈리즘의 이러한 조화에서 알 안달루스의 뛰어난 지적·예술적 창조물이 탄생했다.

칼리프 시대의 수도인 코르도바는 에스파냐 내 아랍 예술의 중심지였으며 10세기 중반에 전성기를 맞으면서 바그다드, 콘스탄티노플과 함께 세계 3대 도시로 꼽혔다. 코르도바의 문명은 당시 유럽 최고 수준의 것이었다.

예를 들어, 칼리프 시대를 개막한 압델 라만 3세가 코르도바 근교에 지은 메디나 아사하라 궁전은 아랍인들의 가장 큰 자랑거리였던 건축 예술의 정수를 보여준다. 이 궁전에는 각기 모양이 다른 4,000개의 대

236

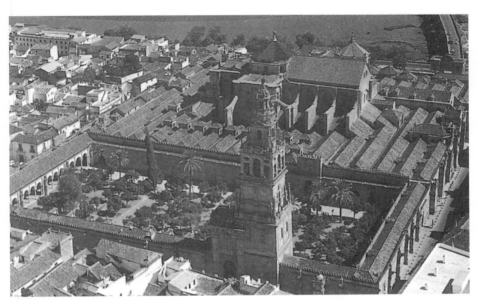

위에서 내려다 본 코르도바의 모스크. 한가운데 고딕 성당이 들어서 있다.

리석 기둥이 있었고 1만 7,000여 명의 하인들이 시중을 들었으며 궁전 내 동물원에서는 세계 각지에서 온 10만 마리의 동물을 사육했다. 압델라만 3세를 계승한 알 하켐 2세 치하961~976에서 코르도바는 최고의 전성기를 누리게 된다. 당시 코르도바의 인구는 50만 명에 이르렀고 도서관에는 전 세계에서 온 40만 권의 장서가 즐비했다. 1,000년이 지난 현재의 코르도바 인구가 20만 명이라는 점을 상기해볼 때 우리는 당시 아랍 도시의 위용을 능히 짐작할 수 있다. 1,200개의 기둥과 화려한 미흐랍mihrab, 이슬람 지성소을 가진 코르도바의 모스크는 메카의 뒤를 이어 세계에서 두 번째로 큰 규모의 사원이었다.

　코르도바는 유럽에서는 이미 사라진 고대 그리스 · 로마의 고전들이 연구되는 중심지였을 뿐만 아니라 수준 높은 의학 · 수학 · 천문학 연구 등이 이루어졌다. 알 안달루스의 에스파냐는 '0'의 개념과 대수학을 발명했고 아라비아 숫자가 로마 숫자를 대체했다. 특히 이 시기의 아랍인

철학자들의 활약은 눈부신 것이었다. 신플라톤주의자였던 이븐 바자Ibn Bayya는 영혼이 신과 일치하는 것은 지적 과정의 결과라 주장했고, 이븐 투파일Ibn Tufayl은 인간 이성이 지적인 삶을 발견할 수 있고 영혼은 물리적 세계를 포괄할 수 있다고 생각했다. 한편 1126년에 코르도바에서 태어난 이븐 루시드Ibn Rusd는 신앙과 과학, 철학과 종교가 모두 진리를 탐구한다는 점에서 조화될 수 있다고 주장하면서 아리스토텔레스의 경험주의 논리학을 옹호했다. 아베로에스Averroes라 불리기도 했던 이븐 루시드의 철학은 이후 여러 세기에 걸쳐 유럽의 모든 대학에서 필수 과목으로 가르쳐졌으며 토마스 아퀴나스의 스콜라 철학의 기반이 되었다. 이 밖에도 유대인 학자 마이모니데스가 헬레니즘 철학과 유대 철학을 절충해 탈무드를 완성한 곳도 코르도바였다.

바야흐로 코르도바는 학문과 예술의 중심지로서 소아시아와 이집트 등 전 세계에서 온 과학자 · 철학자 · 작가 · 예술가 들로 붐볐다. 또한 이 알 안달루스의 도시는 지중해의 선진 문명이 피레네 산맥을 넘어 게르만족의 유럽으로 유입되는 통로 역할을 했다. 코르도바의 학자들이 이룩한 수준 높은 그리스 · 로마 고전 연구는 당시 그리스도교 왕국의 수도였던 톨레도의 번역 학교에서 라틴어와 에스파냐어로 번역되어 이탈리아 등의 서유럽으로 전파되었고 이는 르네상스의 원천이 되기도 했다.

그렇지만 아랍인들의 세력이 점차 축소되면서 코르도바는 점차 옛 영화를 상실하였고, 세비야와 그라나다가 그 자리를 이어받게 되었다. 세비야는 알모아데족이 지배하던 시절의 중심 도시로서 많은 아랍 건축물이 지어졌는데 가장 유명한 것은 웅장한 모스크였다. 모스크의 일부였던 히랄다Giralda 탑은 이후 그리스도 교도들이 모스크를 파괴한 뒤에도 살아남아서 같은 자리에 건설된 고딕의 대성당을 의연히 지키며 그리스도교와 이슬람교의 공존을 상징적으로 보여준다. 이들의 공존은 다른 나라에서 찾아볼 수 없는 에스파냐 특유의 혼합 건축 양식인 무데하르

세비야 대성당의 웅장한 모습. 오른쪽에 우뚝 솟은 탑이 히랄다 탑이다.

양식을 낳았다.

그러나 알 안달루스 내의 아랍 건축 예술의 극치를 보여주는 것은 역시 알람브라 궁전이다. 알람브라 궁전은 이베리아 반도 내의 마지막 이슬람 세력인 나스르 왕국이 13~14세기에 본거지인 그라나다에 창조한 아랍 건축의 백미이다. 끝없이 이어지는 복도와 방과 문은 하나의 거대한 미로를 이루고 있고 그 한가운데에는 후궁들의 처소, 하렘이 있는 이 궁전은 건축과 자연의 행복한 조화를 보여준다. 중세 시대를 통틀어 유럽에서 가장 아름다운 궁전의 하나로 꼽히는 이곳을 가리켜 한 시인은 이렇게 읊었다.

"알람브라에서 장님이 되는 것보다 더 큰 형벌은 없다."

알 안달루스에 꽃핀 개방과 관용의 정신

그러나 알 안달루스의 존재가 우리에게 남긴 더욱 중요한 유산은 외형적인 건축물에 있지 않다. 코르도바의 모스크와 그라나다의 알람브라가 우리에게 내면적으로 보여주는 것은 그 땅에 존재했던 다양한 문화의 조화로운 공존이다. 이는 근본적으로 이베리아 반도에 침입한 무어인들의 관용성에서 출발하는 것이다. 이슬람 교도들은 전쟁에 패한 포로들을 죽이지 않았을 뿐만 아니라 종교의 자유를 인정하고 그리스도교 성전도 파괴하지 않았다. 로마 군대가 점령하는 데 200년 이상이 걸렸던 이베리아 반도를 아랍인들이 불과 7년 만에 석권한 데에는 개방성과 포용성에 기반을 둔 종교적 관용에 그 열쇠가 있다. 알 안달루스의 조화로운 정신은 그리스도교 유럽에도 전파되어 스콜라 철학과 로마네스크 건축과 음유시인들의 서정시를 낳았다.

에스파냐의 중세를 이루는 또 다른 얼굴로서 무어족에 대항해 싸웠던 그리스도 교도들에게도 관용 정신이 완전히 배제된 것은 아니었다. 이들 사이에는 전쟁이 끊이지 않았지만 기본적으로 상호 존중과 명예 의식을 바탕으로 한 교류가 있었다. 예를 들어, 1248년에 세비야를 함락시킨 페르난도 3세는 그리스도교와 이슬람교 그리고 유대교 모두의 군주로 남기를 원하여 그의 무덤은 라틴어·에스파냐어·아랍어·히브리어 등 4개의 언어로 쓰인 비문을 가지고 있다. 그의 아들이며 에스파냐의 세종대왕이라 할 수 있는 알폰소 10세는 아랍인과 유대인 학자들을 두루 초빙해 그리스도교 국가의 초석이 될 법전과 역사서를 집필했다.

그러나 에스파냐는 무어인들로부터 국토를 수복하고 아메리카 대륙을 정복한 이후 철저한 인종적·종교적 배타성을 기반으로 제국을 건설한다. 이교도들을 감시하기 위한 종교재판소를 설립하고 가톨릭 정신의 회복을 주창한 예수회를 탄생시킨 에스파냐는 유럽 내 가톨릭 교회의 보루로서 반종교개혁을 주도했다. 역사가 개막된 이래 모진 박해의 아

15세기, 무어족과 싸우기 위해 건설된 카스티야 지방의 코카 성벽.

품을 일상적으로 겪어오던 유대인들은 1492년 이사벨 여왕의 명령으로 끝내 이베리아 반도에서 추방되어 지중해 연안으로 뿔뿔이 흩어진다. 강제로 개종당한 후 반도에 살고 있던 30여 만 명의 무어인들 역시 17세기 초에 이르러 개종 여부에 상관없이 에스파냐를 떠나라는 추방령을 받는다. 역사적으로 고찰해볼 때 그리스도 교도들은 우월한 문명을 가지고 있었던 이슬람 교도들에 대해 노골적인 시기심을 보여왔는데 이는 국토 수복 이후 그리스도 교도들이 보여준 편협성에서 잘 나타난다. 세비야를 정복한 그리스도 교도들은 장엄한 모스크를 파괴한 뒤 그 터에 세계에서 가장 큰 규모의 고딕식 대성당을 건축했다. 그라나다를 함락시킨 그리스도 교도들 역시 알람브라 궁전의 넉넉한 공간을 비집고 불청객 같은 카를로스 5세 궁전을 박아놓았다. 그뿐인가? 세계에서 두 번째로 큰 규모를 자랑하던 코르도바의 모스크는 가운데가 폭격을 맞은 듯 파괴되었고 뻥 뚫린 그 공간에는 그리스도교 대성당이 들어섰다.

이질적인 타자성의 수용을 거부하는 에스파냐는 대서양 시대가 개막되면서 '해가 지지 않는 제국'을 이룩했으나 이미 탄생할 때부터 자폐적인 제국의 몰락은 예견된 것이었다고 할 수 있다. 에스파냐의 몸집은 커졌으나 정신은 협소해져만 갔고, 그 결과 불과 100년도 못 되어 모라토리움, 즉 외채 지불유예의 환란을 겪게 된다.

그렇다고 해서 근대를 개막한 에스파냐의 역할이 과소평가될 수는 없다. 에스파냐는 전통적으로 받기만 했던 풍요로운 지중해 문화를 아메리카 대륙에 전파하면서 옛 신세를 갚았다. 뿐만 아니라 안달루시아를 통해 아메리카 문화가 구 대륙에 들어오면서 다양성과 개방성을 특징으로 하는 지중해 문화의 결은 더욱 풍요로워졌다.

오늘도 변함없이 천의 얼굴을 가지고 있는 안달루시아는 혼혈의 경이로움을 생생하게 증거하고 있다. 이 땅에는 페니키아·그리스·카르타고·로마 그리고 아메리카에서 온 항해자들의 숨결이 여전히 살아 있고, 붉은 석양을 배경으로 우뚝 솟은 고딕 대성당과 모스크, 그리고 유대인들의 시나고그에는 같은 하느님을 향해 간구하는 각기 다른 언어들의 독경 소리가 순례자들의 귓전을 때린다.

신정환 한국외국어대학교 스페인어과를 나와 마드리드 콤플루텐세 대학교에서 중남미 현대소설을 전공하여 박사학위를 받았다. 현재 모교의 스페인어과 교수로 재직하고 있으며, 에스파냐와 중남미의 미학적 축이라 간주되는 바로크 미학과 근대성과의 연관성에 관심이 많다. 『라틴아메리카 문화의 이해』 『라틴아메리카의 문학과 사상』 『환멸의 세계와 매혹의 언어』 등을 공동 집필했고 『돈키호테의 지혜』 『히스패닉 세계』 『마술적 사실주의』 등을 번역했으며 「바로크와 네오바로크: 근대성의 매혹과 환멸」 「세르반테스와 바로크 문학」 등의 논문을 썼다.

지중해 기원의 중심에 아프리카 흑인이 있다는 흥미진진한 이야기에는 지중해가 다른 인종과 다른 문명, 다른 역사가 서로 소통하는 끝없는 타자화의 터였다는 증거의 깊은 울림을 남긴다. 지중해에 관련한 아프리카의 범주를 사하라 이남까지 확대함으로써 아프리카와 북지중해, 나아가 유럽의 관계를 지배와 굴종의 관계가 아닌 교류와 소통의 관계로 복원하려는 것이다. 이는 지중해의 범위를 확장하는 것이면서, 단순한 확장이라기보다는 문명의 교류와 소통을 보게 해주는 것이며 세계사를 온전히 회복시켜주는 것이다.

아프리카와 지중해의 관계는 그동안 잊고 있었던 검은 대륙이 사실은 지중해를 받쳐주고 더 나아가 인류의 모태가 되었다는 점을 일깨워준다. 지중해라는 이름은 사실상 7세기 이전까지 사하라 사막 이남의 수단 지역이나 서부 아프리카 사헬 지역, 그리고 고대 오리엔트와 서유럽, 심지어 북유럽 일부까지 걸치는 광의의 개념이었다.

검은 대륙, 잊혀진 지중해의 근원

아프리카의 지중해

오늘날 지중해가 남으로는 이집트를 중심으로 한 사하라 사막 이북의 북아프리카 및 마그리브 지역을, 동으로는 팔레스타인을 비롯해 요르단·시리아·이라크 그리고 터키 등지에 이르는 이른바 중근동의 '비옥한 초승달 지구'를, 그리고 북으로는 이탈리아와 그리스 등을 포함한 남부 유럽을 제한적으로 한정하는 왜소한 명칭으로 사용된 역사는 그리 길지 않다.

기실 '지중해'라는 단어는 아라비아 반도에서 이슬람이 출현해 이집트를 포함한 마그리브 지역을 이슬람화한 이후 베르베르인들을 필두로 바다 건너 그 이북의 이베리아 반도와 시칠리아 섬을 끊임없이 교란하던 7세기 이전까지만 해도 남으로는 로마 제국의 정치, 문화적 영향력이 막강하던 사하라 사막 이남의 수단 지역이라든지 서부 아프리카의 사헬 지역 등을 두루 포함하는 광의의 개념이었다. 동시에 동으로는 고대 오리엔트의 거의 전 지역을, 그리고 서북 방향으로는 서유럽 전부와 북유럽의 일부를 거느리던 광대무변한 로마 제국의 다른 이름이었다.

아랍계 무슬림들에게 지중해의 패권을 넘겨준 이후 한동안 수세에 몰리다 십자군 전쟁과 노르만족에 의한 시칠리아 및 안달루시아의 고토 회복을 계기로 '지중해 문명'의 백인성을 되찾아간 그리스-로마 중심의 지중해라는 명칭은 다시 르네상스라는 이름의 문화 혁명과 지리상의

종려나무·위풍당당한 사자·원시적인 무기·관능미를 자아내는 아프리카 여인 등 18세기
유럽인이 상상한 아프리카의 모든 상징이 이 그림에 등장한다.

발견이라는 기술 혁명의 후광을 등에 업고 고전적 명성을 복권하기에 이른다. 그러나 산업혁명의 주도권은 영국에게 빼앗기고, 근대화의 동력마저 서유럽으로 넘겨주게 되는 17세기에 이르면 지중해라는 명칭은 다시 소국적인 의미로 축소되고 만다.

그러나 근대 이전까지 문명사적인 차원에서 유럽 대륙 일반과 거의 동의어로 사용되면서 세계 문명사에서 흔들리지 않는 중심의 지위를 구가하던 '지중해'라는 명칭이 실은 인종적으로 그리고 종교적으로 윤색되고 역사적으로 왜곡된 개념임을 깨닫는 데는 그다지 오랜 시간이 걸리지 않는다. 특히 역사적으로 지중해 문명의 중요한 일원이었음에도 불구하고 인종적이고 종교적으로 유럽의 타자였다는 이유만으로 의도적인 배제와 차별의 논리에 희생된 아프리카인의 관점에서 볼 때 지중해라는 명칭은 매우 불온한 역사적 배타성을 환기시키기도 한다.

아프리카와 고대 이집트 그리고 지중해

오늘날 지중해의 여러 타자들 중 아프리카만큼 굴절된 지중해상을 올곧게 복원시켜줄 수 있는 주체는 드물다. 아프리카는 실로 그 어떤 지역보다도 지중해의 역사에 깊숙이 관여하고 있기 때문이다. 멀게는 파라오 시대 이전의 이집트로부터 가깝게는 대서양 노예 무역이 창궐하던 시기, 그리고 심지어는 제1차 및 2차 세계대전에 이르기까지 아프리카와 지중해의 관계는 여러 가지 유형으로 질긴 부침을 거듭한다.

사실 어떤 면에서 이집트 최초의 희랍 왕조인 알렉산드로스와 프톨레마이오스 이전 지중해의 패권은 아프리카인들에게 온전히 귀속되어 있었다고 말해도 과언이 아니다. 물론 이때 아프리카인이란 이집트인을 의미한다. 세네갈의 대표적 사학자인 셰이크 안타 디옵은 "고대 이집트인은 인종적으로 그리고 문화적으로 아프리카인이었다"고 주장한다. 그의 이러한 주장은 오늘날 많은 인구들에게 회자되고 있는 '아프리카인의 인류 기원설'에 근거한 것이다.

1970년대 영국의 고고학자인 리키 부처는 나일강의 시원지인 동아프리카의 대 호수 주변에서 동시대 인류와 유형학상으로 동일한 15만 년 전의 인류 화석을 발굴한다. 이 화석의 발견은 이집트 및 지중해와 관련된 기존의 학설을 완벽하게 전복한다. 이전까지만 해도 이집트인은 사하라 사막 이남의 아프리카인과는 인종적으로 아무런 관련이 없는 아라비아 반도에서 이주해온 '적갈색의 피부를 가진 백인'이라고 알려져 있었다. 따라서 이들 이집트인들이 주도한 지중해 문명도 의당 아프리카인들과는 무관한 '문명사적 사건'이었다는 것이다.

그러나 이 화석의 발견을 기점으로 해서 '인류의 기원은 아프리카인'이라는 설은 탄력을 받게 되는 반면, '지중해인은 백인'이라는 등식은 흔들리게 된다. 다시 말해, 필연적으로 인류는 단일한 기원을 가지며, '그 기원의 중심에 아프리카 흑인이 있다'는 주장이 힘을 받기 시작한다. 더불어 소위 '글로거의 법칙'이라 일컬어지는 '고온다습한 환경에서 진화하는 따뜻한 피를 가진 인종은 유멜라닌이라는 검은 피부를 생장시키며, 이들이 환경이 다른 지역으로 이주하게 되면 각기 다른 자연선택을 통해 각기 다른 피부색을 가진 인종으로 진화하게 된다'는 학설도 제기되기에 이른다. 따라서 대 호수 근처에서 이동을 시작한 최초의 인종은 흑인이며, 이들은 두 편으로 나뉘어 한편은 당시 사막 환경이 아닌 사하라의 목초지를 따라 서북쪽으로, 다른 한편은 나일강을 따라 북쪽으로 넘어갔다는 주장이 일반화되기에 이른다.

체질인류학적인 관점에서 보더라도 구석기 시대부터 파라오 시대 이전까지 이집트가 위치해 있는 나일강 하류에는 에티오피아인 및 드라비다인과 체질상의 친족성을 보이고 있는 흑인들이 거주하고 있던 것으로 밝혀지고 있다. 체질인류학자인 팔겐버거는 선사 시대부터 현대인에 이르기까지 나일강 유역을 중심으로 살았거나 살고 있는 1,787개의 남성 유골을 대상으로 이 지역의 인구 밀도를 파악하는 표본조사에 들어간

바 있다. 그는 이 유골들을 네 가지로 분류했는데, 이들 중 선사 시대의 유골만을 분석한 결과 36퍼센트가 흑인이고, 33퍼센트가 지중해인이며, 11퍼센트가 혼혈이고 20퍼센트가 무소속이었다고 밝힌 바 있다. 이것은 곧 지중해인이 인종적인 차원에서 백인만을 지칭하는 것이 아님을 의미한다. 따라서 세르지 같은 학자는 지중해인을 유럽인과 아프리카인의 혼혈인 '유라프리칸'이라고 부르자고 제안하기도 한다.

인종의 기원을 밝히는 과학적인 방법 중 오차 범위가 가장 작은 것으로 알려지고 있는 골해부학마저도 이집트인의 기원은 아프리카인임을 천명하고 있다. 그 밖에도 유멜라닌 색소의 유무를 통해 파라오의 미이라를 검토해본 결과 세티 1세와 람세스 2세 그리고 누비아^{수단} 등지에서 발견되는 수많은 파라오의 미이라가 아프리카 흑인의 것임이 확인되고 있다.

고대 이집트인이 흑인이었다는 사실은 희랍 및 라틴 작가들과 사가들이 남긴 방대한 사료들을 통해서도 확인 가능하다. 역사학의 아버지인 헤로도투스는 『역사』라는 책에서 이집트인의 육체적인 특징을 거론하면서 '이집트인은 두꺼운 입술에 곱슬머리 그리고 가는 다리를 가진 흑인'이라고 쓴 바 있다. 알렉산드로스의 스승이었던 아리스토텔레스도 역시 『골상학』이라는 책에서 '이집트인이나 에디오피아인처럼 흑인은 겁이 많다'고 말하면서 이집트인과 에디오피아인 그리고 흑인의 신체적 특징을 도덕적 특징에 유비^{類比}시키는 면모를 보이고 있다. 희랍 작가인 루치안도 『항해』라는 작품에서 리시누스라는 주인공의 입을 빌려 어린 이집트 아이의 신체적 특징을 다음과 같이 묘사하고 있다.

"이 아이는 단지 피부만 검은 게 아니야. 입술도 두껍고, 다리도 가늘잖아."

희랍의 대표적인 비극 작가인 에쉬킬로스도 『간청자』라는 희곡에서 강제 결혼을 피하려고 달아나는 사촌 누이들의 눈을 통해 배를 타고 따라오는 이집트 청년 아깁티아츠를 '검은 사지에 하얀 조끼를 걸친' 인간 같다고 묘사한 바 있다.

고대 이집트인이 흑인이라는 사실은 지중해와 아프리카의 관계를 재설정하는 차원에서뿐만 아니라 나아가 지중해 문명의 의미를 제대로 규명하는 차원에서도 대단히 중차대한 가치를 지닌다. 이것은 고대 지중해 문명이 프톨레마이오스가 출현하기 훨씬 오래 전부터 적도 지대의 아프리카를 포함하는 국제적인 의미망을 이미 건설하고 있었음을 암시한다. 이것을 인정하지 않을 경우 그리스 문명의 기원을 '검은 피부'로부터 연원하는 것으로 이해하는 마틴 버날의 『검은 아테나』Black Atena는 물론 그리스의 왕조가 이집트에 세워지기 오래 전 지중해 북쪽의 남부 유럽을 순회하던 수많은 흑인들의 존재를 역사적으로 규명할 수 있는 계기를 마련할 수 없을 것이다.

이슬람의 출현, 아프리카와 지중해를 변화시키다

아프리카 대륙이 지중해를 중심으로 아리비아 반도와 최초의 역사적 만남을 가진 것은 기원 전 7세기경 오늘날의 시리아와 팔레스타인 지역에서 출원한 페니키아인들을 통해서이다. 타고난 상인들인 페니키아인들은 북아프리카에서 이집트의 영향력이 약해진 틈을 이용해 마그리브 지역을 합병하고 카르타고를 전략적으로 계발해 북으로는 지중해의 패권을 놓고 로마와 경쟁을 벌인다. 한편, 남으로는 대서양 연안국인 오늘날의 세네갈까지 진출해 그곳 아프리카인들과 활발한 교역을 벌이기도 한다. 이들은 아프리카인들로부터는 금과 상아 그리고 노예 등을 수입하고 대신 소금과 장신구 등을 수출한 것으로 알려지고 있다.

로마 제국이 과거 페니키아인들이 활약하던 마그리브 지역을 접수한 후에도 사하라 사막 이남 아프리카와 지중해의 직접적 교류는 기존 학설과 달리 조금도 줄어들지 않는다. 오히려 아프리카 내륙을 잘 아는 베르베르인들의 상술을 동원해 아프리카의 금광석은 물론 제국 안팎에서 노

아프리카는 언제나 착취의 대상이었다. 금·상아 등은 물론이요 사람까지도 사고파는 상품으로 취급되었다.

역에 동원할 노예를 조직적으로 사들인다. 로마 제국의 조직적인 노예 무역이 근대 이후 유럽 전 대륙이 대대적으로 참여하는 대서양 노예 무역의 전신이 되는 것은 주지의 사실이다. 로마 제국의 출현이 아프리카에 남긴 것은 기독교의 전래이다. 로마 제정 당시 이집트는 물론 북아프리카와 마그리브 지역 그리고 남으로는 수단과 에티오피아가 기독교화 된다.

7세기 초 아라비아 반도에서 이슬람이 출현한 후 아프리카와 지중해의 관계는 아랍계 무슬림의 이슬람과 비잔티움 제국을 대표하는 기독교 간의 종교 대립이라는 미명 아래 더욱 전투적인 성격을 띠게 된다. 다시 말해 기독교 권역인 지중해 이북과 이슬람 권역인 지중해 이남이 극단적으로 대립하기에 이른 것이다. 아랍 제국은 출현한 지 100년 만에 이집트를 비롯한 북아프리카 지역 일대 그리고 바다 건너 에스파냐를 이슬람화하고 북으로는 프랑스와 국경을 맞대게 될 뿐 아니라 동으로는 피레네 산맥에서 중앙아시아의 파미르 고원에 이르기까지 영토를 확장하게 된다. 이는 전성기 때의 로마 제국에 버금가는 규모이다.

이 시기 북아프리카를 포함한 아프리카와 지중해 이북의 관계가 전투적인 성격을 띠게 된다는 것은 이집트를 포함한 마그리브 지역과 수단 및 가나 그리고 말리 제국 등의 예를 통해서 확인 가능하다. 이슬람이 출현한 7세기부터 11세기까지 이집트는 누비아와 에티오피아 그리고 서아프리카 지역에서 끌려온 노예들의 집결지였다. 이들 노예들 중 일부는 아라비아 반도로 팔려가 잡역 또는 가사 노동에 동원되거나 군인으로 복역하기도 했다. 또 다른 일부는 지중해 이북의 비잔티움 제국을 정벌하는 데 징용되기도 했다. 그러나 비잔티움 제국의 정벌대로 가장 혁혁한 공과를 남긴 부족은 베르베르인이다. 초기 로마의 기독교를 수용했던 마그리브의 베르베르인들은 7세기 말까지 아랍인들에게 강력히 저항했으나 이슬람을 받아들이면서 지브롤터 해협을 건너 과거 로마 제국의 심장을 정벌하는 데 선봉에 선다. 우마위야조 당시 에스파냐를 정복한 무슬림 군대도 베르베르인들이다. 동시에 남으로는 아프리카인들과의 교역로를 통해 서아프리카로 이슬람을 전파하기도 한다.

한편, 이 시기 지중해 이남의 이슬람 세력과 아프리카 내륙과의 관계는 좀더 본격화된다. 수단에서 금이 유입되면서 은화를 사용하던 이슬람의 화폐가 금화로 바뀌게 되고, 사하라의 염전을 독점하면서 그 소금을 필요로 하는 사하라 이남의 아프리카인들과의 교류도 가속을 받기 시작한다. 당시 서아프리카에 국가 체제를 갖추고 있던 가나와 말리 제국과의 교류도 더욱 빈번해지면서 아프리카산 광물들이 지중해 이북까지 진출하기도 한다. 최근에 들어와서 밝혀지고 있듯이 이슬람 대외 무역의 가장 큰 이득은 사하라 이남 아프리카와의 교역에서 비롯한다.

그러나 이슬람의 출현이 아프리카에 가져다준 가장 주목할 만한 변화는 동아프리카 해안 지역이 국제적인 무역망으로 거듭나면서 아프리카가 중국에까지 무역 상대국으로 이름을 남기게 되었다는 사실이다. 동아프리카의 해안 지역은 아랍계 무슬림들에 의해 직접적으로 정복을 당하지 않았다. 물론 그들과의 무역을 통해 경제적이고 문화적으로 지속

아랍 대상들은 낙타를 타고 사하라 사막을 더 짧은 기간에 통과할 수 있었다.

적인 영향은 받았다. 동아프리카의 해안 지역은 고대부터 페르시아와 아라비아 상인들이 지속적으로 드나들던 곳이다. 이슬람의 융성 후 이 지역은 코모로와 마다가스카르를 끼고 페르시아와 아랍만, 홍해와 인도, 말레이시아와 인도네시아 그리고 중국에 이르기까지 새로운 무역망을 국제적으로 구축하기에 이른다. 동아프리카의 인도양 무역을 주도하던 스와힐리인들과 무슬림 상인들은 인도의 무슬림들 사이에서 금의 수요가 늘어나면서 남부 아프리카의 내륙인 잠베지 강 그리고 짐바브웨까지 진출해 명실공히 아프리카의 남과 북을 잇는 가교 역할을 담당한다.

이슬람의 출현 이전이나 이후나 아프리카에 관한 기록을 가장 많이 소장하고 있는 언어권은 아랍어권이다. 아랍어권은 단편적이나마 기타 언어권과는 비교가 되지 않을 정도로 사하라 남북을 아우르는 아프리카에 관한 소상한 자료를 보유하고 있다. 이는 아프리카가 역사적으로 그 어떤 지역보다도 아랍어권과 매우 가까운 관계를 유지해왔음을 뜻한다. 그러나 이슬람의 출현 이후 아프리카와 지중해, 나아가 아프리카와 외부 세계와의 관계를 밝히는 데 있어서 가장 큰 문제는 모든 기록이 거의 아랍어로만 남아 있다는 점이다.

사실 아랍 무슬림들의 아프리카 내륙에 대한 지식 혹은 정보는 14세기에 이르면 고갈된다. 그 이후에는 과거의 지식 및 정보들이 여과 없이 전수되면서 아프리카 국가들의 내재적 발전 과정에 대한 주목 없이 기존의 부정적인 이미지를 확대 재생산하기에 이른다. 이는 이븐 칼둔도 고백한 바이다. 그는 자신의 아프리카에 관한 기록이 프톨레마이오스와 알 이드리시의 기록에 근거한 것임을 자백했다. '적도 이남의 아프리카는 너무 더워서 사람이 살지 않는다'는 프톨레마이오스의 세계관을 깨고 그 이남으로 내려간 최초의 무슬림은 이븐 바투타였다.

고래로부터 아프리카와 일정한 관계를 유지해오면서도 아프리카, 특히 사하라 사막 이남의 아프리카에 대해 일말의 무지를 드러낸 유태계와 기독교계 그리고 이슬람계의 아프리카관은 그 종교적 특성에서 비롯하는 측면이 강하다. 다시 말해 이들이 고수하는 일신론적 세계관은 아프리카인들처럼 다양한 세계관을 가진 '벌거숭이 야만인들'을 정상적인 타자가 아닌 '정복해야 할 이교도'로 바라보게 했다는 것이다.

이슬람 제국이 생몰을 거듭하던 시기 아프리카 내륙에서도 가나 왕국과 말리 왕국 그리고 짐바브웨 왕국과 콩고 왕국 등이 비슷한 궤적을 밟고 있었다. 이들은 지중해뿐만 아니라 기타 외부 세계와도 자발적인 관계를 형성해가고 있었음이 분명하다. 그럼에도 불구하고 사하라 이남의 아프리카 국가들이 무슬림 상인들의 도움을 통해서만 대외적인 관계를 유지할 수 있었던 것처럼 묘사되고 있는 점은 매우 안타깝다. 바로 이 지점이 아프리카 측의 사료를 보강함으로써 새롭게 연구되어야 할 곳이다.

지리상의 발견, 그리고 근대로 접어든 아프리카와 지중해

중국에서 발명한 콤파스와 나침반 그리고 아라비아의 수학 혁명 및

중세 아랍의 가장 위대한 여행가인 이븐 바투타. 이집트·시리아·중국·바그다드·메카 등을 여행하였다. 그가 남긴 여행 기록은 14세기 중엽의 이슬람 사회를 잘 부각시켜 사료로서의 가치도 크다.

선진적인 항해술을 적극 수용해 14세기 이후 대서양 연안의 아프리카 지역으로 시장을 찾아 조직적으로 항해를 개시한 사람들은 포르투갈 사람들이다. 물론 포르투갈의 리스본에서는 이미 11세기부터 아랍 상인들이 끌고 온 아프리카 노예들이 매매되고 있었다. 포르투갈인들은 1435년 세네갈 상륙을 기점으로 하여 1483년에는 콩고 내륙까지 진출하는 개가를 올리기도 한다. 특히 1468년 이래 세네갈 강 이남의 노예무역을 거의 독점하다시피 하는 포르투갈은 1450년에서 1500년 사이 1년에 약 700여 명에서 900여 명에 이르는 흑인 노예들을 수집해 지중해 이북으로 팔아넘긴다. 17세기 초에는 1년에 수집하는 흑인 노예의 수를 물경 10만 명으로 증원하여 에스파냐의 바르셀로나를 비롯해 세비야, 발렌시아 및 이탈리아의 베네치아 등 지중해 이북의 거의 모든 지역으로 이들을 송환한다.

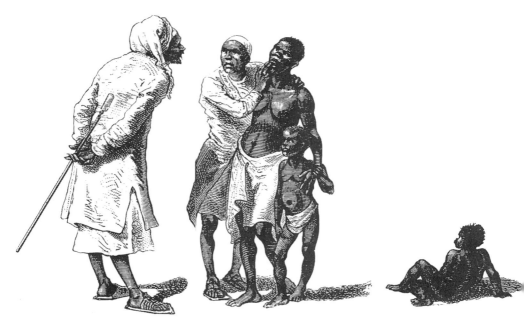

노예를 사고파는 시장. 포르투갈의 리스본에서는 이미 11세기부터 아랍 상인들이 끌고온 아프리카 노예들이 매매되고 있었다. 특히 1450~1500년 사이에는 일 년에 약 700~900명에 이르는 흑인 노예들이 지중해 곳곳으로 팔려 갔다.

　포르투갈이 이처럼 서아프리카 지역에 관심을 갖게 된 이유는 무슬림의 통제권 밖에 있는 기니 같은 아프리카 국가 등과의 직접 교역을 통해 국부를 축적하고자 하는 욕심 때문이었다. 당시 서아프리카는 가나, 말리, 기니 등을 중심으로 북아프리카는 물론 아라비아 반도 그리고 지중해 등지로 상당량의 금을 반출하던 대표적인 지역이었다. 또 당시 무슬림 항해사들의 자료를 통해 지구가 바다로 둘러싸여 있다는 정보를 접하게 된 포르투갈인들은 서아프리카 해안에서 동아프리카 해안에 이르는 항로를 개척함으로써 북으로는 동아프리카의 유일한 기독교 요새인 에티오피아와 제휴하여 무슬림들을 아프리카 내륙에 묶어놓는 한편, 동으로는 인도양 무역에 참여하여 당시 지중해를 비롯한 유럽 지역에서 대규모의 수요가 있던 향신료나 설탕 등 열대작물을 중간 상인의 손을 거치지 않고 직접 매수함으로써 커다란 이득을 챙길 수 있다고 판단했다.

따라서 15세기에 포르투갈의 아프리카 탐험은 공식적인 깃발을 올리게 된다. 1444년 케이프 베르데에 첫발을 디딘 후 말리와의 교역을 본격화하고, 1471년에는 황금 해안 가나에 도달해 그곳에 에스파냐 및 네덜란드를 비롯한 유럽의 후발 해양 국가의 추격을 따돌리면서 배타적 교역권을 수호하기 위해 엘미나라는 축성을 건축하며, 1488년에는 디아즈를 앞세워 희망봉을 탐험하는 한편, 1499년에는 마침내 바스코 다 가마를 필두로 동아프리카 해안에서 인도에 이르는 대장정을 완수함으로써 서아프리카의 세네갈에서부터 동아프리카의 홍해에 이르는 해양권을 장악하기에 이른다.

그러나 이들의 야심은 그리 오래 지속되지 않는다. 14세기에 소아시아에서 발원해 15세기에 중흥기를 맞으며 포르투갈이 독점하던 인도양 패권을 끊임없이 위협하던 오스만 제국의 등장과 더불어 다른 한편으로 포르투갈의 아프리카 탐험과 지중해 및 유럽 시장으로의 조직적인 노예 송출을 통한 반사 이익의 축적에 크게 고무된 네덜란드와 덴마크, 프랑스와 영국 등이 자신의 지분을 요구하고 나섰기 때문이다. 이때부터 서아프리카 해안은 노예 무역의 지분을 확보하기 위한 유럽 열강들의 각축장으로 변한다.

초기 포르투갈에 의해 비교적 소규모로 진행되던 노예 무역은 후에 에스파냐와 네덜란드, 프랑스와 영국 등에 의해 서인도제도 및 아메리카 대륙이 새로운 시장으로 편입되면서 완전히 새로운 국면을 맞이하게 된다. 노예 노동력의 주 수요자가 지중해인과 유럽인들로부터 신대륙의 농장주들에게로 옮겨가게 되는 것이다. 16세기 유럽인들의 설탕에 대한 수요가 폭증하자 카리브해와 브라질 등지의 사탕수수밭으로 조직적인 흑인 노예들의 강제 이주가 시작된다.

노예가 된 흑인은 모두 세 번의 순례를 하는데, 첫 번째 순례는 아프리카 내륙에서 대서양 연안까지의 순례이다. 두 번째 순례는 노예선을 타고 대서양을 건널 때까지의 순례이다. 그리고 세 번째 순례는 아메리카 대륙에 내려 사탕수수밭으로 향하는 순례를 의미한다. 16세기 말 소위 '미들 페세지'두 번째 순례라는 대서양 노예 무역에 동원된 흑인 노예들의 수는 약 90만 명에 이른다. 그 수가 17세기 말에 오면 약 300만, 18세기 말에 이르면 무려 700만으로 최고조에 달하다가 노예폐지 운동이 심심찮게 벌어지는 19세기에 이르면 400만으로 다소 줄어든다.

몇몇 아프리카 출신의 학자들은 르네상스 시기 북지중해 문명의 부활이 사하라 사막 이남의 아프리카에 큰 빚을 지고 있다고 주장한다. 작게는 노예로 상징되는 노동력에서부터 크게는 예술적이고 문화적인 부분에 이르기까지 아프리카의 편린이 깊숙이 삼투되어 있다는 것이다. 이것이 대서양 노예 무역이라는 파천황의 근대를 거치면서 아프리카와 북지중해 나아가 유럽의 관계를 '소통의 관계가 아닌 주종의 관계'로 바꾸어놓기 시작했다는 것이다. 대서양 노예 무역은 실로 아프리카로부터 이후 몇백 년 동안, 심지어는 현재까지 전 방위적인 수탈을 합법화한 근대라는 이름의 지극히 원시적인 야만임에 틀림없다.

아프리카, 근대 이후 내부적 변화를 겪다

대서양 노예 무역이 시작되어 아프리카의 인적, 물적 자원이 초토화되는 근대에 이르면 기존의 아프리카가 지중해와 맺고 있던 '소통'의 관계는 엄정한 의미에서 종식되고 서유럽의 연장 혹은 확장 세력으로서의 지중해가 식민주의자의 초상으로 등장한다. 이제 과거 지중해에 대한 상대적으로 따뜻한 기억은 고대와 중세 예술을 통해서나 간접적으로 회고해볼 수 있을 따름이다.

근대 이후 아프리카는 실로 엄청난 내부적 변화를 경험한다. 근대 국가로의 발전적 맹아를 품고 있던 몇몇 왕국들이 그 와중에 몰락의 길로 접어들기도 하고 유용한 노동력의 조직적이고 대대적인 상실을 통해 경제가 피폐해지기도 한다.

서유럽의 열강들이 아프리카 대륙 전체를 놓고 서로 각축을 벌이던 17, 18세기에도 서아프리카의 베닌 왕국을 비롯해 오요, 하우사 왕국 그리고 남부 아프리카의 줄루 왕국 등 크고작은 왕국들이 생물을 거듭했다. 그러나 자력으로 국가를 건설할 능력이 없던 아프리카는 결국 1884년 비스마르크가 주도한 베를린 협상 이후 온전히 서유럽의 지배권 아래로 편입되고 만다.

아프리카는 크게 세네갈에서 카이로까지 동서를 횡단하는 식민지를 개척하고자 한 불어권과 이를 저지하기 위해 케이프타운에서 카이로까지 수직으로 식민지를 건설하고자 한 영어권, 케이프 베르데를 비롯해 기니-비사우, 앙골라 및 모잠비크를 지배한 포르투갈어권 등으로 나뉜다. 이 구도는 서유럽 각국의 이해관계를 반영하는데, 프랑스는 이집트 등 북아프리카를 중심으로 한 마그리브 지역을 장악함으로써 지중해의 패권을 잡고 나아가 중동의 유전을 손아귀에 넣고자 하는 꿍꿍이셈을 가지고 있었다. 반면, 영국은 아랍권보다는 인도로 가는 자국 함선의 배타적 항해권을 보장하기 위해 아프리카를 수직으로 지배하고자 했는데, 당시 동인도회사를 통해 많은 수익을 올리고 있었기 때문이다. 포르투갈의 경우는 자신들이 개척한 브라질로 보낼 노동력을 차출하기 위해 포르투갈어를 사용하는 앙골라와 모잠비크를 선호하였다.

약 300~400여 년에 걸쳐 점철된 아프리카의 식민화는 아프리카인들로 하여금 유럽인들 및 자기 자신들에 대해 양가적 감정을 가지도록 만들었다. 전통에 대한 혐오와 근대성에 대한 갈망이 그것이다. 혹은 그 반대로 전통에 대한 막역한 애정과 근대성에 대한 무조건적 배격이 그것이다. 이 둘은 서로 교차하기도 하고 서로 길항하기도 한다. 1920년대 프랑스 파리에서 아프리카 및 서인도 제도의 유학생들을 중심으로 일어난 일종의 아프리카판 문예부흥 운동인 '네그리튀드'가 그 대표적인 사례인데, 이를 주도한 세네갈의 시인 레오폴드 세다르 상고르와 마르티니크의 시인 에메 세제르는 '검은 것은 아름답다'라는 선언을 프랑스식으로 감행하는 모순을 보이기도 한다. 다시 말해, '온갖 고초와 슬픔 · 노역 · 좌절 · 절망 혹은 수렁' 등을 견뎌낸 흑인 전통의 유구함과 견결함을 초현실주의라는 프랑스식 모더니즘 형식을 통해 토해내는 자기 모순을 드러내고 있는 것이다. 마다가스카르가 배출한 천재적인 시인 라베아리벨로는 바로 이 양가적인 자기 모순을 견디지 못하고 자살하고 만다.

아프리카인들에게 이 양가적인 자기 모순의 고통을 가장 극명하게 비추어주는 거울이 바로 식민주의자들의 언어이다. '프로스페로와 칼리반 가설'이라고 명명되는 이 거울은 '내 어머니 시코락스가 만드신 이 섬에' 와서 주인을 몰아내고 지배자 행세를 하려드는 이방인 프로스페로를 극도로 혐오하는 원주민 칼리반이 그의 '마법을 배워 그를 몰아내고 마침내 이 섬을 되찾을 때까지는' 어쩔 수 없이 그의 언어를 배워 그의 일가의 수발을 들어야 한다는 데 있다.

그러나 이 고통이 반드시 절망적인 것만은 아니다. 에메 세제르의 『어떤 태풍』에 나오는 '불온한 야만인' 칼리반처럼 프로스페로의 언어를 흉내내는 차원에서 그치지 않고 그를 전복하려는 시도를 끝내 포기하지 않는다면 원주민인 그가 어머니의 섬을 회복하는 시대는 반드시 올 것이기 때문이다.

아프리카와 지중해 앞에 놓인 과제

아프리카, 특히 사하라 사막 이남의 아프리카와 지중해의 관계를 역사적으로 조망해가는 작업은 매우 중요하지만 지난하다. 그 이유는 지금까지 아프리카와 지중해의 관계가 주로 희랍이나 로마의 사가 혹은 아랍어권의 사가들이 남긴 사료에만 의존하고 있기 때문이다.

아프리카와의 관계에서 볼 때 기원전 약 7, 8세기부터 기원 후 약 15, 6세기까지 약 2,000여 년을 지속되어온 지중해 문명의 부침에 봉사한 아프리카인들이 극소수의 예외를 제외하고 고작 노예·군인·위안부·잡역부 따위로만 등장한다는 것은 커다란 문제가 아닐 수 없다. 이는 근대 이후 세계사의 패권을 쥔 서유럽이 종교적·인종적·문화적으로 동일한 그리스–로마 문명을 각국의 국민 국가의 전범으로 이상화하는 과정에서 아프리카를 비롯한 지중해 이남의 오리엔트 문명 그리고 아랍 문명 등을 의도적으로 왜곡함으로써 발생한 결과이다. 물론 아랍 어권의 경우도 예외가 아니다. 따라서 아프리카인들의 눈으로 이 지역의 역사를 다시 살피고 굴절된 지중해사를 다시 쓰는 작업이 매우 간절하다. 그래야만 작게는 아프리카사, 크게는 세계사 일반을 온전하게 회복할 수 있을 것이기 때문이다.

이석호 한국외국어대학교에서 박사학위를 받은 뒤 남아공의 케이프타운 대학교에서 순수 아프리카 문학전공자로서는 한국인 최초로 박사학위를 받았다. 현재 사단법인 아프리카문화연구소의 소장 및 국제게릴라극단의 상임연출로 일하고 있다. 창작극 『사라 바트만』의 희곡을 썼고, 프란츠 파농의 『검은 피부, 하얀 가면』 응구기 와 씨옹오의 『탈식민주의와 아프리카 문학: 정신의 탈식민화』 치누아 아체베의 『제3세계 문학과 식민주의 비평: 희망과 장애』 『남아프리카 문학 단편선』 『아프리카의 탈식민주의 문화론과 근대성』 등을 옮겼다.

지중해가 인류 세계 전체에 영향을 미치지 않는 곳은 거의 없다. 그러나 그것은 지중해 개념의 무분별한 확장이 아니라 지중해가 인류 주요 문명들의 생장의 터전이었고, 교류를 통해 문명들이 확장되고 심화되는 장이었으며, 그러한 문명이 소통되었던 어느 지역에나 적용 가능한 모델로 만들 수 있는 긍정적 가능성을 보여주는 것이다. 그래서 우리는 동과 서, 과거와 현재를 막론하고 카리브와 황해, 그리고 광활한 유라시아 대륙 전체 등 여러 곳에서 '지중해'를 목격하는 것이다. 동아시아 담론은 아직까지 현실로 눈앞에 나타난 것 같지는 않다. 그러나 탈식민과 해체, 그리고 타자에 의한 재구성과 같은 새로운 담론으로 우리의 고대사를 바라보면 동아시아라는 지역공동체뿐만 아니라 인류 문명의 열린 대안적 모델까지 생각해볼 수 있을 것이다. 동아지중해 개념은 바로 그러한 큰 의미를 지니고 있다. 지중해학의 성립과 더불어 동아지중해의 구상은 동아시아 담론의 현실적 · 역사적 구성을 넘어서서 인류 문명 전체의 차원으로 뻗어나가는 일이 될 것이다. **"**

동아지중해, 세계 속의 우리 역사

확장된 의미의 지중해

사람들은 역사를 지루해하고 있다. 하지만 역사처럼 흥미 있고, 드라마틱한 소재는 별로 없을 것 같다. 역사에는 마치 대양처럼 모든 게 흘러들어가 있다. 누구라도 관심을 가질 만한 소재거리들이 있다.

우리 역사도 마찬가지이다. 수천 년 동안 하나의 역사체로서 존재해왔고, 숱한 종족들과 만나 여러 가지 일을 겪어왔으니 얼마나 재미 있고 아슬아슬한 사연들이 많겠는가. 그런데도 우리 역사학은 삶의 경험들을 잘 표현해내지 못하고, 무미건조하게 비슷비슷한 내용만 되풀이할 뿐이다. 그래서 사람들로부터 외면당해왔다.

그 동안 우리 역사를 해석하는 데는 이외에도 몇 가지 오류가 더 있었다. 역사 연구의 기본 자료인 사료란 것이 우리의 비아非我인 중국인들의 기록이거나, 아니면 그것을 인용하고, 영향받은 것들이기 때문에 사실이 왜곡된 것이다. 때로는 통념이 진실을 가리기도 하고, 의도적으로 그릇된 통념을 만들어 광범위하게 유포시켜 사실을 은폐시키기도 하는데, 우리 역사가 그랬던 것 같다. 그 가운데 하나가 반도사관半島史觀의 멍에를 풀지 못한 것이다. '한반도'는 일본인들이 만들어서 사용한 '조선반도'에서 나온 용어이다. 한국의 역사는 반도의 역사이고, 그렇기 때문에 반도의 숙명이 있다는 것이다. 다른 말로 하면 커다란 대륙에 붙어 있는 부수적인 존재이므로 능동적으로 역사를 발전시킬 수가 없고, 늘 사대적일 수밖에 없다는 것이다. 그래서 집단의 성격은 의존적이고 당파성이 강하고 한(恨)에 젖어 있는 등등의 부정적인 면들이 많다는 것이다.

이렇게 일본에 의해서 선택된 지리적인 용어일 뿐인 한반도가 결국은 우리 민족 전체의 역사를 규정하는 역사적인 용어로 둔갑해버렸다. 게다가 우리가 인식하는 한반도라는 용어는 그리스 반도나 이탈리아 반도, 이베리아 반도처럼 해양 활동이 왕성하고 한때는 주변 세계의 중심이었던 그런 반도가 아니다. 반대로 해양 활동이 전혀 없거나 매우 미약했고, 바다에 포위되어 있는 매우 제한된 공간이었다. 우리의 역사는 그저 대륙에 단순하게 붙은 주변부의 역사일 뿐이었다. 특히 중국이라는 그 자체가 모호하고 시대적으로 구분이 불분명한 개념을 설정하고, 우리의 역사가 모든 분야에서 거기에 강하게 영향을 받았다고 생각하고 있다. 나는 적어도 문화의 교류는 일방적인 전달이 아니라 이른바 '환류(還流)시스템'에 근거한다고 생각한다.

늘 그렇듯이 역사에서는 경쟁이 있다. 때로는 주변과의 경쟁과 갈등에서 패배하고 난 후에는 집단의 재산·생활·자존심은 물론이고, 나아가서는 생명 자체를 잃어버리기도 한다. 그래서 역사는 가능하면 자기 집단을 긍정적으로 이해하고, 좀더 나은 삶을 위하여 발전적인 방향을 제시하는 역할을 해야 하는데, 우리는 그런 면에서 너무 서툴렀고, 심지어는 남에 의해서 이용당했다.

반도사관은 언어가 개념을 한정지으며, 개념이 인식과 실천을 규정하고, 잘못된 역사관이 결국 집단을 병들게 만들어 생명을 앗아가버린 전형적인 사례이다. 우리는 스스로 역사를 살펴보고 사실을 이해할 필요가 있다. 동아시아에는 중국과 북방, 한반도, 일본 열도와 해양이 골고루 있다. 이렇게 대륙과 해양이 동시에 있는 환경 속에서 여러 종족들과 여러 나라들이 흥망성쇠를 거듭해왔다. 특히나 황해와 남해, 동해와 관련된 여러 지역들과 국가들은 당연히 해양을 매개로 삼아서 역동적으로 움직였고 빈번하게 교섭하였다. 그 가운데에서도 우리 민족은 적어도 고려 이전의 발해나 고구려, 고조선의 역사는 육지사관陸地史觀의 입장에서 보더라도 소위 반도 및 대륙의 일부 지역인 초원과 평원, 그리고 광활한 삼림지대에서 활동했으며, 당연히 광범위한 해양도 무대로 삼아 발전했다.

우리의 삶과 역사를 제대로 이해하려면 남의 눈으로 보고 해석한 반도사관의 굴레를 깨끗하게 벗겨내고, 있는 그대로 육지와 해양에서 동시에 접근해 들어가는 역사관 즉 '해륙사관'海陸史觀이 필요하다. 나는 왜곡되었던 한민족의 정체성을 되찾고, 역사를 사실적이고, 가능하면 긍정적으로 해석하기 위해서, 또 21세기의 현실에 걸맞는 새로운 한국사의 모델을 찾는 과정에서 '동아지중해'EastAsian-mediterranean-sea라는 틀을 설정했다.

동아지중해란 무엇인가?

동아시아의 중심축은 한반도이다. 한반도와 일본 열도 사이에는 깊고 넓은 동해와 좁지만 차가운 타타르 해협, 또 폭이 좁고 흐름이 빠른 남해가 있다. 그리고 한반도와 중국 사이에는 황해라는 넓지도 좁지도 않은 내해內海가 있다. 한편 한반도의 남부와 일본 열도의 서부 지역, 그리고 중국 양자강 이남의 남부 지역은 이른바 동중국해를 가운데 두고 연결된다. 그래서 전체적인 모양을 살펴보면 유럽 지중해처럼 완벽하지는 않지만 비교적 지중해적인 형태를 가지고 있다.

지중해는 고유명사로서 이탈리아 반도를 중심으로 유럽과 아시아, 아프리카 대륙에 둘러싸인 바다를 지칭한다. 그러나 지중해를 글자 그대로 땅에 둘러싸인 바다라는 의미로 새겨볼 때 지중해로 불릴 수 있는 지역은 많다. 지중해는 보통 모양에 따라서 유럽·아프리카·아시아 지중해 같은 대륙 지중해multicontinental-mediterranean-sea와 국가와 국가사이에 낀 비교적 작은 면적의 다국간 지중해multinational-mediterranean-sea로 구분

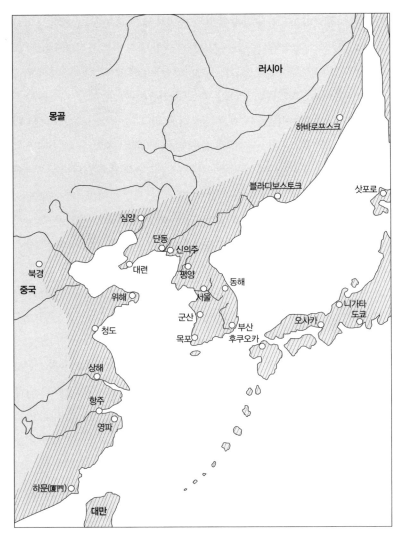

동아지중해 범위도

할 수 있다.

최근 미국에서는 카리브해도 지중해에 속한다고 주장하고 있고, 일본
도 동해를 일본 지중해라고 부르기도 한다. 이는 지중해적인 성격이 중
요하고 현실적으로 가치가 있기 때문이다. 실제로 지중해는 이용할 만

한 가치가 많다.

지중해는 나름대로 육지나 대양과는 다른 몇 가지의 특성을 가지고 있다. 지중해 지역은 일단 해양 문화의 성격을 구비하고 있는 만큼 이동성mobility이 강하여 만나는 일이 비교적 자유롭다. 또 국가가 만들어지는 과정이나 여러 집단들 사이의 관계도 매우 복잡하기 이를 데 없다. 더구나 소위 지중해 안의 내해內海, in land-sea를 공유하고 있는 데다가, 길고 복잡한 연안이 여러 나라의 관할로 갈라져 있다. 당연히 바다 자체에서는 국경이 분명하지 않을 뿐 아니라 변화도 심하다. 따라서 해역지배권을 둘러싸고 국가들 사이에 다툼이 자주 벌어진다. 해양력海洋力이 모든 것을 좌우하는 것이다.

이렇게 바다를 놓고 갈등이 벌어진 예를 고대 그리스와 로마 제국의 흥망 과정에서 살펴볼 수 있다. 유명한 트로이 전쟁은 동부 지중해인 에게해의 교역권을 둘러싸고, 소아시아의 전통적인 세력과 신흥 그리스 세력간에 벌어진 대격돌이다. 또 신흥 로마 제국과 북아프리카의 카르타고 사이에 4차에 걸쳐 벌어진 포에니 전쟁도 지중해 중부에서 남북 간에 벌어진 대 전쟁이다. 특히 16세기 이후의 세계사는 무대는 비록 대서양으로 옮아갔지만, 어떤 면에서는 지중해 질서의 연장이라고 볼 수 있다. 이 모든 대결들은 해양력의 강약에 따라 결정되었다고 볼 수 있다.

이러한 지중해는 육지와는 다른 점이 몇 가지 있다. 육지에서는 국경을 접하고 있으므로 늘 아슬아슬한 긴장과 갈등이 생긴다. 우발적인 충돌이 자칫하면 전체가 참여하는 전쟁으로 발전할 수 있고, 또 다른 지역과 교섭하거나 교역을 하려고 해도 다른 나라의 국경을 통과해야만 하므로 여간 복잡한 게 아니다. 하지만 바다는 만나거나 충돌할 일이 적기 때문에 군사적으로 충돌할 기회가 빈번하지 않다. 그러다보니 명분보다는 교역이나 문화같이 구체적으로 실리를 더 중요하게 여긴다.

그리고 서로 다른 집단을 대할 때도 유연성이 있고, 기본적으로 개방적이다. 그렇기 때문에 다양한 문화가 섞이기도 하지만 반면에 자기 문화만의 독특한 성격을 강화시키기도 하고 또 이익을 많이 남길 목적으로 상품성이 높은 문화를 활발하게 창조했다. 따라서 지중해에서는 국경선이나 종족, 정치 체제나 군사력보다는 오히려 문화나 경제 개념이 질서와 성격을 만들어 가는 데 아주 중요한 인자因子로 작용하였다.

동아시아 지중해는 전형적인 지중해는 아니지만 다국간 지중해多國間地中海에 해당한다. 황해·동해·남해·동중국해·타타르해가 모든 나라와 지역들을 연결시키고 있으므로 지중해적인 성격을 어느 정도 지니고 있다.

동아시아의 지중해적 성격은 형태 외에 바다라는 환경 속에서도 만들어진다. 바다는 육지와 다른 점이 많다. 그 가운데 하나가 교통과 통신의 메커니즘이 독특하다는 점이다. 기계동력이 발전하기 이전에는 모든 활동이 자연환경에 철저하게 영향받았는데, 특히 동아지중해는 더욱 그러하다.

첫 번째는 계절풍 지대이기 때문에 돛을 달고 항해하는 배들은 결정적으로 바람의 영향을 받았다. 봄에서 여름까지는 지역에 따라서 남서풍 혹은 남동풍이 부는데, 기본적으로는 남풍 계열의 바람이 강하지 않게 분다. 이 바람을 잘 이용하면 중국의 남부 해안에서 한반도로, 혹은 일본 열도로 교류할 수 있다. 반면에 가을에서 겨울까지는 북풍 계열의 바람이 불어 한반도 북부와 중국의 중부 혹은 남부 해안과 교류를 할 수 있다. 물론 돛을 잘 조정해야만 한다. 북풍 계열의 바람을 이용하면 신라인들이나 발해인들처럼 한반도에서 일본 열도의 남부와 서부 해안으로 항해할 수 있어서 교류가 어렵지 않다.

두 번째는 해류나 조류 같은 바다 자체의 흐름이다. 주된 흐름인 쿠로시오가 필리핀 북부에서부터 동북상하면서 전체적으로 영향을 끼친다. 황해난류·대한난류·동한한류 등은 일종의 지류인데, 지역에 따라서 약간씩 다르다. 이 해류들의 방향은 거의 일정해서 길만 알아내면 역시 항해하는 데 도움을 줄 뿐 아니라 때로는 저절로 흘러간다. 반면에 육지

가까운 연해에는 조류들이 복잡하게 흐르고 있으므로 먼거리 항해에는 이용하기가 힘들다. 특히나 황해 주변은 너무나 물길이 복잡해서 그 해역 사람들이 아니면 절대 알 수가 없다.

세 번째는 육지 사이의 거리인데, 항해술이 발달하지 못했던 시대에는 연안을 따라 하는 항해가 매우 중요했다. 한국 지역과 대마도 사이의 최단거리는 50킬로미터가 약간 넘는다. 대마도와 이키섬 사이의 거리도 거의 비슷하다. 그러므로 이 해역에서는 눈으로 육지를 바라보면서 자기 위치를 확인하고 항해할 수 있다. 이 때문에 한반도와 일본 열도 사이에는 이미 6,000~7,000년 전부터 해양 교류가 있었다. 마찬가지로 황해도 내해 혹은 지중해적인 성격을 갖고 있으므로 육지간의 거리가 짧아 대부분이 근해항해를 할 수 있다. 최단거리는 황해도의 서쪽 끝인 장연군과 중국 산동반도 사이인데 약 400여 킬로미터 전후이다. 더구나 파도가 거칠지 않고, 곳곳에 리아스식 해안이 많기 때문에 기상이 악화되거나 비상사태가 발생할 경우에도 대피할 항구가 많아 항해에 매우 유리한 환경이다. 반면에 동해는 해역이 넓어서 천문항법구역에 해당된다. 거기다가 겨울에는 파도가 높아 황천항해를 해야 할 때가 많다. 하지만 해류와 특히 계절풍을 활용하면 바다를 건너는 것은 그리 어렵지 않다. 이러한 여러 가지 해양환경을 고려한다면 오히려 육지보다 쉽게 다닐 수 있는 게 바닷길이었던 동아지중해는 대체적으로 교류가 활발할 수 있었고, 그에 따라서 문화의 내용도 상당히 비슷한 역사적인 공간이었을 것이다.

동아지중해의 문화적 특성

동아지중해는 동아시아의 핵심 지역이기 때문에 예나 지금이나 동아시아의 대다수 종족들이 모여 산다. 한민족과 한족漢族 그리고 일본 열도 사이에 이루어진 교섭들은 물론 해양을 통해서 이루어졌다. 하지만 북방의 여러 종족들과 교섭하는 일도 적지 않게 해양을 통해 이루어졌다. 황해는 우리와 직접 관련이 있는 동이족東夷族이 개척하였다. 이 바다를 둘러싸고 갈등이 생겼는데, 이 세계의 종주권과 교역권을 놓고 벌어진 첫 대결은 고조선과 전한前漢의 전쟁이었다. 그때부터 한민족과 한족은 누런 물이 출렁거리는 황해를 두고 갈등과 협력의 변증법 속에서 공유하였다. 반면에 동아지중해의 비교적 외곽인 남해와 동해는 중국과 관련이 없는 탓에 한민족의 바다였다.

우리는 강한 탐험정신이 해양력을 바탕으로 남해와 동해를 건너 아직은 문화 수준이 비교적 낮고 정치도 발전하지 못한 일본 열도를 개척하였고, 곳곳에서 식민 활동을 하면서 소국들을 세웠다. 마치 그리스인들이 배를 타고 지중해의 연안을 따라가거나 바다를 건너 교역을 하면서 점차 식민지를 세우고, 도시국가Polis들을 건설했던 것과 마찬가지이다.

이 지역은 문화적으로도 전형적인 지중해의 성격을 가졌다. 동북쪽에서는 연해주와 시베리아에서 연결되는 수렵삼림문화가 내려왔고, 북방과 서쪽에서는 몽골과 알타이에서 내려온 초원의 유목문화, 서쪽에서는 건조한 사막의 실크로드를 거쳐온 서역의 문화들과 화북의 농경문화가 들어왔고, 남방에서는 화려하고 격식 있는 강남문화, 동남아에서 해양문화가 올라왔다. 이렇듯 동아지중해는 지역은 그리 넓지 않지만 가장 극단적인 자연현상과 다양한 문화가 만나면서 상호교류하고 혼재하면서 발전한 곳이었다.

자연환경과 문화의 내용이 달라지면 필연적으로 경제형태나 교역하는 방식, 팔고사는 물건의 내용도 다양해질 수밖에 없다. 많은 물류들이 주로 해양을 통해서 교류되었고, 자연스럽게 다양성이라는 지중해 문화의 전형적인 특성을 가질 수밖에 없었다. 그리고 농경의 정착성stability 문화와 유목 해양의 이동성mobility 문화가 만나 상호보완되면서 독특한 성격을 탄생시켰다.

그런데 동아지중해 지역은 유럽 지중해와는 약간 다른 점이 있었다.

즉 지역간에 힘의 균형을 잃고, 어느 한쪽으로 힘이 몰려 있는 편중성偏重性이 그것이다. 소위 중국 지역이 중심부이고, 그 힘은 우리 지역을 거쳐 일본 열도로 가면서 점점 주변부화되고 있다. 그러므로 정치력, 군사력 등은 북에서 남으로, 서에서 동으로 진행하는 일진성一進性의 경향을 띠고 있다. 결국 시대와 상황에 따라 약간의 변동은 있었지만 기본적으로 세 힘의 중심축中心軸과 몇 개의 부심축副心軸으로 이루어진 대결구도이다. 중심축은 중국 지역 북방 지역 그리고 한륙도韓陸島 지역이고, 일본을 비롯한 주변은 부심축이다.

그러나 문화는 반드시 정치력의 방향과 일치하는 것은 아니고, 서로가 영향을 주고받는다. 마찬가지로 동아지중해는 바다를 가운데 두고 바다 주변의 주민과 문화가 상호간에 영향을 주고받는 일종의 '환류環流시스템'을 이루고 있었다. 거기에 생활에 필요한 물품 같은 교역품들은 필요의 원칙, 공급과 수요의 법칙에 따라 정치력과는 관련없이 이동을 한다. 이러한 해양 문화의 성격은 복잡한 자연환경에서 영향을 받아 더욱 복잡하게 되었다. 그래서 동아시아의 역사는 대륙을 중심으로만 해석할 수 없고, 그렇다고 해서 해양을 토대로만 해석할 수도 없다. 땅과 초원, 바다를 함께 고려하여 모두를 포괄하는 지중해적인 성격 속에서 해석을 해야 그 성격을 비로소 제대로 이해할 수 있다.

동아지중해 모델의 효용성

그러면 동아지중해 모델은 과거의 해석뿐만 아니라 현재, 나아가 미래에도 가치가 있는 것일까? 또 우리에겐 어떤 이득이 있을까? 과거에 전개되었던 동아시아 역사의 지중해적인 성격을 빌어 설정한 동아지중해 모델을 적용해서 동아시아의 정치나 경제의 성격들을 규명한다면 다음과 같은 장점들이 있다.

우선 크고 복잡한 동아시아에서 중심부와 주변부를 명확하게 구분할 수 있다. 흔히 말하는 동아시아라는 범주 속에서 역동적인 동북아경제권의 중심부는 바로 동아지중해가 된다. 뿐만 아니라 그 중심부를 대륙과 반도와 섬, 즉 중국과 한국, 일본으로 따로따로 파악하는 것이 아니라 해양과 육지의 질서를 공유하고 연결된 하나의 권역으로 볼 수 있다. 두 지도가 쉽게 그려지니까 지역의 특성이 분명해지고, 자연스럽게 국가간이나 지역간의 역할 분담이 명확하게 드러난다.

또한 동아지중해 개념은 구성국들인 한국 · 중국 · 일본 사이에 공질성共質性이 강하다는 사실을 통해 구체적으로 확인할 수 있다. 세계화globalization가 진행되고, 서구 중심의 블록화가 진행되는 이 시점에서 동아시아 3국은 다른 권역과 효과적으로 대결하기 위해서 가까운 운명공동체라는 사실을 자각해야한다. 사실 한 · 중 · 일 3국은 수천 년 동안이나 지정학적으로 협력과 경쟁, 갈등과 정복 등의 상호작용을 통해 공동의 역사활동권을 이루어왔다. 예를 들면 한 국가나 왕조의 흥망은 그 당사국가들만의 문제가 아니라 이 지역의 국제질서 재편과 맞물려 일어났다. 고조선과 한의 전쟁, 고구려와 수 · 당간의 전쟁, 임진왜란 등은 지중해적인 질서와 관련된 국제전이다. 물론 유럽 대륙 내의 국가들이나 지중해국가들이 심각하게 대결한 사실에 비하면 비교적 평화롭게 공존해온 편이다.

또 지리경제학적으로는 경제교류나 교역 등을 하면서 서로에게 필요한 존재였다. 왜냐하면 자연환경이 워낙 다르므로 곡식이 풍부한 농경문화권에서는 모피 · 말 · 군수물자 · 철 등이 필요했고, 반대로 유목이나 삼림문화권에서는 발달된 문화 · 의복 · 곡식 등 농경문화의 생산물, 그리고 소금 등의 해산물들이 절대적으로 필요했다. 그러므로 정치적으로는 때때로 적대 관계에 있더라도 교역을 할 수밖에 없었고, 각 지역 간에 이루어진 말 · 차茶 · 담비가죽 모피 · 철 · 은 등의 교역은 이러한 예들이다. 아프리카 북안의 카르타고와 그리스 본토 그리고 흑해 연안이 생산물이 서로 다르기 때문에 교환을 할 수밖에 없었던 것과 마찬가지다.

지리문화적으로 보아도 의외로 공유하는 문화의 범위가 넓었다. 샤머

일본 미야코 섬의 고인돌. 미야코 섬의 고인돌은 우리나라 제주도의 고인돌과 흡사하다. 한국과 일본이 지리문화적으로 공유하는 문화의 범위가 넓었다는 사례로 볼 수 있다.

니즘으로 유형화된 공통의 신앙을 모태로 삼아 유교와 불교 등의 종교 현상도 그렇고 정치 제도 · 문자 · 생활습관 등 유사한 부분이 많았다. 잦은 교섭으로 인하여 종족이 섞인 것도 사실이다. 비농경문화권이 중국 문화의 영향을 많이 받았지만, 의외로 중국도 유목 문화 등의 영향을 받았다. 우리와 일본은 너무나 유사해서, 7세기 이전에는 분명하게 구분되는 부분이 상대적으로 적었다.

이렇게 문화가 유사하기 때문에 외부 세계에서는 이 지역을 하나의 문화공동체로 보기도 하였다. 물론 새뮤얼 헌팅턴은 그의 저서 『문명의 충돌』THE CRASH OF CIVILIZATION에서 중국과 일본을 별개의 문명으로 설정하였고 이는 동아시아를 분리시키려는 서구인들의 또다른 기본인식을 반영한 것이다.

동아지중해 개념으로 동아시아의 역사를 볼 경우 과거에도 이 지역이 현실성을 가진 공동의 활동 지역이었음을 확인할 수 있다. 물론 국가들 사이에는, 또 민족들 사이에는 씻어버리기 힘든 경험들이 축적되어 있고, 역사의 잿빛앙금이 두껍게 깔려 있다. 그러나 이젠 역사적인 환경이 지역이나 국가가 아니라 훨씬 넓은 지역으로 확대되었다. 농경과 유목 등 땅을 매개로 삼은 생산의 시대가 흘러갔고, 영토의 크기가 전처럼 그다지 중요하지 않게 되었다. 오히려 이제는 여러 나라들이 국경의 제약을 넘어 하나의 경제권 혹은 무역권을 중시하는 자연스런 경제적 영토N.E.T 개념을 중요시한다. 그리고 인식을 세계로 확대하면서 동아시아 외에도 다른 종족들과 문화가 있으며, 그것들에 비하면 동아시아 내에서의 차이점은 이질성이 아니라 동질성 내에서의 고유성으로 받아들이게 되었다.

인류의 역사가 세계사적 규모로 확대되고, 지역간의 갈등이 심각해지면서 이제 동아시아는 상생하며 협력해야 할 시기가 된 것이다. 국가들의 통합이 불가능한 동아시아가 협력체 내지 연합체, 혹은 블럭을 구성한다면 해양을 매개로 한 지중해적 질서 속에서 이루어지는 것이 바람직하고, 유럽 지중해와 카리브 및 걸프 지중해, 동남아 지중해 등과 경쟁하고 대결하는 동아지중해를 만들어 가는 일이 필요하다.

그러면 이러한 지중해적 질서 속에서 우리의 위치는 어떠하며, 어떤 역할을 해야 할까? 사실 남북통일이 이루진다 해도 향후에 경제 · 정치 · 군사력에서 우리의 힘이 주변 강국들에 비해 열세를 면할 가능성은 별로 없는 회의적인 처지다. 하지만 새로운 질서가 편성되는 과정에서 우리는 중요한 강점 하나를 가지고 있다. 한반도는 지리적으로 동아지중해의 중핵core에서 대륙과 해양을 공히 활용하며, 모든 지역과 국가를 전체적으로 연결하는 해양 네트워크를 가지고 있다는 것이 그것이다. 중요한 해로를 장악하고, 해양조정력을 가지면서 중핵조정中核調整 역할을 충실히 할 경우 동아시아에서 정치 군사적인 비중이 상승함은 물론 경제적이나 교역상에서도 우리의 이익은 높아진다. 나는 정치외교적으로는 고구려의 동아지중해 중핵조정 역할을, 경제문화적으로는 장보고의 동아지중해 물류장field & multi core시스템을 주장하고 있다. 물론 이 역할은 대륙과의 관계에서도 역시 중요하고, 정치군사외적인 영향력을 함께 갖는 것이 우선되어야 한다. 다시말해 내가 주장하는 동아지중해는 해양과 한반도 전체와 대륙의 일부를 포함한 개념이다.

동아지중해의 형성과 역사

그러면 동아지중해에서 사람들은 어떻게 만나고 활동하였을까? 특히 그 중심에 있었던 우리의 역사는 어떻게 이루어졌을까?

선사 시대

동아시아 해양 근처에 살았던 사람들은 선사 시대부터 해양 문화가 발달하였다. 남해는 부산 근처나 울산과 대마도 등에서 이미 약 6,000~7,000년 전부터, 동해 북부의 서포항과 황해의 단동 등 압록강 하구 및 요동반도 및 산동반도 북부 등에서도 역시 약 6,000~7,000년 전의 해양유적지들이 발견되고 있다. 황해의 양쪽 연안에 환상형으로 포진한 동이족은 해양 문화를 발전시켰다.

고조선과 삼한시대

고조선은 요동반도와 서한만, 대동강 하구 지역을 중심으로 해서 해양 문화가 발달하였다. 『관자』管子에 따르면 산동에 위치한 제齊와 문피文皮 등의 교역을 하였다. 고조선과 한 사이에 벌어진 전쟁은 황해 북부 해상권을 둘러싼 역학 관계의 재편을 목적으로 한 것이었을 가능성이 크다. 한반도 남쪽에 있는 삼한의 소국들은 서로 간에 교섭이 활발하였고, 일본 열도의 소국들 및 중국 등과도 정치적 경제적으로 교섭을 하였다. 이 소국들은 대부분이 해안가浦 또는 강 하구津에 위치한 일종의 '나루국가' Polis이다. 일본 열도로 건너가 야요이彌生문화기원전 250년경~기원후 250년경를 이루었는데, 남해 동부에서 규슈 북부라는 통로와 동해 남부에서 출발하여 혼슈 남단에 도착하는 통로를 사용하였다.

일본 야요이 문화의 유적지. 삼한의 소국들은 일본의 소국들과 활발하게 교류했다. 뿐만 아니라 중국 등과도 정치적·경제적으로 교섭을 하였다. 이로 인해 3국의 문화는 비슷한 점이 많다.

삼국 시대

고구려는 만주 지역에 동맥처럼 발달한 송화강 등 큰 강을 이용하여 수군 활동을 하다가 압록강의 하구인 서안평을 장악하여 황해 북부로 진출하였고, 마침내 요동만의 해안 지역도 장악하였다. 광개토대왕은 수군작전을 활용하여 백제를 물리치고 경기만을 장악하였다. 고구려는 5세기 이후에 황해 중부 이북의 해상권을 장악해서 백제·가야·신라·왜 세력들이 중국의 남북조와 교섭하는 것을 견제하여 막았고 또한 남북조를 상대로 동시 등거리외교를 펼치면서 역학 관계를 조정했다. 뿐만 아니라 5세기부터는 본격적으로 일본 열도로 진출을 하여 6세기 중반에 이르면 화려하고 역동적인 해양 외교를 전개하였다. 결국 고구려는 대륙을 경영하면서 동시에 해양 활동을 확대하였기 때문에 지리적·경제적·문화적으로 동아지중해의 중핵core이 된 것이다. 하지만 후기에 들어서 나제동맹군에게 경기만을 빼앗기고 나서 신라와 당이 벌인 남북협공과 수·당이 전개한 수륙양면작전을 막아내지 못한

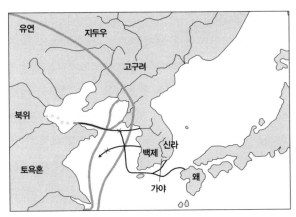

장수대왕 시대 동아
지중해 중핵조정 외
교도

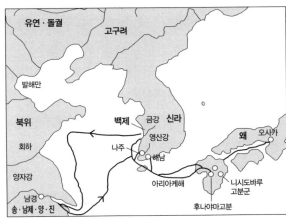

5~6세기 백제의 대
외 항로

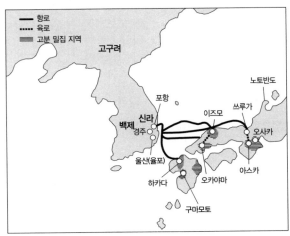

신라의 일본 항로와
진출도

채 패배하였다.

백제는 한강가에서 하항河港도시국가로 출발하였다. 초기부터 하계 망을 장악하면서 경기만을 배후지로 삼아 황해 중부에서 해양 활동을 활발하게 한 백제는 4세기 초에는 근초고왕이 황해도의 해안 지방을 빼앗아 황해 중부 이북의 해상권을 장악해서 중국으로 가는 교통로를 확대하였다. 고구려에게 수도와 경기만을 빼앗긴 채 남으로 이전한 뒤 해양 활동은 일시적으로 위축되었으나 동성왕 시대부터 회복하여 황해 남부는 물론 남해에서도 활동하여 남조국가들과 교섭하면서 지위를 향상시키고 문화의 전성시대를 이루는 한편 일본 열도로 활발하게 진출하였다. 그러나 나·당 동맹군의 금강상륙작전을 허용하여 멸망하였다.

한편 가야는 변한弁韓·진한辰韓 등의 해양적 전통을 이어받아 김해 거제도 고성 등에서 발전하였는데, 일본에서 발견된 고대유물과 건국신화 등에는 가야적인 요소가 많이 있다. 지중해적인 질서와 성격을 토대로 양 지역의 관계를 이해한다면 유리하게 해석할 수 있다.

신라는 동해가 바람과 해류 등 항해 조건이 좋지 않고 수심이 깊고 굴곡이 없어 적당한 항구시설이 없었다. 그렇지만 일본신화에는 스사노노미코도나 천일창처럼 신라인들의 진출 사실이 나타나 있다. 진흥왕 때에 한강 유역을 차지하여 해양 문화가 급속하게 발달한 신라는 당나라와 해양을 이용, 비밀외교를 추진 성사시켜 통일의 기틀을 잡았다.

이렇듯 삼국시대는 육지 위주의 질서, 영토의 확장이라는 관점보다는 지중해적인 성격과 함께 문화와 경제 간의 관계를 함께 이해하는 것이 올바른 이해방식이라 할 수 있다.

동아지중해 국제대전

7세기에 벌어진 동아지중해 국제대전은 동아시아의 질서재편전이다. 각 나라 사이의 외교적인 입장과 성과, 군사적인 측면, 전후 신질서가

실연타

돌궐

당

← 고창국

← 토욕혼

← 토번(티베트)

거란

고구려

신라

백제

왜

7세기 중엽 동아시아의 정치 환경

성립되는 과정에서 해양 능력은 중요한 역할을 하였다. 동아지중해 전역이 정치적으로 안정되고, 당·통일신라·발해·일본을 해상으로 연결시키는 환황해문화가 활발해졌지만 우리는 결국 해양로의 확보를 발판으로 담당해오던 정치·군사적인 중핵조정역할을 상실하고, 중국의 영향을 받는 주변부 존재로 전락하고 말았다.

남북국 시대

신라인들은 중국 일본 지역 서역과 교역을 하면서 상업 활동이 활발했다. 당나라에 거주하였던 신라인들은 대운하 주변에 신라방 등 거점을 만들고 물류체계를 장악하면서 중국의 남북 물류망을 이어주었고, 장보고의 등장으로 완도인 청해진을 거점으로 삼아 항로를 장악하면서

8~9세기 범신라인들의 해상
활동로

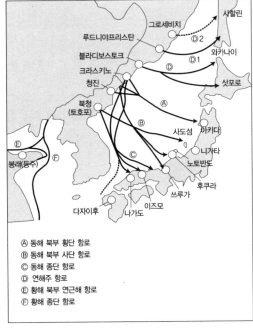

Ⓐ 동해 북부 횡단 항로
Ⓑ 동해 북부 사단 항로
Ⓒ 동해 종단 항로
Ⓓ 연해주 항로
Ⓔ 황해 북부 연근해 항로
Ⓕ 황해 종단 항로

발해인들의 대외 항로

동아지중해의 서쪽 해상권을 장악하였다.

발해는 건국 초기인 732년에 장문휴張文休가 수군으로 발해만을 건너 당나라의 등주를 점령하였다. 한편 발해와 일본은 초기에는 지정학적인 역학 관계로 신라를 압박하기 위하여 해양 외교를 추진했으나 중기 이후에는 경제적으로 교역에 주력했다. 발해는 일본에 34회, 일본은 발해에 13회 사신을 파견하는 등 주로 양국의 교류는 발해의 주도로 이루어졌다. 발해인들은 한겨울에 북서풍을 타고, 원양항해를 하면서 동해를 건넜다.

고려

서해안의 해양 세력들을 규합하여 후삼국을 통일한 뒤 초기부터 중국 지역과 교섭을 활발하게 했던 왕건은 거란족의 나라인 요를 견제하기 위하여 송나라와 바다를 통해서 교섭하였다. 남송이 성립되면서 강남 지방과 활발한 교섭을 하였는데 보통 100명에서 300명을 태운 사신선들은 곧 공무역선이었으며 오늘날의 아랍인인 서역상인들도 많이 왔다. 고려는 몽골군과 함께 주로 고려배들을 동원하여 1274년에 일본 원정을 감행하였다.

① 황해 중부 회단 항로: 개경 - 벽란도 - 옹진 - 등주(고려 전기 항로)
② 황해 중부 횡단 항로: 개경 - 벽란도 - 옹진 - 교주만(밀주)(전기, 상업에 많이 이용)
③ 황해 사단 항로(중기 이후 사용): 개경 - 벽란도 - 황해 사단 - 절강의 명주(영파)
④ 동중국해 사단 항로: 영파 - 보타도 - 흑산도 - 인천 - 벽란도 - 개경
⑤ 1997년 동아시아해호 항로도: 보타도 - 흑산도 - 인천
⑥ 고려 유구 항로: 개경 - 제주도 - 오키나와(유구)
⑦ 일본 항로: 개경 - 한반도 서남해안 - 쓰시마 경유 - 규슈
⑧ 고려(탐진) - 탐라

고려시대의 대외 항로

조선

조선 초기에는 수군으로 대마도 정벌 등을 추진하는 등 적극적이었다. 그러나 결국 바다를 막고, 지중국地中國 질서만을 채용하여 오로지 중국과의 교섭만을 추진하였고, 그 결과 중국의 주변부로 전락하였다. 임진왜란을 거쳐 근대로 접어들면서 해양의 중요성과 역할이 다시 거론되었다. 조선의 개항 · 청일전쟁 · 러일전쟁 · 일본의 식민지화 · 일본의 중국 침략 등은 해양질서와 불가분의 관련이 있다.

2차 세계대전이 끝나면서 동아시아는 첨예한 군사대결 속에 바다는 막히고, 그 결과 교류와 교역의 지중해적 질서는 사라졌다. 그렇지만 이제 다시 동아시아의 질서가 재편되면서 해양이 열리고 있다. 동아시아에서 모든 지역과 국가를 전체적으로 연결하는 해양 네트워크를 장악하고, 해양조정력을 가질 경우 우리는 중핵국가가 되어 발전할 가능성이 높아진다.

우리의 역사를 주변부에서 중심부로

우리 역사학은 그 동안 육지라는 한정된 시각과 통념에 사로잡혀 해양이라는 중요하고 의미 있는 장르를 소홀히 하였다. 아마도 중국을 중심부로 생각하고, 우리는 주변부라는 잠재의식을 가져왔던 탓도 있으리라.

우리 역사를 다시 해석하기 위하여 나는 유럽 지중해와 유사한 동아지중해 모델을 설정하였다. 그 모델을 통해서 한국의 역사와 동아시아의 역사를 해석하면서 몇 가지 새로운 사실을 확인했고, 우리에게 유효한 가치가 있음을 깨달았다. 예를 들면 문화의 교류나 교역이 동아시아와 우리 역사에서 상당한 비중이 있었음을 확인하였다. 또 해양 교통로와 해양의 메커니즘이 역사를 이루어 가는 데 영향을 많이 끼쳤으며, 때로는 동아시아의 질서가 전면적으로 재편되는 과정에서 해양이 결정적인 역할을 한 사실도 확인하였다. 그리고 무엇보다도 우리 역사의 정체성을 찾을 수 있었고, 우리가 주변부가 아니었음을 깨닫게 되었다. 또한 21세기 세계질서가 재편되는 과정에서 동아시아 내지 한민족의 대응전략을 구사하는 데 유효한 모델일 가능성도 확인하였다.

윤명철 동국대학교 사학과를 졸업하고, 성균관대학교 대학원에서 석 · 박사학위를 받았다. 현재는 동국대학교 교수 · 한국해양문화연구소 소장 · 고구려연구회 이사 등을 맡고 있다. 우리 역사를 동아시아라는 국제적인 관점에서 이해하고, 특히 해양과 대륙을 동시에 보는 '해륙사관'의 입장에서 반도사관의 잔재를 털어버리는 작업들을 하고 있으며 그 가운데 하나가 바로 '동아지중해이론'이다. 15여 권의 저서와 80여 편의 논문을 발표하였다.

66 지중해를 떠올리면 맑고 푸른 물빛이
떠오른다. 그것은 이상화되고 관념적인 물빛이 아니다. 실제로
지중해를 구성하는 물리적 요인들이 그 물빛을 맑고 푸르게
만들고 있다. 지중해를 이루는 물과 흙은 맑고 푸른 물빛을 이루고
생태와 환경을 구성하고 나아가 여러 문명들이 지중해에서
나타나고 사라지는 동안에도 여전히 변함없는 모습으로 그렇게
존재한다. 언제나 그곳에 존재하는 파도와 바람, 연안과 부두,
올리브와 포도, 그리고 바다의 흐름. 타원형으로 육지에 둘러싸인
커다란 바다의 모습과 이들을 겹쳐서 머리에 떠올리면 지중해는
살아 숨쉬는 공간으로 우리에게 다가온다. 생태와 환경은 그냥
그렇게 존재하지 않는다. 그곳에서 터를 잡고 살아온 인간의 숨과
혼이 깃들어 있으며, 그래서 생태와 환경은 지중해의 역사와
문화를 배고 낳고 키운 산모이다. **99**

늘 푸른 바다, 그 물빛의 비밀

지중해의 해양생태학적 특징

하나의 거대한 바닷물 바가지, 지중해

지중해는 글자 그대로 육지에 둘러싸인 바다다. 물론 지중해는 그러한 축자적 의미보다 문화인류학적, 역사적, 그리고 문명적 의미를 더 친숙하게 내보이는 기호記號이기도 하다. 지중해는 유럽과 아시아 및 아프리카 대륙의 문명이 교류되는 통로 역할을 해왔다. 서로 성격이 다르고 기원이 다른 여러 문명들이 끈끈한 연계와 유대를 바탕으로 찬란한 복합문명인 지중해 문명으로 융합하고 생성하여 발달할 수 있었던 것은 바로 바다로서의 지중해의 역할 때문이었다. 그러나 바다를 중심으로 다양한 문명들이 출몰을 거듭하였다 하더라도 지중해는 무엇보다 하나의 바다로서 특성을 가지고 있으며, 여러 문명들이 여기에 적응하여 생존하는 데에는 어느 정도 통일된 생태와 환경, 그리고 거기에 따른 생활양식이 요구되었음에 틀림없다. 결국 지중해는 물리적인 연결통로로서 뿐만 아니라 그것이 지닌 해양학적 또는 생태학적인 동질성이 지중해 문명이 복합성을 유지하는 데 일정한 역할을 해왔다고 추론해볼 수 있다.

일찍이 고대 로마인들이 '우리의 바다'라고 불렀던 지중해의 면적은 296만 9,000제곱킬로미터로, 지구상에서 가장 큰 내해內海다. 수심은 평균 1,458미터, 길이 약 4,000킬로미터, 최대너비 약 1,600킬로미터, 체적은 약

370만 세제곱킬로미터에 이른다. 최대 수심은 비교적 좁은 면적에 비해 놀랍게도 5,092미터이며, 약 400미터로 수심이 낮은 튀니지 해협의 아프리카—시칠리아 해령을 사이에 두고 크게 동부와 서부의 두 해분海盆으로 나누어진다. 이 두 해분은 또 다시 몇 개의 작은 해분들로 구성되는데, 서부는 알제리 해분과 티레니아 해분, 동쪽에는 이오니아 해분과 레반트 해분이 있다. 이탈리아 반도와 발칸 반도 사이에 위치한 아드리아해와 그리스와 터키 사이의 에게해는 동지중해에 속한다.

지중해는 거의 폐쇄된 바다다. 서쪽에는 폭이 겨우 15킬로미터, 평균 수심 약 290미터인 지브롤터 해협을 통하여 거친 물결의 대서양과 연결되고, 북쪽에는 보스포루스 근처의 폭 450미터와 수심이 55미터인 다르다넬스 해협을 통해 흑해와 연결되며, 동쪽에는 폭 120미터와 수심 12미터의 수에즈 운하를 통하여 홍해 및 인도양과 연결된다. 수에즈 운하가 인공적인 통로라는 것을 생각하면, 지중해의 전체적인 지형 구조는 지브롤터라는 서쪽 입구의 극히 제한된 통로만이 바깥 바다와 연결된, 하나의 물바가지 형상을 하고 있는 것이다.

지중해는 세 대륙에 걸치는 만큼 기후와 생태에서 다양성을 보이는 것은 사실이지만, 그러한 다양성을 포괄하는 공통성 또한 내보이는 것도 사실이다. 지중해의 기후는 일종의 전이역의 특성을 보여 강수량이 매우 불규칙하다. 이를 우리는 흔히 지중해성 기후라고 부른다. 지중해 북부는 남부에 비해 강수량이 높지만, 전체적으로 따뜻하고 건조하여 따뜻하고 습한 여느 온대 지역과는 다른 기후적 특성을 보인다. 대서양과 유럽 연안 산악에서의 강우는 연 강수량으로 600~1,200밀리미터 정도로 100밀리미터 이하를 나타내는 남부 해역과는 뚜렷이 구분된다. 북부 해역은 서풍이 우세하고 온대기후에 해당하며, 봄과 가을철에 잦은 소나기로 여름철의 가뭄을 줄여준다. 강우의 세기와 기간은 서쪽에서 동쪽으로 갈수록, 그리고 북쪽에서 남쪽으로 갈수록 감소하는 반면, 온도는 북쪽에서 남쪽으로, 서쪽에서 동쪽으로 갈수록 높아진다.

지중해에서는 주로 북서풍이 부는데, 건조한 바람과 맑은 날씨는 지중해 전체 표면에서 강한 증발효과를 생성한다. 대양과 격리된 반폐쇄성 해분인 지중해의 이와 같은 강한 증발효과는 대기와 해양 사이의 물의 수지water flux 를 다른 바다와는 전혀 다르게 만들고, 나아가 지중해 전체의 수괴물 덩어리가 가지는 물리 화학적인 특성을 조절하여 다른 대양과는 구분되는 특성을 지니도록 해준다. 앞서 말했듯이, 여러 해분들로 나누어진 지중해는 그 바다만이 가지는 특이한 해류에 의하여 전체가 연결되어 하나의 바다로서 특성을 가지게 되며, 그 속의 다양한 생태계 구성 요소들도 전체적으로 다른 바다와는 뚜렷이 구분된다.

고염의 기원과 관련 현상들

바닷물의 특성은 일차적으로 온도와 염분에 의해 결정된다. 온도가 높고 염분이 낮은 물은 가볍고, 온도가 낮고 염분이 높은 물은 무겁다. 무거운 물은 당연히 아래로 가라앉으려는 성질을 지니게 되는데, 이것이 바람과 함께 해류를 일으키는 힘이 된다. 결국 온도와 염분에 의해 바닷물의 수직적, 수평적 움직임이 조절되는 것이다. 또한 생물들의 생존도 바로 이 요인들에 의해 일차적으로 영향을 받는다.

강을 통한 담수의 유입은 바닷물의 염분을 낮추는 결과를 가져온다. 지중해에서 가장 큰 담수 유입원은 이탈리아 반도의 포Po 강, 프랑스 남부의 론Rhone 강, 에스파냐의 에브로Ebro 강 및 이집트의 젖줄인 나일Nile 강을 들 수 있다. 이들 네 개의 큰 강으로부터 다량의 민물이 유입되지만, 전체적으로 지중해에서는 증발에 의한 물의 손실이 강수와 하천수의 유입을 초과하기 때문에 물의 수지 균형이 이루어지지 않는다. 그 결과 지브롤터 해협을 통하여 대서양의 염분이 낮은 표층수로부터 손실된 물을 보충받게 된다. 지중해에서는 염분이 낮은 표층수가 대서양에서 지중해의 표층으로 흘러들어오고 염분이 높고 무거운 지중해의 바닷물은 지브롤터 해협의 밑바닥을 따라서 대서양으로 흘러나간다. 한편 지중해에 면한 흑해에서는 민물이 과잉 공급되어 염분이 지중해보다 낮다. 따라서 흑해에서는 염분이 낮은 표층수가 지중해로 흘러나가고 염분이 높은 저층수가 흘러 들어온다.

지중해 바닷물의 물리적 특성은 이와 같은 물과 염분의 수지^{flux}에서 비롯된다. 강수와 하천을 통한 민물의 유입 및 지브롤터 해협의 표면을 통한 대서양 바닷물의 유입은 지중해를 이루는 물의 주요한 유입원으로 작용하고, 대기로의 증발과 지브롤터 해협의 저층을 통한 고염분수의 유출은 지중해 물의 주요 유출원으로 작용한다. 지브롤터 해협을 통한 대서양 해수의 유입 체적은 매 초당 평균 1.75×10^6입방미터를 나타내며 지중해수의 유출 체적은 매 초당 평균 1.68×10^6입방미터에 이른다. 결국 위에 나타난 대서양 바닷물의 유입 체적값은 연간 5.5×10^4입방킬로미터이며, 이 같은 속도로 지중해^{체적} 3.8×10^6입방킬로미터를 채우는 데 약 70년이 걸린다는 것을 알 수 있다. 이것이 바로 지중해 바닷물이 지중해에 머무는 시간이고 이에 따르면 지중해 물이 완전히 바뀌는 데 걸리는 시간은 약 70년 정도인 것으로 계산된다.

지중해의 염분은 주로 서쪽에서 동쪽으로 갈수록 증가하지만 겨울철 온도는 남쪽에서 북쪽으로 갈수록 낮아진다. 지중해의 짠 바닷물은 지브롤터 해협의 밑바닥을 따라 흘러나갈 때 들어오는 대서양의 물과 혼합되지만, 혼합된 뒤에도 지중해의 물은 여전히 대서양 표층수보다 더 무겁다. 지중해의 물은 1,200미터 수심의 해저를 따라서 흘러나가면서 비로소 대서양 심층수와 비슷한 염도와 무게를 지니게 된다. 따라서 지중해에서 염도가 높고 무거운 바닷물의 유출은 대서양 심층수의 순환에도 중요한 영향을 미친다.

바다의 물은 해류를 통하여 순환하는데, 표층해류는 바람의 마찰과 열팽창이 일차적인 힘으로 작용한다. 바다에서 밀도가 큰 물은 가라앉고 작은 물은 올라오기 때문에 표면 아래 존재하는 심층수는 전체 해수의 90퍼센트를 차지하며 중력에 의해서 움직인다. 온도와 염분이 밀도의 가장 큰 원인이기 때문에 밀도 차에 의한 심층수의 흐름을 열염순환熱鹽循環이라 부른다. 지구에서 바닷물이 열을 잃고 가라앉아서 심층수와 저층수가 되는 지역들이 있다. 이러한 침강은 북대서양에서 두드러진다. 대서양의 북쪽 끝에 위치한 노르웨이 해에서 표층수가 냉각되면서 밀도가 커진 물이 매우 깊은 수심으로 가라앉아 남반구 방향으로 움직인다. 이 차가운 물 덩어리는 대서양을 남하하여 아프리카 남쪽을 돌아 남극으로 유입되고, 이 해수는 남극 주변 표층에서 냉각된 저온수와 혼합된 후 인도양과 남태평양을 거쳐 북태평양으로 북상한다. 이러한 순환이 한 번 완료되는 데 대략 1,000년의 시간이 걸린다.

아드리아해나 가베스만에서 밀물과 썰물의 해수면의 높이가 1.5내지 2미터에 이르기도 하지만 지중해는 전체적으로 아주 미약한 조석 활동을 보인다. 미약한 조석 활동은 물의 흐름을 막아 결국 해안선과 이들 해역에서의 오염 특성에 영향을 미치게 된다. 지중해의 표층 해류는 대서양으로부터 동쪽으로 흐른다. 이렇게 흐른 표층수는 동쪽에서 서쪽으로 진행하지는 않는다. 동쪽에서 서쪽으로 진행하는 흐름은 중층수나 심층수에서 나타난다. 바닷물 덩어리가 완전한 순환을 끝내든가 혹은 섞여서 그 본질을 잃는 데에는 몇백 년의 세월이 걸린다. 태평양의 남극 저층수는 그 성격을 1600년 동안이나 간직한다. 앞서 살펴본 바와 같이 북대서양에서 형성된 심층수가 태평양에 도달하는 열염순환을 이루는데 1,000년의 세월이 걸린다는 것을 고려해보면 약 70년의 연령을 가지는 지중해 해수는 그 연령이 대단히 낮다. 즉, 지중해라는 '바가지'에 담긴 물을 새로운 물로 바꾸는 70년이란 시간은 비교적 짧은 것이다.

지중해 바닷물에서는 물속에 녹아 있는 용존 산소가 풍부한데 반하여 심층수에서조차도 비교적 낮은 영양염 농도를 나타내는데 이것은 바로 지중해 물의 낮은 연령 즉, 외양수와의 빠른 해수교환에 따른 짧은 체류 시간에 기인한다. 지중해는 이렇게 낮은 농도의 영양염도 심층수의 흐름을 통하여 지브롤터 해협을 지나 대서양으로 수송되고 영양염이 빈약한 대서양 표층

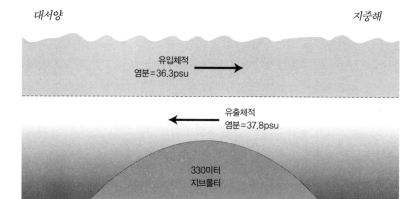

유입체적
염분=36.3psu

유출체적
염분=37.8psu

330미터
지브롤터

지중해 입구에서 물의 유입과 유출 특성 모형도

수를 받아들이는 특징을 가진다.

지중해에서 영양염의 유입은 주로 하천수나 농업용수 또는 오염수의 유입에 기인한다. 영양염이 풍부한 대서양 심층수는 지중해 물의 순환에 참여하지 않는다. 따라서 지중해는 과도한 부영양화의 문제가 별로 크지 않다. 이것은 큰 강 근처를 제외하고는 지중해 바닷물이 기본적으로 영양염 농도가 낮은 빈영양 환경 특성을 띤다는 것을 의미한다. 결국 이와 같은 낮은 영양염 수준은 지중해의 전체적인 기초생산력을 대단히 낮은 수준으로 유지시키는 요인이다. 이런 이유 때문에 지중해에서는 플랑크톤이 매우 빈약하다. 깊이 40미터에 이르는 놀라운 투명도와 청명한 파란빛을 보이는 지중해의 장관은 여기서 비롯한다. 또한, 이와 같이 수중의 낮은 기초 생산력에 기인하여 해저 퇴적물 중의 유기탄소 함량은 일반적으로 낮은 수준을 나타낸다. 바로 이 점이 지중해의 자연생태계를 이해하는 데 있어서 가장 중요한 관점이 된다.

생태계의 다양성

지중해의 생물은 전체적으로 다양하지도 않고 풍부하지도 않다. 반면 주변 육지의 생물의 다양성은 비교적 높은 수준이다. 지중해 생물종의 약 62퍼센트에 달하는 많은 양이 동부 대서양에서 발견되기 때문에 대서양과 지중해는 대서양—지중해 구Atlanta-Mediterranean province로 알려진 한 단위를 형성한다. 지중해 생물종의 약 20퍼센트가 지중해에서만 발견되는 토착종으로 알려져 있다. 이들 토착종의 대부분을 이루는 것은 동물종으로, 대서양 연안보다도 더 풍부하다. 지중해 연안 지역의 대륙붕은 대개 아주 좁지만, 연안에서 대륙붕 외연까지 펼쳐진 이른바 연안역은 풍부한 생태계를 보호하고 일부 해역에서는 높은 생산력을 나타내기도 한다. 지중해의 중앙부가 낮은 영양염 농도를 보이는 반면, 연안역의 높은 생산력은 해저면 퇴적물에 기원을 둔 영양염에 의존한다. 연안 생태계들 중에는 암반 조간대, 하구 및 해초장주로 포시도니아 오세아니카, Posidonia oceanica로 구성 등이 생태학적으로 중요한 가치가 있다. 이와 함께 또 다른 생태계들도 멸종 위기에 처한 생물종의 유지에 대단히 중요한 역할을 하는데, 서식처로서 동굴을 이용하는 지중해 바다표범, 알을 낳기 위하여 모래 해안을 이용하고 먹이를 위해 해초류를 이용하는 바다거북 및 알을 낳고 휴식을 취하기 위하여 습지, 암반 해안과 섬을 이용하는 바닷새의 경우가 그 예가 될 수 있다.

지중해 해산 식물은 약 1,000여 개 대형 종이 있는데 그중 15~20퍼센트가 토착종이다. 이 식물군들은 전체 지중해 표면적의 10퍼센트 이하를 차지하는, 천해역50미터보다 낮은 수심에서 주로 나타난다. 해초장은 많은 해양생물특히 어류, 갑각류 및 바다거북 들의 산란ㆍ섭이ㆍ휴식을 위해 중요한 서식처다. 해초류의 존재와 어류 생산 사이에는 직접적인 관련이 있는데, 지중해 연간 어류 생산의 80퍼센트 이상이 해초장에서 생산된다. 해초류는 해안의 인간 활동의 영향에 의해 멸종위기에 처해 있다. 지난 10년 동안 해조류 38종과 포시도니아 오세아니카 및 거머리말Zostera marina 해초류 2종 등 40여 종이 거의 멸종되어가고 있다. 포시도니아 오세아니카로 이루어진 해초장은 지중해를 대표하는 가장 특징적이고 중요한 해양생태계를 이룬다. 해안의 안정화, 수질의 유지 특히 용존산소의 공급은 그들의 중요한 기능이다. 또한,

어류와 갑각류를 대상으로 하는 주요 수산업의 유지는 해초장과 직접 연관된다. 해초류인 키모도케아 노도사Cymodocea nodosa 역시 지중해에 널리 퍼져있지만, 포시도니아의 밀도가 높은 곳에서는 존재하지 않는다. 지중해 연안의 해양식물 중 북서 지중해에서 토착 해초류들이 외래의 열대종에 의해서 위협받고 있는데 그 대표적인 예가 카울레르파 탁시폴리아Caulerpa taxifolia라는 해초류로 최근 프랑스와 이탈리아 연안에 약 2,000헥타르 이상 넓게 퍼져나가고 있다.

연안에 위치한 습지Wetlands와 라군Lagoons의 존재도 지중해 생태계가 가진 중요한 특징이다. 중요한 라군 생태계들은 여전히 에스파냐 · 프랑스 · 이탈리아 · 그리스 · 사이프루스 · 모로코 · 알제리 · 튀니지 및 이집트에 혼재하고 있다. 지중해의 습지와 라군 생태계는 생물 다양성의 보존을 위해서 대단히 중요하며 실제로 다양한 생물들이 풍부하게 서식한다. 이들은 또한 많은 새들의 산란과 월동을 위한 보금자리가 된다. 뿐만 아니라 오염을 조절하는 화학적, 물리적 기능을 갖고 있으며, 인간의 레저와 스포츠, 양식업 등을 위한 최적의 환경을 제공한다.

암반 해안 · 하구 · 모래 해안 등도 생물서식처로서 상당한 역할을 하고 있다. 지중해의 광범위한 연안선은 암반으로 구성된다. 이들 지역은 해조류algae에 의해 우점되는 군집들을 유지시켜준다. 암반 해안은 접근의 어려움과 비교적 낮은 도시화에 기인하여 강가 하구와 같은 연안보다 덜 위협을 받는 것 같다. 그러나 이 지역들도 행락객이나 피서객에 의한 오염과 유린에 아주 취약한 특성을 보인다. 약 70개에 이르는 비교적 큰 강이나 하천들이 지중해로 흘러들어오기 때문에 하구 지역도 하나의 중요한 서식지를 구성한다. 퇴적물의 퇴적 작용도 여기서 주로 일어날 뿐만 아니라 대부분의 경우 산업 혹은 농업에서 나오는 오염의 영향을 심각하게 받는다. 실제로 많은 대규모 혹은 중규모 도시들은 하구에서 가까운 곳에 위치하고 있다. 뚜렷한 조석 활동이 일어나지 않기 때문에 모래 해안의 대부분은 좁다. 유럽 연안에서는 많은 해변들이 인공적으로 조성되어 이것이 해초장의 파

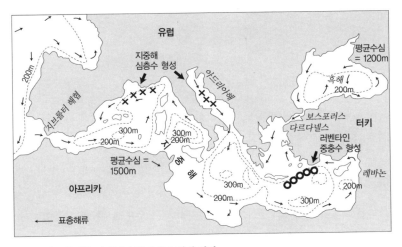

지중해의 표층해류 및 중층수와 심층수 형성 지역

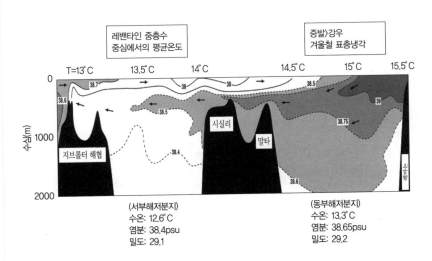

지중해에서 러밴타인 중층수와 경도에 따른 겨울철 염분의 분포

괴를 초래하기도 했다.

생물의 다양성

지중해의 생물은 일차적으로 지브롤터 해협 너머의 드넓은 대서양 가운데 지중해 쪽에 인접한 지역에 서식하는 부류가 전체의 반을 넘는다. 지중해의 토착종은 전체의 20퍼센트인데, 그 중 13퍼센트는 세계 도처에서 발견되며 5퍼센트는 인도양과 태평양에서 발견된다. 지중해 내에서 생물의 다양성은 동쪽에서 서부로 갈수록 증가하는 경향을 보여, 동식물의 주요 종수는 서부와 중앙 지중해에서보다 동부 지중해에서 훨씬 낮다. 특히 남동부 지역이 생물학적으로 가장 불모지에 해당한다. 저서생물과 조간대 생물도 종 다양성과 풍도에서 유사한 변동을 보여 서부에서 동부로 갈수록 감소하고 북부 아드리아 해에서 남쪽으로 갈수록 감소한다.

해초류의 중요성은 이미 논의한 바 있다. 연안의 라군을 제외하면 지중해에서 식물은 대단히 다양하게 분포되어 있지만, 생산량은 대단히 낮다. 해양의 기초 생산력 분포는 하구와 대륙붕에 주로 집중되어 있는데, 이들에 비하면 지중해의 생산력은 불모까지는 아니라 하더라도 지구상에서 가장 낮다. 기초 생산력을 결정하는 식물 플랑크톤의 성장이 영양염 농도에 의해서 제한을 받는데, 지중해의 영양염 농도는 대단히 낮기 때문이다. 기초 생산력은 대개 강의 입구와, 겨울철에는 해안선을 따라서 높다. 그에 비해 지중해의 경우, 하천수의 영향을 받지 못하는 연안역과 중앙부의 기초 생산력은 대단히 낮고 심층수에서의 영양염 농도는 특히 동부 해분에서 아주 낮다. 전 세계 해양 동물종 약 13만여 종에 비하여 지중해에서 보고된 동물종 수는 약 8,000종이다. 전 세계 해양 면적의 약 1퍼센트와 체적의 0.003퍼센트 이하를 차지하는 지중해에는 세계의 동물종 중 6퍼센트가 살고 있다.

무척추동물 중 동물 플랑크톤은 지중해의 빈영양의 특성에 기인하여 유사한 대서양 해역에 비하여 매우 낮은 분포를 보인다. 전반적으로 동물 플랑크톤 분포는 서부 해분의 남서부로 갈수록 높아진다. 연체동물과 같은 다른 무척추동물들은 수산업에서 상당히 중요한데, 진주담치 양식이나 조개류 채취가 그 예가 될 수 있다. 그러나 지중해의 토착종에 대한 과도한 채취와 서식처의 파괴는 이들의 멸종 위기를 불러일으키고 있다. 해면동물은 지중해의 전통적인 자원이며 빨간산호Corallium rubrum도 보석 생산에 사용되는 지중해의 중요 자원이다.

북동 대서양과 지중해에서 기록된 1,225종의 어류 중 총 540종이 지중해에 존재하는 것으로 보고된다. 이 중 362종은 해안형이며, 그중 62종이 토착종이다. 지중해 수산 생산은 다른 대양에 비하여 상대적으로 낮다. 이것은 아마도 낮은 기초생산력과 좁은 대륙붕에 기인하는 듯하다. 수산물 생산은 서부에서 동부로 갈수록 그리고 북부에서 남부로 갈수록 감소하는 뚜렷한 경향을 나타낸다.

생태와 환경, 그리고 생활양식

지중해성 기후에 의한 해수의 특이한 물리적 특성에 의해서 일어나는 표층과 심층 해류의 흐름으로 지중해의 바닷물은 빠르게 순환한다. 다른 대양에서 일어나는 해류의 긴 순환에 비하면, 이는 마치 작은 물바가지에서 물이 한꺼번에 비우고 채워지는 일에 비유할 만하다. 이것은 이 거대한 내만을 이루는 해분들이 따로 떨어져 있지 않고 조그마한 물바가지 속의 물처럼 절도 있게 함께 움직인다는 것을 말해준다. 또한 이와 같은 짧은 체류 시간은 이 거대한 바가지 안에 있는 물에서 영양물을 빼앗아서 전체적으로 지중해의 생태가 동질성을 이루게 해준다.

해수의 낮은 기초 생산력에 비하여 지중해의 연안에서 잘 발달된 해조장과 해초장에서는 비교적 다양하고 풍부한 생물이 서식한다. 지중해를 특징짓는 조개류나 어류 생산의 대부분은 이곳 연안의 해조장에서 주로 일어난

위로부터 포시도니아 오세아니카, 거머리 말, 카울레르파 탁시폴리아

다. 따라서 지중해의 어류 생산은 어느 곳에서나 공통적으로 조업일이 최대 1~2일에 불과한 해안선 근처에서 어획을 하는 소형선박들이 주류를 이룬다. 온도와 염도로 인하여 동부 지중해와 서부 지중해가 생물의 종 다양성과 풍부함에서 다소 차이를 보인다 하더라도, 해류의 연결에 따라 유사한 어종이 분포하고 유사한 생태계가 구성된다. 그래서 생물자원의 이용을 위한 어구나 어획 방법에서 공통적인 모습을 보인다. 이것은 결국 해상 활동을 통한 문명의 공유 외에도 지중해가 가진 해양생태학적 특이성에 기인하여, 비록 그 문화가 다르다고 하더라도, 인간의 적응 양식, 즉 어업 활동과 같은 생활양식에서 어느 정도 공통성을 지닌다는 단적인 예가 된다.

따라서 연안의 문화가 지니는 높은 다양성만큼이나 바다의 특성도 해역에 따라 큰 차이를 나타내는 듯하지만 실상 지중해는 하나의 물바가지로서 바다와 육지, 생명과 물, 대기와 유체, 그리고 자연 환경과 인위적인 환경 등 모든 것들이 서로 의존되어 있어 대서양이나 태평양, 인도양과 같은 다른 대양들과는 뚜렷하게 구분되는 하나의 단일한 바다로서의 특이성을 분명하게 드러내고 있다. 다른 바다와 구분되는 지중해의 생태학적 특이성은 바로 이 지역의 고유한 기후와 대양으로부터 격리된 공간, 그리고 그 속에서 살아가는 생물들 사이의 강한 상호의존 관계에 의해서 유발되는 것이다.

과거 지구의 빙하기에 겪었듯이 바다의 해면이 낮아져서 지브롤터 해협을 통한 대양수의 유입이 없어졌을 때 지중해의 염분은 한없이 높아진 경우도 있었다. 오늘날 37퍼밀 이상을 나타내는 지중해의 염분은 다른 바다에 비해서 대단히 높다할 수 있다. 그런데 현재 지중해의 염분은 점차 증가해가고 있다. 리옹 만에서 겨울에 형성되는 서부 지중해 심층수의 염분이 10년 동안에 0.007퍼밀의 비로 증가하고 있다는 것은 잘 알려져 있다. 러밴타인 중층수도 염분이 점차 증가하고 있다. 동부 지중해에서 관찰되어온 심층수의 염분보다도 0.12퍼밀 더 높은 새로운 심층수가 1987년과 1995년 사이에 에게해에서 관측되면서 이 현상은 더욱 뚜렷하게 실증되었다. 관개용 수로를 개발하기 위해 나일 강이나 러시아의 강들의 수로를 변형함으로서 지중해의 물의 수지가 영향을 받게 되었는데, 이와 같은 인간 활동이 결국 지중해의 염분을 더욱 증가시키고 있는 것이다. 이런 현상들은 주변의 대륙 어느 한 곳에서 일어난 사건은 인근 지중해의 특정 해역에만 영향을 미치는 것이 아니라 전체 지중해에서 동시에 나타난다는 것을 의미한다.

오늘날 지중해 연안에서 나타나는 해양오염이나 부영양화 문제 및 해양 생태계의 변동에 한 국가단위가 아니라 전체 지중해 지역 주변 국가들이 공동으로 대처해야 하는 이유가 여기 있다. 지중해의 지구환경보호를 위한 다자간 환경 협력은 학문적 연구 및 실제적 논의와 다양한 노력을 통하여 상당한 진전을 보여주고 있다. 즉 지중해의 환경 문제를 해결하기 위해서는 범지중해 국가들의 대응 및 노력이 필요하다는 인식 아래 이를 위한 다양한 노력이 추구되어 왔다. 지중해의 연안국들은 지중해를 산업 발전과 도시화 과정에서 야기되는 막대한 양의 폐기물을 처리하는 곳으로 가볍게 생각하고 산업 폐기물과 준설 폐기물, 방사성폐기물, 그리고 하수 오염 따위를 지중해에 투기하였다. 지중해에 유입된 오염 물질들은 지중해 전체로 이동되고 확산되어 많은 문제를 발생시켰다. 이의 방지를 위해서 지중해 연안 국가들의 공동 협력은 반드시 필요하다. 유엔인간환경회의 권고에 따라 영국 런던에서 폐기물 해양투기에 따른 해양오염방지를 위한 런던협약이 1972년에 채택되고 1975년에 발효되면서 지중해에서의 해양폐기도 엄격한 규제 대상이 되고 있다. 최근에는 유엔환경계획UNEP이 주관하여 육상 활동에 의한 해양오염을 방지하기 위한 각국 정부대표 및 국제기구, 민간 단체 관계자가 참석한 가운데 실천 계획을 채택하였는데 이 실천 계획은 각국이 육상 활동에 의한 해양오염을 방지하기 위하여 취해야 할 사항, 즉 하수처리율 제고, 폐기물 수거와 처리 체계의 확립, 잔류성 유기오염물질 POPs 생산 및 사용의 제한 또는 금지 등에 대한 권고사항을 규정하고 있다.

지중해 연안에서는 상당수의 습지들이 매립으로 소실되면서 훼손되고 있는데 이들 습지와 라군의 보호와 보존을 위해 람사협약과 같은 다양한 계획들이 준비되어 이행되고 있다. 유네스코UNESCO는 또한 지중해 연안의 생물 다양성을 유지하기 위해서 육상, 해안, 습지 및 수중 생물 등을 세계 자연유산으로 지정하여 보존하려는 노력을 기울이고 있다. 그 외에도 지중해 환경 계획, 유엔의 지속가능한 개발회의 및 다양한 비정부기구NGO의 활동 등, 중요한 환경 문제에 대한 국제적 노력이 지속되고 있는 등 지중해 해양 환경의 보호와 보존을 위한 연안국들의 지역적 조직이 잘 발전되어 가동되고 있다.

해양 환경을 보존하고 보호하기 위한 유엔지역해계획United Nations Regional Seas Program과 관련된 첫 번째 협약도 1976년의 '지중해오염방지를 위한 바르셀로나협약' Barcelona Convention for the Protection of the Mediterranean Sea이었다. 또한 폐쇄적인 내해에서의 어업 생물자원 보존, 해양 오염 방지, 항해의 자유, 그리고 해양의 과학적 조사 등의 문제에 관해서 지역주의에 입각해서 다양한 국제 협약들에 의해 해역을 규제하는 흐름이 최근 형성되고 있는데, 그 대표적인 예가 바로 지중해다.

지중해에서 수립 가동되고 있는 다자간 환경협력에 관한 연구는 환경학·국제관계론·국제법·국제협상론·환경경제학·국제경제학·과학적 상대주의 및 인식론·현대철학 등의 주요 접근법에 대한 다양하고도 깊은 이해를 필요로 한다. 즉 학제적Interdisciplinary 접근법을 채택하여, 단선적으로 발전되어 있는 이론들을 종합적으로 이해하여 다양한 학문 분야에서 다자 간 환경협력의 복잡성과 다양성을 이해하는 노력이 추구되어야 한다. 결국 지중해의 해양 생태에 대한 이해와 보존·보호 및 지속가능한 개발을 위한 실질적인 수단은 하나의 바다로서 통일된 지중해에 대한 시각에서 출발해야 하는 것이다.

강창근 해양생태학 전공으로 프랑스 낭트 대학에서 박사학위를 받고 현재는 부산대학교 교수로 있다. 한반도 연안생태계의 구조와 기능과 관련하여 해양구조 변화, 생명다양성, 생물생산 그리고 갯벌, 해조 및 해초숲의 물질순환 등 다양한 분야에 걸친 연구를 진행하고 있으며 이제까지 『생명과학』 『해양미생물학』 등의 책을 집필하고, 「마렌-오를레옹만 조간대 저서먹이망의 영양 구조와 이차생산」외 40여 편의 관련 논문을 발표하였다.

지중해 관련 자료

지중해, 영원한 우리의 바다 – 고대 로마의 지중해

- **『아이네이스』, 베르길리우스 지음, 유 영 옮김**

  북부 이탈리아의 만투아에서 태어난 베르길리우스가 악티움 해전의 승리로 로마 세계의 지배자가 된 옥타비아누스를 염두에 두고 구상하기 시작해서 기원전 19년에 초고 집필을 마친 12권으로 되어 있는 대 서사시. 혜원출판사, 1996

- **『사도행전』 13~28장**

  신약 성서의 한 권인 『사도행전』은 예수의 부활 사건 이후 제자들이 예루살렘부터 로마에 이르기까지 기독교를 전파해서 기독교가 유대인의 종교에서 그리스, 로마 세계로 확대되어 간 과정을 쓴 책으로 초기 기독교사 이해에 필수적이다. 1장에서 12장까지는 주로 베드로를 중심으로, 그리고 13장부터 28장까지는 바울로를 중심으로 선교 활동이 묘사되어 있다.

- **『로마사』, 프리츠 하이켈하임 지음, 김덕수 옮김**

  기원전 8세기 중엽의 로마 건국부터 서기 6세기 중엽 유스티니아누스까지 1400여 년의 로마 역사의 전개 과정에 대한 본격적인 로마사 개설이다. 왕정 시대·공화정 시대·제정 시대라는 전통적인 시대 구분 순으로 로마 역사를 정리하지만 각 시대마다 정치·경제·사회·문화 등 다양한 측면에 대한 자료들과 연구 성과를 종합해서 로마 역사에 대한 균형 있는 이해를 가능케 한다. 현대지성사, 2004

- **『지중해 문명 산책: 트로이에서 바르셀로나까지』, 김진경 지음**

  그리스사 전공인 김진경 교수가 고대 지중해 세계의 유적지들을 돌아보고 역사적인 배경과 일화를 알기 쉽게 설명한 고대 지중해 문명 안내서. 너무 전문적인 설명이나 무미건조한 고적 답사기가 되지 않도록 하기 위해서 저자는 유적을 남긴 고대 지중해 세계의 주인공들을 최대한 생생하게 되살리려 했고, 또 오늘날 그 땅에 살고 있는 현대인들로부터 받은 인상과 느낌도 책에 담음으로써 고대 지중해와 현대 지중해 세계

에 대한 양면적인 이해를 강조하고 있다. 지식산업사, 1996

- 『로마인의 삶: 축복받은 제국의 역사』, 존 셰이드 · 로제르 아눈 지음, 손정훈 옮김
  이 책은 중부 이탈리아의 라티움 지방의 소도시에 불과했던 로마가 이탈리아 반도를
  통일하고 지중해 세계에 대제국으로 부상한 과정과 로마인의 일상생활, 종교와 신앙,
  로마 문화의 특징을 조각 · 모자이크 · 그림 · 화폐 · 지도 등 다양한 자료를 곁들여 설
  명하고 있다. 말미에는 당대나 후대의 기록과 증언을 추가해서 책의 신뢰도를 높이고
  있다. 시공사, 1997

- 「쿠오바디스」(QUO VADIS), 멜빈 르로이 감독, 로버트 테일러 · 데보라 카 주연
  셍키에비치의 소설을 원작으로 퇴폐적인 황제 네로에 실망한 개선 장군 마르쿠스 비니
  키우스 장군과 기독교도 리기아의 사랑과 신앙의 갈등을 그린 영화이다. 서기 1세기 로
  마에서 전개된, 일종의 신흥 세력인 기독교와 지중해 지배 문명인 로마와의 문명사적 대
  결을, 그리고 로마의 몰락과 기독교의 승리를 마르쿠스 비니키우스와 리기아의 사랑을
  매개로 보여준다. 1951

- 「바이블 루트 3 : 바울의 행적」
  팔레스타인에서 시작한 기독교가 예수 사후 베드로, 바울로 등 제자들을 통해 온갖 박
  해에도 불구하고 소아시아와 유럽 땅으로 전파되는 과정을 오늘날 터키 · 그리스 · 로
  마 유적지를 따라가면서 제작한 KBS 특별 기획 성서 다큐멘터리의 제3부이다. 특히
  『사도행전』의 기록에 근거해서 기독교를 세계 종교로 만드는 데 결정적으로 기여한
  바울로의 활동이 자세히 소개되고 있다. KBS 영상 사업단, 1996

새로운 유토피아를 향한 꿈의 무대 – 비잔티움의 지중해

- 『비잔티움 제국사』, 게오르크 오스트로고르스키 지음, 한정숙 · 김경연 옮김
  이 책은 정치 분야에 중점을 두면서 나머지 분야에 대해서는 간략하게 서술하는 방식
  을 택하고 있다. 이는 1900년 초에서 중반에 걸친 전형적인 비잔티움 역사서술의 경
  향이다. 그러나 1900년 초에 유행한 단순한 사료 중심의 서술이 아닌 때때로 비평을
  가한 연구사적 저서라는 데 이 책만이 갖는 의미가 있다. 까치, 1999

- 『종횡무진 동로마사』, 존 J. 노리치 지음, 남경태 · 이동진 옮김
  이 책은 에드워드 기번의 『로마제국 쇠망사』에서 채택하는 이야기적 서술의 방식을
  빌려 정치사를 인물 중심으로 풀어가고 있으며, 그 결과 일반 개설서에서 볼 수 없는
  숨은 이야기를 사료에서 발굴하여 보여준다는 특징을 갖고 있다. 그린비, 1999

■ 『비잔틴 제국의 역사』, 워렌 트레드골드 지음, 박광순 옮김

사회사 및 문화사적 관점에서 비잔티움 문명을 포괄적으로 다룬 책으로 비잔티움 사회는 언제나 서로 영향을 끼치고 있다는 점을 강조하고 있다. 예컨대 6세기의 인구 · 경제 · 사회적 위기는 7세기와 8세기의 정치 · 군사 · 종교적 격변으로 이어지고, 이것이 9세기의 사회 · 경제 · 문화적 부흥을 가져왔다는 것이다. 가람기획, 2003

■ 『비잔틴 제국』, 미셀 카플랑 지음, 노대명 옮김

아주 간략한 개괄서지만 많은 이미지가 포함되어 있어서 비잔티움의 예술과 이미지들을 감상할 수 있는 시각적 효과를 극대화하고 있는 저서. 시공사, 1998

■ 『로마 제국 쇠망사』, 에드워드 기번 지음, 김영진 공역

18세기에 저술되고 발표되어 당시 학계에 큰 충격을 주었던 대작의 역사서이다. 서기 96년 로마 제정으로부터 1453년 비잔티움의 멸망까지, 로마 제국이 지속적으로 어떻게 무너져갔는가에 중심이 맞춰져 있다. 비평이 거의 없을 정도로 원사료에 충실했다는 점이 이 저서의 특징이다. 대광서림, 2003

지중해, 이슬람의 바다로 거듭나다 – 오스만의 지중해

■ 『이슬람 문화』, 이희수 지음

이슬람교와 무슬림의 삶, 테러와 팔레스타인 문제 등 이슬람 문화 전반을 다룬 책. 그들의 멋과 가치관을 흥미롭게 설명하면서 한편으로 오해와 편견에 사로잡혀 있던 시각의 일대 전환을 요구한다. 살림, 2003

■ 『터키사』, 이희수 지음

터키민족 이동사. 중앙아시아에서 출발한 투르크족의 이슬람화와 아나톨리아로 진출해서 비잔티움과의 치열한 격돌을 통해 셀주크 투르크 제국을 건설하는 과정, 특히 오스만 제국의 번성과 동부 지중해를 둘러싼 서구와의 갈등과 협력을 잘 서술하고 있다. 진정한 제국의 위용과 문화적 품격은 물론 조화로운 만남과 교류를 통해 자연스럽게 주고받는 문화적 영향을 적절하게 설명해 주는 책이다. 대한교과서주식회사, 1993

■ 『중동의 역사』, 버나드 루이스 지음, 이희수 옮김

지중해를 둘러싼 중동의 2000년 역사를 서구와의 관계 속에서 체계적이고 흥미롭게 서술한 책이다. 금세기 최고의 중동학 전문가답게 역사를 연대기가 아닌 문화적 맥락과 사회구조 속에서 파악하는 식견은 지중해라는 젖줄을 통한 중동과 유럽간의 만남과 상호영향을 알기 쉽게 접하는 즐거움을 준다. 특히 오스만 제국이 유럽과 벌이는 경쟁과 쇠망의 과정을 입체적으로 묘사해주고 있어 바다와 교역의 중요성을 다시 일

깨워주는 책이다. 까치, 1998

■ 『해적의 역사』, 앵거스 컨스텀 지음, 이종인 옮김

해적들의 역사와 활동, 세계 무역에 끼친 영향 등을 다각도로 정리한 책이다. 역사에 등장하는 수많은 해전들이 해적들과 깊이 관련되어 있다는 점과 정상적인 해상교역과 약탈을 통한 해적들의 활동이 서로 불가분의 관계에서 인류의 교역사를 지배해왔다는 점을 이해하게 된다. 가람기획, 2002

■ 『이슬람: 이슬람 문명 올바로 이해하기』, 이희수 외 지음

2001년 9·11테러 이후 가장 화제가 되었던 책으로, 미국 중심의 시각에서 혼돈을 거듭하던 당시 대중들의 인식전환에 크게 기여했다는 평가를 받은 책이다. 초 베스트셀러로서 20만 권 가까이 판매된 기록이 말해주듯이 쉬운 필체로 이슬람 문화의 모든 부분을 잘 정리했다. 이슬람권에서 박사학위를 받은 12명의 전문가가 공동집필했다는 점도 돋보인다. 역사와 삶의 문제, 이슬람의 법과 정치 체계, 석유와 경제 개념, 여성과 음식, 문화유산과 여행에 이르기까지 이슬람 문화에 대한 백과사전 성격을 갖추었다. 청아, 2001

■ 『이슬람 문명』, 정수일 지음

이슬람 교리와 역사는 물론 이슬람을 바라보는 시각의 문제와 현재적 삶의 문제까지를 폭넓게 다룬 문명 에세이 성격의 이슬람 문화 입문서다. 동서교류사의 전문가로서 저자는 이슬람 문명의 특징과 세계적 기여, 그리고 고대에 이루어진 우리나라와의 교류까지를 언급하고 있어 이슬람 세계를 이해하기에 안성맞춤이다. 창비, 2002

바다와 대륙을 넘나든 황소 숭배 – 종교 교류의 현장 지중해

■ 『Minoan–Mycenaean Religion and its Survival in Greek Religion』, M. 닐슨 지음

이 책은 그리스 종교사가로 유명한 닐슨이 에게 해를 중심으로 발달한 미노아 미케네 문명의 종교가 그리스 종교에 미친 영향을 정리한 책이다. 특히 미노아 문명에서 유명한 라브리스 양날도끼와 양뿔 신앙과 새의 여인상, 뱀의 여신상 등 다양한 종교를 논하고 있다. NY, 1971

■ 『Black Athena』, M. 버날 지음

이 책에서 버날 주장의 핵심은 그리스 고전 문명의 아시아·아프리카 기원설이다. 1권에서는 이집트 기원설을, 2권에서는 페니키아 기원설 등을 주장하고 있다. 예컨대 그리스 로마의 신들은 대부분 이집트에서 기원하였다는 것이다. 그에 의하면 이러한 견해는 헤로도토스나 플라톤을 비롯한 서구인들 스스로 인정하여오다가, 19세기에 이르러

인종주의 특히 아리안종족 중심적 이데올로기에 의해 모든 역사가 새롭게 각색됨으로써 마치 그리스 문명이 독자적으로 발달한 것처럼 왜곡되었다는 것이다. 여러 예들과 더불어 해박한 그의 고대사적 지식을 엿볼 수 있지만 지나치게 자신의 주장에 꿰맞추려하는 경향도 없지 않다. New Jersey, 1987

- **『히타이트』, 비르기트 브란다우 · 하르트무트 쉬케르트 공저, 장혜경 옮김**

  최근의 고고학 자료를 인용하면서 역사 · 종교 · 철제 무기 · 식생활 등 다양한 분야에 걸쳐서 히타이트 제국을 복원하고 있다. 구체적인 히타이트 왕들의 역사는 이집트 람세스 2세의 카데쉬 전투와 관련하여 흥미를 더해준다. 중앙 M&B, 2001

- **『그리스 로마 신화사전』, M 그랜트 · J 헤이즐 지음, 김진욱 옮김**

  수없이 많은 형태로 존재하는 그리스 로마 신화들을 비교적 학술적으로 잘 정리한 사전이다. 이 사전을 보면 각 신들이나 신화에 얽힌 주된 담론과 더불어서 곁가지로 다양하게 발달한 신화나 해석도 곁들여서 잘 설명하고 있으므로 간편하게 신화에 관한 안목을 넓힐 수 있다. 범우사, 1993

- **『메소포타미아 신화』, 헨리에타 맥컬 지음, 임웅 옮김**

  영국박물관에서 연구한 필자가 그곳의 풍부한 자료를 중심으로 길가메시 서사시를 비롯하여 메소포타미아 신화를 소개하고 있다. 범우사, 1990

- **『역사』, 헤로도토스 지음, 박광순 옮김**

  서양 역사학의 아버지로 불리는 그리스 사가 헤로도토스의 『bistroiai』를 번역한 책이다. 과학적 역사학의 아버지 투키디데스와 대조되면서 헤로도토스는 거짓말의 아버지라고 불리는 수모를 겪기도 하였으나 최근의 문화사적인 학문 동향으로 그의 역사책은 새롭게 주목받고 있다. 즉 딱딱한 정치사 전쟁사 외교사 중심이 아니라 박물학 · 신화 · 민속학 · 지리학 · 인종학 등 수많은 주제를 재미 있게 서술해놓은 그의 책에서 현대의 독자들은 더 큰 흥미를 발견한다. 범우사, 1988

- **『신의 가면』, 조지프 캠벨 지음, 정영목 옮김**

  신화학자로 유명한 조지프 캠벨의 3권의 저서이다. 고대 오리엔트 신화와 중국 신화 등 다양한 세계의 신화를 다루면서 그의 해박한 지식으로 신화에 대한 그만의 독특한 해석까지 곁들이고 있다. 까치, 1999

- **『그리스 문화사』, H.D.F. 키토 지음, 김진경 옮김**

  그리스 사학자 키토의 그리스 문화사는 페이지가 많지 않는 문고판 책이나 매우 알차고 성실한 그리스 문화에 대한 입문서이자 학문연구서라고 볼 수 있다. 탐구당, 1984

지중해의 영감, 거장을 잉태하다 – 지중해와 피카소

▪ 『발견자 피카소』, 김원일 지음

피카소의 생애와 그림을 발견자라는 측면에서 객관화하면서 그의 성격과 환경을 재미
있게 풀어간 책이다. 피카소의 변화무쌍한 착상의 원천이 무엇인지 힌트를 얻을 수 있
다. 동방미디어, 2002

▪ 『마르지 않는 창작의 샘, 피카소』, 염명순 지음

피카소의 생애를 주요 주제별로 이해하기 쉽게 정리한 책이다. 피카소의 주요 작품들
과 주요 용어 해설이 곁들여져 있다. 아이세움, 2002

▪ 『피카소』, 거투르드 스타인 지음, 염명순 옮김

저자 거투르드 스타인은 미국의 대표적인 문필가의 한 사람으로서 20세기 초 입체주
의와 피카소의 예술에 대한 탁월한 평론을 제시하고 있다. 시각과언어, 1994

▪ 『입체주의』, 닐 콕스 지음, 천수원 옮김

입체주의를 구성하고 있는 여러 요소를 전반적으로 살피며 현재 미술사에서 이루어
지고 있는 여러 논쟁을 검토한 책이다. 입체주의의 역사적 배경과 그 발전 과정을 이
해하는 데 도움을 준다. 한길아트, 2003

▪ 『피카소, 성스러운 어릿광대』, 마리 로르 베르나다크 · 폴 뒤 부셰 지음, 최경란 옮김

새로운 아이디어를 만들어낸 거장이란 측면에 초점을 맞추어 피카소의 일생을 설명
하고 있다. 피카소의 주요 작품들이 곁들여져 있어 내용을 이해하는 데 도움을 준다.
시공사, 1995

▪ 『피카소의 생애 1 · 2』, 롤랑 팽로즈 지음, 민병산 옮김

저자가 피카소 자신을 비롯한 많은 친구들과의 대화를 통해 얻은 지식으로 피카소의
생애를 엮어 나간 책으로, 피카소에 대한 가장 상세한 정보가 들어 있다. 일신서적출
판사, 1994

▪ 『피카소의 성공과 실패』, 존 버거 지음, 박홍규 옮김

피카소의 평전. 피카소에 대한 저자의 입장이 비판적이어서 엄청난 찬사와 함께 비판
을 받기도 했다. 아트북스, 2003

▪ 「피카소」, 제임스 아이보리 감독, 안소니 홉킨스 · 줄리안 무어 주연

60대에 접어든 피카소의 생애와 예술, 그의 여성 편력을 추적한 작품. 1998

태양과 바다, 빛과 어둠의 이중주 – 카뮈의 지중해

■ 『카뮈를 추억하며』, 장 그르니에 지음, 이규현 옮김

장 그르니에는 카뮈의 스승이자 친구였다. 카뮈가 고등학교를 졸업하던 해, 장 그르니에가 철학교수로 부임했고, 첫 시간이 끝난 뒤 그르니에가 맨 뒷줄에 앉아 있던 카뮈를 불러 다음 시간부터 맨 앞줄에 앉도록 한 일화는 유명하다. 둘의 만남은 운명적이었고, 이후 인간적인 면에서뿐만 아니라 문학적인 면에서도 죽을 때까지 두터운 교분이 이어졌다. 그래서 그르니에는 카뮈를 가장 잘 아는 인물로 통한다. 이 책에서 그르니에는 카뮈의 사상이 헬레니즘과 지중해의 빛과 어둠에 깊이 배어 있다고 설파한다. 그르니에는 『지중해의 영감』(한길사)의 저자이기도 하다. 민음사, 1997

■ 『알베르 카뮈를 찾아서』, 모르방 르베스크 지음, 김화영 옮김

이 책은 카뮈의 삶과 작품에 대한 간결하면서도 흥미 있는 해설서이다. 유명한 총서인 '영원한 작가들'의 한 권으로 카뮈 애독자들을 위한 초보적인 안내서라고 할 수 있다. 카뮈의 윤리와 근본 사상이 알제리라는 지정학적인 환경과 역사에 깊이 뿌리내리고 있다는 것이 저자의 관점이다. 때로는 저자의 순진한 해석이 거리낌을 자아내기도 하지만, 카뮈에 대한 깊은 애정이 서려 있는 책이다. 나남, 1997

■ 『카뮈 1 · 2』 올리비에 토드 지음, 김진식 옮김

저자가 오랜 추적과 연구 끝에 발표한 이 전기는 그 방대한 분량에서뿐만 아니라, 그 내용에 있어서도 카뮈 독자들에게는 필수불가결한 책이다. 이 책에 실린 수많은 카뮈 지인들과의 인터뷰와 미공개 서신 등을 통해서 독자들은 카뮈의 삶과 작품들에 더욱 생생하게 다가갈 수 있다. 특히 그동안 일반 독자들에게는 잘 알려져 있지 않았던 카뮈의 사생활에 대해서도 소상히 소개되어 있어서 카뮈의 인간적인 면모를 엿볼 수 있게 해주는 책이기도 하다. 책세상, 2000

지중해를 아우른 위대한 문명 – 그리스의 지중해

■ 『일리아드』, 호메로스 지음, 천병희 옮김

그리스 신화의 주요한 원전 텍스트로 그리스의 신화 · 종교 · 문학 · 철학 등을 이해하기 위해 『오디세이아』와 함께 반드시 읽어볼 필요가 있다. 트로이 전쟁이 일어난 9년 동안의 일들을 단 50일 동안의 사건으로 압축하여 생생하게 묘사하고 있다. 단국대출판부, 2001

■ 『오디세이아』, 호메로스 지음, 천병희 옮김

트로이 전쟁에서 귀환까지 약 20년 동안의 일을 40일로 압축시킨 글로 그리스인의 인간과 죽음에 대한 통찰력을 살펴볼 수 있다. 단국대출판부, 2002

- 『그리스 신화』, 케레니 지음, 장영란 · 강훈 옮김

  기존의 그리스 신화 관련서들과 달리 그리스 신화의 원전들을 기본 텍스트로 사용하여 다양한 전승들을 소개하고 있어 폭넓은 내용을 접할 수 있으며, 인용 출처가 정확하게 밝혀져 있다는 장점이 있다. 궁리, 2002

- 『그리스 문화사』, 키토 지음, 김진경 옮김

  그리스를 이해하기 위해 연구해야 할 그리스 민족 · 역사 · 정치 · 정신 · 신화 · 종교 · 생활 등 다양한 측면의 논의를 아주 간략하고 명쾌하게 풀어내고 있는 보기 드문 입문서이다. 탐구당, 1994

- 『고대 그리스의 역사』, 토머스 마틴 지음, 이종인 옮김

  고대 그리스 사를 시대별로 차근차근 다루고 있는 책으로 그리스의 문화를 이해하는 데 필요한 역사적 지식을 흥미롭게 전달해주는 책이다. 가람기획, 2003

지중해성, 서양 건축의 모태가 되다 – 지중해 건축이 갖는 의미

- 『땅과 인간』, 임석재 지음

  이 책은 서양건축사 가운데 고대 오리엔트 시대에서 그리스를 거쳐 로마 시대에 이르는 내용을 소개하고 있다. 관점은 건축사를 중심으로 사회문화사와의 연관성에 중점을 두고 있다. 기본적으로는 전공서이지만 서양문화사 전반에 대한 소개도 겸하고 있다. 풍부한 사진, 이미지, 도면 등 시각 자료도 장점이다. 북하우스, 2003

- 『기독교와 인간』, 임석재 지음

  이 책은 서양건축사 가운데 초기 기독교와 비잔티움 시대를 다루고 있다. 고대 가톨릭, 혹은 로마 가톨릭에 속하는 초기 기독교는 기본적으로 로마 건축의 산물임을 추적하고 있다. 비잔티움 건축에 대해서는 동방 기독교의 관점에서 분석하고 있다. 북하우스, 2003

- 『생산성과 시지각: 뉴 브루털리즘과 대중 사회』, 임석재 지음

  이 책은 제2차 세계대전 이후의 현대 건축에 나타난 지중해주의에 대한 설명을 포함하고 있으며 책 전반은 뉴 브루털리즘에 대해 다루고 있다. 지중해주의는 뉴 브루털리즘에서 '일상성의 가치'를 추구한 경향을 이끌었는데 여기에서 처음 제기된 일상성의 가치는 이후 팝 건축 등의 중요한 배경이 되었다. 특히 르 코르뷔지에가 지중해 여행을 다녀온 뒤 1920년대의 퓨리즘에서 1930년대의 표현주의로 변신하는 내용에 대한 소개도 함께 나와 있다. 시공사, 2000

지중해 천 년의 주인 – 이슬람의 지중해

- 『중동의 역사』, 버나드 루이스 지음, 이희수 옮김

  305쪽 참조

- 『이슬람: 이슬람 문명 올바로 이해하기』, 이희수 외 지음

  305쪽 참조

- 『이슬람 문명』, 정수일 지음

  306쪽 참조

- 『지중해 문화 기행』, 이희수 지음

  엄청난 문명의 맥박이 태동을 시작한, 인류 문명의 요람인 동부 지중해. 남부 유럽의 지중해보다 더 길고 오랜 역사를 안고 사는 북아프리카 지중해. 모로코와 바르셀로나를 잇는 좁은 면인 서부 지중해. 세계인의 관심과 사랑을 받아온 지중해에서 자연의 아름다움과 문화의 깊이, 예술과 신화의 풍성함을 엿볼 수 있다. 일빛, 2003

- 『이슬람 1400년』, 버나드 루이스 지음, 김호동 옮김

  거의 사전처럼 구성되어 있는 이 책은 이슬람 문명을 이루는 단어들, 예를 들어 모스크나 신도공동체 같은 표제어 아래 그에 대한 설명을 붙여놓았다. 또, 근대 이슬람 세계를 다룬 장에서는 금세기 최고의 중동–이슬람 학자 가운데 하나인 저자의 의견을 자세히 들을 수 있다. 광범위한 문화, 문물을 다루는 만큼 그림이나 사진도 충분하다. 까치글방, 2001

안달루시아, 이슬람과 유럽 문명의 교차점 – 에스파냐의 지중해

- 『스페인 · 포르투갈사』, 강석영 · 최영수 지음

  에스파냐와 라틴아메리카의 전문가인 강석영 교수, 포르투갈과 브라질 전문가인 최영수 교수가 집필한 이 책은 아직 제3세계 역사와 문화에 대해 깊은 인식과 이해가 부족하던 시기에 출판되어 지금까지도 많은 사람들에게 도움을 주고 있다. 많은 자료를 참고하고 분석해 두 나라의 역사를 종합적 · 객관적으로 서술했다. 대한교과서주식회사, 1988

- 『라틴아메리카의 역사』, 카를로스 푸엔테스 지음, 서성철 옮김

  이 책은 제목과는 달리 라틴아메리카뿐만 아니라 에스파냐의 역사와 문화까지 포괄적으로 다루면서 에스파냐어권 문화의 뿌리를 찾아내고 있다. 특히 멕시코의 저명한

소설가이자 노벨문학상의 단골 후보인 저자는 우리에게 역사뿐만 아니라 역사 언저리의, 그리고 공식적 역사에 묻혀버린 진짜 역사를 흥미 있게 이야기해주며, 개별 역사의 파편적인 사실보다는 역사의 전체 흐름을 유려하게 펼쳐낸다. 에스파냐어권 문화의 이해를 위해서 꼭 읽어야 할 책이다. 까치, 1997

■ 『스페인 제국사』, 존 엘리엇 지음, 김원중 옮김

15세기부터 18세기의 에스파냐 역사를 종합적인 관점에서 명쾌하게 정리한 역작이다. 이 시기는 에스파냐뿐만 아니라 유럽과 세계 역사 전반에 걸쳐 매우 중요한 이정표가 되는 때이다. 즉 에스파냐가 주도한 '지리상의 발견'을 통해 진정한 의미의 세계사가 출발하는 시기이고, 중남미에서 유입된 귀금속은 유럽 자본주의의 젖줄이 되었다. 이 책은 에스파냐 사회의 정확한 재현을 통해 다른 유럽 역사와 구분되는 에스파냐 역사의 개별성을 서술하는 동시에 유럽 대륙과 대서양 세계의 맥락에서 그것이 가지는 의미와 가치를 해박하고 정밀하게 묘사한다. 에스파냐뿐만 아니라 근대 유럽의 형성을 이해하기 위해 권하는 필독서이다. 까치, 2000

■ 『히스패닉 세계』, 존 엘리엇 지음, 김원중 외 옮김

'히스패닉 세계'란 전 세계에서 5억 이상의 사용 인구가 있는 에스파냐어를 사용하는 문화권을 뜻한다. 따라서 이 책에는 에스파냐 본토를 비롯해 에스파냐어를 사용하는 라틴아메리카 국가들, 그리고 이미 흑인 인구를 추월한 미국의 히스패닉 문화에 대해 설명한다. 존 엘리엇을 비롯한 전 세계의 히스패닉 문화 전문가들의 글을 모았으며, 다원성이라는 히스패닉 문화의 본질을 축으로 다루면서 유기적인 조화를 보여준다. 새물결, 2003

검은 대륙, 잊혀진 지중해의 근원 – 아프리카의 지중해

■ 『아프리카: 500만 년의 역사와 문화』, 롤랜드 올리버 지음, 배기동 · 유종현 옮김

아프리카를 인류 역사와 문화의 기원으로 기술하면서 서구 중심의 아프리카관을 철저히 전복한 책이다. 특히 사하라 사막 이남의 아프리카사에도 깊은 관심을 표명한 점이 고무적이다. 그러나 식민주의 역사가 아프리카 내부의 권력 쟁탈과 깊은 연관이 있다고 분석하면서 서구 책임론을 면피하려고 한 시도는 매우 아쉽다. 북피아, 2001

■ 『탈식민주의와 아프리카 문학』, 응구기 와 씨옹오 지음, 이석호 옮김

아프리카의 전방위적인 과제인 탈식민화를 이루기 위해서는 물질이 아닌 '정신의 탈식민화'가 중요함을 역설하고 있는 책이다. 특히 '정신의 탈식민화'는 언어와 밀접한 관련을 맺고 있으므로 모국어를 창작의 매개로 사용하는 일이 긴요한 일임을 강조한다. 인간사랑, 1999

▪ 『어떤 태풍』, 에이메 세제르 지음, 이석호 옮김

카리브 해의 작은 섬 마르띠니끄인의 관점으로 셰익스피어를 식민주의자의 한 초상으로 기술하고 있는 책이다. 셰익스피어 역시 근대 기획 중의 하나였던 '식민주의 사관'을 초월하지 못했던 작가로 '유럽 백인 남성'의 한계를 적나라하게 드러내고 있다고 질타한다. 동인, 2004

▪ 『아프리카의 탈식민주의 문화론과 근대성』, 이석호 편집

아프리카가 겪고 있는 질곡과 수난의 근원이 유럽이 '발명'한 '근대'와 깊은 관련이 있다고 믿는 아프리카와 카리브해 출신의 사상가 및 작가들의 비평글을 모은 책이다. 아프리카 및 카리브 해의 탈식민화를 견인하는 방법으로 '문화'에 대한 각성을 각기 다른 방식으로 피력한 프란츠 파농과 아밀카르 카브랄의 글들을 비롯해 이들의 이론을 영화와 연극 만들기의 현장에 직접 도입한 테솜 가브리엘과 치디 아무타의 글들이 실려 있다. 동인, 2004

동아지중해, 세계 속의 우리 역사 – 확장된 의미의 지중해

▪ 『동아지중해와 고대 일본』, 윤명철 지음

한·일간의 고대사는 현재적인 관점으로 파악해서는 오류를 범할 수 있다. 하나의 유사한 역사권이라는 틀 속에서 그 사이에서 일어나는 일들을 해석해야 한다. 또한 해양적 메커니즘과 깊은 관련이 있음도 이해해야 한다. 또한 항로의 문제·항해술과 조선술의 문제·해양 이동에서 발생할 수밖에 없는 상황도 이해해야 한다. 아울러 해양을 매개로 진출과 개척 식민 활동이 일어나는 과정을 통해서 고대사를 해석해야 그 기본 틀을 알 수 있다. 청노루, 1996

▪ 『바닷길은 문화의 고속도로였다』, 윤명철 지음

동아시아 역사를 해양적 질서가 강하게 작용하는 동아지중해라는 모델로 설정해놓고, 한국의 역사를 중심으로 동아시아 역사를 해양적 관점에서 해석한 통사서이다. 제목에서 보듯이 바다를 동아시아 모든 지역을 연결해주는 도구로 보았고, 그 도구의 장악 과정과 이용 방식, 그리고 도구 자체의 변천 과정을 살펴보았다. 한국사 외에 일본사, 중국사가 부분적으로 포함되어 있다. 사계절, 2000

▪ 『고구려 해양사 연구』, 윤명철 지음

고구려의 역사를 해양과 국제 관계라는 코드에 맞춰 해석한 첫 고구려통사이다. 고구려의 건국·발전·흥망 과정에서 해양은 어떠한 위치에서 어떠한 역할을 하였고, 어떠한 의미를 지니고 있는가를 살펴보았다. 특히 동아지중해 중핵조정역할이라는 틀속에서 고구려의 흥망 원인을 고찰하기도 하였다. 소위 삼국통일 전쟁을 동아시아의

신질서를 재편하는 과정에서 고구려와 중국 세력을 중심으로 동아시아의 모든 국가와 종족들이 참여하여 약 70여 년 동안 벌어진 동아지중해 국제대전으로 파악하고 있다. 사계절, 2003

찾아보기